新テキスト 経済数学

数学と経済理論の体系を
同時に学ぶ

水野勝之　南部和香
安藤詩緒　井草　剛　著

中央経済社

はしがき

　大学における「経済数学」という講義科目は，講義担当者がその内容を独自の解釈で決め，教えているのが現状ではないだろうか。決まった学会があるわけでもなく，ある者は初等数学を中心に経済学にどう利用するかを教え，ある者は経済学を数理的に展開しての数理経済学として教えている。

　かつては，後者が中心であった。1990年代までは，経済学の難しい数理展開を中心に，経済学を数学化していく分野であった。1997年以降著者は，『テキスト経済数学』（中央経済社，1997年），『入門編テキスト経済数学』（中央経済社，2000年）を出版し，数学が基礎的経済理論と組み合わせて経済数学を組み立てることの意義を提唱し，それが日本の経済学系における経済数学の科目に大きく影響を及ぼした。

　今回は，大学生の現状を調査・分析した上で，彼らに最も効果的に「経済数学」を学べるよう，前掲の2つの書を元に本書を著した。その研究内容については以下の通り報告した。

　2016年8月23日，Kufstein University of Applied Sciences（Kufstein, Austria）で開かれたAssociation of European Economics Education 21st European Economics Education Conferenceでは，Katsushi Mizuno, Shio Ando, and Go Igusa, "Pedagogical innovation for the acquisition of mathematical knowledge for improving students' understanding of economics in Japanese higher education"を研究報告した。本書の日本での教科書イノベーションについて，基本的な数学と体系的な経済理論の組み合わせが有効だということを含めて報告した。

　2016年9月11日，流通科学大学（兵庫県神戸市）で開催された経済教育学会第32回全国大会では，水野勝之，井草剛「経済数学教育の新たなテキスト作り」を研究報告し，大学生の経済教育についての研究とそれを反映させた教科書作りの必要性を説いた。

　両学会報告では，出席された方々より有益なコメントをいただき，本書の作成に反映させた。Association of European Economics Educationおよび経済

教育学会の方々に謝意を表したい。

　そして、これらの研究報告内容を含め、日本の経済教育の在り方については次の研究論文を発表し、本書の意義を説明した：

Katsushi Mizuno, Go Igusa, Shio Ando, Kazuka Nambu, and Eiji Takeda (2016), "Economic Mathematics" Innovation in Japan（査読有り）, *International Journal of Social Science Studies*, Vol. 4, No. 12, pp.6-17, Redfame Publishing

　本書で使用した例題および問題については、前掲書『テキスト経済数学』『入門編テキスト経済数学』のものをそのまま、または改変し使用した。出典に関しては両書を見られたい。

　経済数学は、経済理論と独立に科目担当者がまちまちに内容を決めるものではなく、「数学と経済理論の体系を同時に学ぶ」内容となることが必要であることを提唱したい。事実本書では、付録にミクロ経済学、マクロ経済学をまとめると同時に、数学の説明の個所の例にもそれらをあげ、数学も両経済理論も体系的に学べるようにしてある。これらは本書だけの特長であり、イノベーションであると考えている。

　最初に『テキスト経済数学』（中央経済社、1997年）を大学1年生の授業で使用した際、授業終了時に毎回教科書の内容について質問やコメントをしに来ていたのが共同執筆者の南部和香氏であった。その彼女がいまや大学教員となり、今回の教科書を共同執筆できたことは、非常に感慨深い。また、その後私の明治大学商学部の授業を受講していた井草剛氏、安藤詩緒氏とも共同執筆できたことも感無量である。

　なお、20年前より著者たちのテキスト作りに協力をいただいてきた中央経済社杉原茂樹氏には、特に謝意を表したい。

2016年12月

　　　　　　　　　　　　　　　　　　　　　　　　　　　水野　勝之

目　次

第1章　数学の諸概念

第1節　関　数 …………………………………………………… 1

1　変数⑴——変数と定数 ………………………………… 1
2　変数⑵——経済のしくみ（マクロ経済学の例）……… 2
3　1次関数 ………………………………………………… 4
4　線形関数の経済学の例（マクロ経済学の例）
　　——消費関数 …………………………………………… 8
5　非線形関数の経済学の例（ミクロ経済学の例）
　　——効用関数と生産関数 ……………………………… 11
　⑴　効用関数 …… 11
　⑵　生産関数 …… 14
6　同次関数 …… 17
　⑴　同次関数 …… 17
　⑵　1次同次関数 …… 18
　⑶　m 次同次関数 …… 19

第2節　シグマ ………………………………………………… 20

1　Σ（シグマ）と Π（パイ）………………………………… 20
2　Σ の経済学への応用例⑴（ミクロ経済学の例）
　　——予算式の表現 ……………………………………… 21
3　Σ の経済学への応用例⑵（ミクロ経済学の例）
　　——予算式の応用 ……………………………………… 22
4　Σ の経済学への応用例⑶（マクロ経済学の例）
　　——ケインズの投資関数 ……………………………… 26

　　　　(1)　$R \geq P$ のケース（投資を行う）…… *29*

　　　　(2)　$R < P$ のケース（投資を行わない）…… *29*

　第3節　無限等比級数 …………………………………………… *31*

　　1　無限等比級数 ………………………………………………… *31*

　　2　無限等比級数の経済学への応用(1)
　　　（マクロ経済学の例） ………………………………………… *33*
　　　――乗数理論

　　3　無限等比級数の経済学への応用(2)
　　　（マクロ経済学の例） ………………………………………… *36*
　　　――信用創造

第2章　微　分

　第1節　微　分 …………………………………………………… *39*

　　1　傾　き ………………………………………………………… *39*

　　　　(1)　近似的に傾きをとらえる方法 …… *39*

　　　　(2)　曲線の傾きを微分で定義する方法 …… *41*

　　2　微分の方法 …………………………………………………… *43*

　　3　微分の経済学における利用 ………………………………… *45*

　　　　(1)　変化率の定義への利用 …… *45*

　　　　(2)　限界概念の利用 …… *46*

　　　　(3)　最大・最小への利用 …… *46*

　　4　微分の経済学への応用(1)（ミクロ経済学の例）
　　　――変化率の定義の価格弾力性への応用 …………………… *48*

　　5　微分の経済学への応用(2)（ミクロ経済学の例）
　　　――限界代替率 ………………………………………………… *52*

　　6　微分の経済学への応用(3)（マクロ経済学の例）
　　　――消費関数における限界概念と平均概念 ………………… *54*

7　微分の経済学への応用(4)（ミクロ経済学の例）
　　　　——完全競争下における一企業の生産量の決定 …… 56
　　　　(1)　完全競争と企業の生産量の決定 …… 56
　　　　(2)　総費用曲線 …… 56
　　　　(3)　限界費用と平均費用 …… 57
　　　　(4)　利潤最大化 …… 60

　第2節　微分の法則 …………………………………………… 64
　　　1　加減の法則 …… 64
　　　2　積の法則 …… 65
　　　3　商の法則 …… 66
　　　4　合成関数の微分 …… 68
　　　5　独占企業の生産量の決定（積の法則の応用）
　　　　（ミクロ経済学の例）………………………………… 71

　第3節　連続性と微分可能性 ………………………………… 77
　　　1　連続関数 …………………………………………… 77
　　　2　微分可能性 ………………………………………… 79
　　　3　微分可能性の経済学への応用（ミクロ経済学の例）
　　　　——寡占のケース ……………………………………・81

第3章　偏微分

　第1節　偏微分 ………………………………………………… 85
　　　1　偏微分 ……………………………………………… 85
　　　2　偏微分の方法(1)
　　　　——3変数のケース ………………………………… 88
　　　3　偏微分の方法(2)
　　　　——4変数のケース ………………………………… 90

4	偏微分の経済学への応用	*90*
5	偏微分の法則	*92*

    (1) 和・差の法則 …… *92*

    (2) 積の法則 …… *93*

    (3) 商の法則 …… *94*

    (4) 合成関数のケース …… *96*

6　2階の偏導関数 …… *98*

    (1) 最大の条件 …… *100*

    (2) 最小の条件 …… *100*

第2節　偏微分の経済学への応用 …… *101*

1　偏微分の経済学への応用 …… *101*

2　偏微分の限界概念への適用例(1)
　（ミクロ経済学の例） …… *101*
　──限界効用

3　偏微分の限界概念への適用例(2)
　（ミクロ経済学の例） …… *104*
　──限界生産力

4　偏微分の最大・最小問題への適用例
　（ミクロ経済学の例） …… *107*
　──限界生産力説

第3節　条件付最大・最小化（ミクロ経済学の例） …… *110*

1　ラグランジュ未定乗数法 …… *110*

2　経済学への応用(1) …… *115*
　──効用最大化

3　経済学への応用(2) …… *117*
　──生産理論

4　経済学への応用(3) …… *119*
　──パレート最適

第4章　経済学に利用される微分・偏微分の諸概念

第1節　全微分 ……………………………………………………… *129*

1. 全微分 …………………………………………………………… *129*
2. 全微分の経済学への応用(1)
   （ミクロ経済学の例）…………………………………………… *131*
   ——同一無差別曲線上にある条件
3. 全微分の経済学への応用(2)
   （ミクロ経済学の例）…………………………………………… *133*
   ——技術的限界代替率

第2節　オイラーの定理

1. オイラーの定理 ………………………………………………… *139*
2. オイラーの定理の経済学への応用
   ——コブ・ダグラス型生産関数 ………………………………… *141*
3. m 次同次のオイラーの定理 …………………………………… *142*

第3節　制約が複数のときのラグランジュ未定乗数法 ………… *143*

1. 制約が複数のケース …………………………………………… *143*
2. 複数の制約条件が付いたときのラグランジュ未定乗
   数法の経済学への応用（ミクロ経済学の例）………… *144*
   ——生産におけるパレート最適

第5章　指数・対数

第1節　指　数 ……………………………………………………… *149*

1. 指　数 …………………………………………………………… *149*
2. 指数の計算 ……………………………………………………… *149*
3. x のゼロ乗 ……………………………………………………… *151*

4　いろいろな指数 ……………………………………………… *151*
　　　　(1) 分数の指数 …… *151*
　　　　(2) マイナスの指数 …… *153*
　　　　(3) 指数を使った関数 …… *154*
　　　5　指数の微分 …………………………………………………… *154*
　第2節　対　数 …………………………………………………………… *155*
　　　1　対　数 ………………………………………………………… *155*
　　　2　対数の計算 …………………………………………………… *157*
　　　3　常用対数と自然対数 ………………………………………… *160*
　　　4　対数関数の微分 ……………………………………………… *161*
　　　5　対数関数の経済学への応用（マクロ経済学の例）… *163*
　　　　(1) 消費関数 …… *163*
　　　　(2) 生産関数 …… *164*
　　　補論：対数の微分について ……………………………………… *165*

第6章　行　列

　第1節　行　列 …………………………………………………………… *167*
　　　1　行列とベクトルの定義 ……………………………………… *167*
　　　2　正方行列 ……………………………………………………… *169*
　　　3　単位行列 ……………………………………………………… *170*
　　　4　行列の加減 …………………………………………………… *170*
　　　5　行列の積 ……………………………………………………… *172*
　第2節　行列式 …………………………………………………………… *175*
　　　1　行列式 ………………………………………………………… *175*
　　　2　特異行列と非特異行列 ……………………………………… *177*

　　　　3　次元 3×3 の行列の行列式 …………………… *178*
　　　　4　次元 3×3 の行列の特異性 …………………… *183*
　第 3 節　逆行列と連立方程式 ………………………… *185*
　　　　1　逆行列 …………………………………………… *185*
　　　　2　連立方程式表示 ………………………………… *188*
　　　　3　連立方程式の解法(1) …………………………… *189*
　　　　4　連立方程式の解法(2) …………………………… *192*
　　　　5　クラーメルの公式の経済学への応用
　　　　　　（ミクロ経済学の例）………………………… *195*
　　　　　　——スルツキー方程式の導出
　第 4 節　ヘッセ行列式 ………………………………… *200*
　　　　1　首座小行列式 …………………………………… *200*
　　　　2　ヘッセ行列式 …………………………………… *201*
　　　　　(1)　最小条件 …… *202*
　　　　　(2)　最大条件 …… *202*
　　　　3　縁付ヘッセ行列 ………………………………… *202*
　　　　　(1)　最小条件 …… *203*
　　　　　(2)　最大条件 …… *203*

付録 1　ミクロ経済学

　第 1 節　市場機構 ……………………………………… *205*
　　　　1　完全競争と不完全競争 ………………………… *205*
　　　　2　需要曲線と供給曲線 …………………………… *206*
　　　　3　需要曲線と供給曲線のシフト ………………… *208*

第2節 消費者行動の理論 …………………… *210*

1. 効用と効用関数 …………………… *210*
2. 無差別曲線 …………………… *210*
3. 予算制約 …………………… *210*
4. 限界効用 …………………… *210*
5. 限界代替率 …………………… *210*
6. 最適消費計画（効用最大化）
——図による説明 …………………… *210*
7. 最適消費計画（効用最大化）
——数式による説明 …………………… *211*
8. 所得の変化と最適消費 …………………… *211*
9. 価格の変化と最適消費 …………………… *214*
10. 消費者余剰 …………………… *219*

第3節 生産者行動の理論(1)—完全競争—

1. 生産関数 …………………… *220*
2. 限界生産力 …………………… *220*
3. 総費用曲線 …………………… *220*
4. 平均費用と限界費用 …………………… *220*
5. 短期生産計画（利潤最大化）…………………… *221*
6. 固定費用と可変費用—損益分岐点と操業停止点 …… *221*
7. 供給曲線と生産者余剰 …………………… *225*
8. 長期における生産活動 …………………… *229*
9. 生産要素の需要(1)—等産出量曲線 …………………… *232*
10. 生産要素の需要(2)—費用最小化における
生産要素の投入量の決定 …………………… *232*

第4節 生産者行動の理論(2)—不完全競争— …… *232*

1. 独　占 …………………… *233*

　　　　2　複占―クールノー均衡のケース ……………………… *233*
　　　　3　寡　占 ……………………………………………………… *234*
　　　　4　独占的競争 ………………………………………………… *234*
　第5節　**経済厚生** ……………………………………………………… *236*
　　　　1　パレート最適 ……………………………………………… *236*
　　　　　(1)　消費（配分）…… *236*
　　　　　(2)　生産 …… *236*
　　　　　(3)　生産と分配 …… *236*
　　　　2　市場の失敗 ………………………………………………… *239*
　　　　　(1)　不完全競争市場的要因 …… *240*
　　　　　(2)　費用逓減産業（限界費用価格形成原理のケース）…… *241*
　　　　　(3)　外部経済・不経済 …… *242*
　　　　　(4)　公共財 …… *243*

付録2　マクロ経済学

　第1節　**経済のしくみ** …………………………………………………… *247*
　　　　1　古典派経済学とケインズ経済学 ………………………… *247*
　　　　2　経済のしくみ ……………………………………………… *249*
　　　　3　経済モデル ………………………………………………… *249*
　第2節　**マクロ経済理論の基礎** ………………………………………… *251*
　　　　1　有効需要の原理 …………………………………………… *251*
　　　　2　乗数効果 …………………………………………………… *251*
　　　　3　ケインズの投資関数 ……………………………………… *252*
　　　　4　流動性選好説 ……………………………………………… *252*
　　　　5　インフレ・ギャップとデフレ・ギャップ ……………… *255*

- 第3節　消費関数と投資関数 …………………… *256*
  - 1　消費関数 ………………………… *257*
    - (1) 絶対所得仮説 …… *257*
    - (2) 恒常所得仮説 …… *257*
    - (3) 相対所得仮説 …… *258*
    - (4) ライフ・サイクル仮説 …… *261*
  - 2　投資関数 ………………………… *264*
    - (1) ケインズの投資理論 …… *264*
    - (2) 加速度原理 …… *264*
    - (3) 資本ストック調整原理 …… *265*
- 第4節　*IS-LM* 理論 …………………… *266*
  - 1　*IS* 曲線 ………………………… *266*
  - 2　*LM* 曲線 ………………………… *268*
  - 3　国民所得と利子率の同時決定 …………………… *269*
  - 4　経済政策の効果 …………………… *270*
- 第5節　*AD-AS* 理論 …………………… *274*
  - 1　*AD* 曲線 ………………………… *274*
  - 2　*AS* 曲線 ………………………… *276*
  - 3　*AD* 曲線と *AS* 曲線 …………………… *280*
  - 4　*IS-LM* 理論との関係 …………………… *281*
- 第6節　開放体系 …………………… *284*
  - 1　開放体系モデル …………………… *284*
  - 2　為替レートの変動と経済分析 …………………… *285*
- 第7節　ケインズに対する経済学 …………………… *289*
  - 1　ケインズに対する経済学 …………………… *289*
  - 2　マネタリズム—自然失業率仮説 …………………… *289*
  - 3　サプライサイド経済学 …………………… *292*

■索引 ……………………………………………………………… *293*

第1章 数学の諸概念

第1節 関　数

1　変数(1)——変数と定数

　経済は動いている。その動きを目で確かめるには，それが数字化された統計を見なければならない。統計の数値を見れば，経済がどのような動きをしているかわかる。その統計は，年単位，四半期単位（1〜3月，4〜6月，7〜9月，10〜12月）または月単位で計算されており，それぞれに応じて，年ごと，四半期ごと，または月ごとに違う値を示している。

　このように，時とともに変化する統計を数値化すれば，その数値は異なる値となる。例えば，**表1－1**のGDP（国内総生産）の値を見てみよう。平成18年度から27年度までのGDPの値が掲載されており，1年ごとにその値は異なっている。

　そこで，このGDPの値をxとおこう。xの値は平成18年度から27年度まで違う値をとっている。このように変化しているxを**変数**と呼ぶ。特に経済に関する変数の場合は**経済変数**と呼ぶ。

表1－1　GDP（実質値）[1]　　　（単位：兆円）

平成（年度）	国内総生産	平成（年度）	国内総生産
18	516.0	23	514.7
19	525.5	24	519.5
20	505.8	25	529.8
21	495.6	26	524.8
22	512.7	27	529.2

---

[1]　データ出所：内閣府『国民経済計算』　平成17年暦年連鎖価格。

一般に変数に対して**定数**がある。定数とは変化しない一定の値の数を指す。例えば，1日24時間の24は絶対に変化しない。つまり，これは定数である。経済学の例でいえば，所得が増えるに従って増えていく消費の量に対して，生きていくために必要な消費の量（基礎消費という）は変化しない。いくら所得が増えたからといって，生きるために最低限必要な消費量がそれに応じて増えるということは考えられないからである。基礎消費は定数である。

2　変数 (2) ── 経済のしくみ（マクロ経済学の例）

いま変数という考え方を習った。この変数を利用して経済のしくみを表してみよう。

皆さんも経済の動きを知るとき，GDP以外にも消費や設備投資などが重要な指標であることをご存知であろう。これらの経済の各動きは密接に関連し合っている。その関連をわかりやすいように図で表してみる。

経済は需要と供給が一致して成り立っている。個々の財では買いたい側の気持ちと売りたい側の事情が一致して取引が行われている。経済全体についても需要と供給が一致している。つまり，

$$\text{「総供給」} = \text{「総需要」} \tag{1-1}$$

である。

このうち「総供給」の指標がGDP（国内総生産）である。国内の総生産額を表す。総生産額に対してその生産への支出額が「総需要」にあたり，その指標は総支出額である。国内で作られた生産物やサービスへの支出総額である。上記の (1-1) は，

$$\text{GDP（国内総生産）} = \text{総支出} \tag{1-2}$$

と表される。

また総支出の項目は (a) 消費のための消費支出，(b) 企業が機械を買ったり工場を建てたりする設備投資，(c) 政府が公共事業などを行う政府支出，そして (d) 外国の日本製品の購入額（輸出）から日本の外国製品の購入額（輸入）を差し引いた貿易収支である。すなわち，

```
            ┌─(a)消費支出
            ├─(b)投資支出
総支出 ──────┤                                          (1－3)
            ├─(c)政府支出
            └─(d)貿易収支
```

である。
　このうち (a) の消費支出は国民所得の大きさに比例して決まっていく。所得が大きいときは消費支出も大きいし，所得が小さいときはそれも小さいからである。国民所得というのは，総生産額と等しい（総生産額を分配したのが企業や労働者の所得であるから，総生産額は所得の合計である国民所得に等しい）。その「国民所得＝総生産」が消費支出額を決定する関係を矢印で表してみよう。

　　　消費支出額←国民所得＝総生産額　　　　　　　　　　　　(1－4)

　(b) の投資支出は，民間の設備投資を指す。銀行から企業がお金の借り入れ等を行うときの条件（金利）の厳しさの度合によってその投資額が変わっていく。つまり，この項は利子率の大きさによって，その大きさが決まる。
　また，利子率については市場に貨幣供給量が多いときはお金を借りるときのレンタル料ともいえる利子率も低く，逆に貨幣供給量が少ないときは利子率も高くなる（つまり，市場にお金が多ければレンタル料の利子率が低く，お金は借りやすいし，逆に少なければ利子率が高く，お金は借りにくくなる）。
　よって，

　　　投資支出額←利子率←貨幣供給量　　　　　　　　　　　　(1－5)

となる。ただし，貨幣供給量はここでは金融当局が決定するものとし，矢印はここまでとしておく。
　(c) の政府支出は政府が決める額であるとしてその先の矢印を記さないとする。
　(d) の貿易収支も簡素化のために矢印を記さないとする。
　したがって，(1－1)〜(1－5) までをまとめると経済のしくみが完成する。**図1－1**に表されたものが資本主義の経済のしくみを表している。矢印の方

図1−1 経済のしくみ

向によって経済の流れをわかりやすく示している。

　さて，以上の諸項目の額は，年ごと，四半期ごと，あるいは月ごとに変わっていく。つまり，それぞれが変数として表される。そこで各変数を次のように定めてみよう。

　　Y　：国民所得，総生産（Yields）
　　C　：消費支出（Consumption）
　　I　：投資支出（Investment）
　　G　：政府支出（Government）
　　E　：輸出（Export）
　　IM：輸入（Import）
　　r　：利子率（interest rate）
　　M　：貨幣供給量（Money Supply）

このように変数を決めると，経済のしくみの図は**図1−2**のように表される。**図1−1**の各項目をいま定めた記号で書き換えたものである。これらはすべて変数となっており，時間とともに変化するので経済自体が動いていることがわかる。例えば，貨幣供給量の変化が利子率，投資支出の両方を変化させる。その結果，総支出 $C+I+G+E-IM$ も変化し，国民所得 Y が変化する。国民所得 Y が変化すれば，それに応じて消費 C が変化し，また総支出 $C+I+G+E-IM$，ひいては国民所得 Y が変化し，これが続いていくという構図になっている。

3　1次関数

次のような1次式を考えてみよう。

　　$y=5+3x$　　　　　　　　　　　　　　　　　　　　　　（1−6）

図1-2 変数の記号で表した経済のしくみ

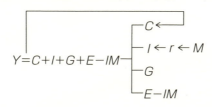

である。これは，右辺の変数の値によって左辺の y の値が決まることを表している。つまり，x に様々な値を入れればそれに応じて y の値が決まっていく。例えば，

y		x
-4	←	-3
5	←	0
35	←	10

と計算される。x を**独立変数**，y を**従属変数**と呼ぶ。

このような対応関係にあるとき，(1-6) 式は x と y とが**関数**の関係にあるという。そして (1-6) 式では，y は x の関数である。x の値を右辺に入れれば（代入すれば）関数関係から y の値が計算される。特に (1-6) 式のような右辺の変数が x の1乗のみである場合，それを1次関数または線形関数と呼ぶ。

いま定義された線形関数を一般化してみよう。1次式 (1-6) の5と3の定数部分を一般化して a と b とおく。線形式は，

$$y = a + bx \qquad (1-7)$$

で表される。ここで a, b は定数であり，**パラメータ**と呼ばれる。この1次式の関係を**線形関係**と呼ぶ。中学校初期の数学でご存知のとおり，この図を示せば**図1-3**のようになる。$x=1$ であれば $y=a+b$，$x=2$ であれば $y=a+2b$ というように，横軸の x の値に応じて高さ（y の値）が決まる関係を表したのがこの図である。x に対応する y の値をプロットしていけばそれは直線となる。

図を利用してパラメータ a と b の値の意味をみてみよう。まずパラメータ a については $x=0$ のときの y の値である。(1-7) 式に $x=0$ を代入すれば右辺

図1-3　線形式

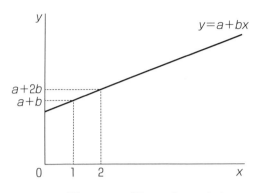

図1-4　パラメータaの意味

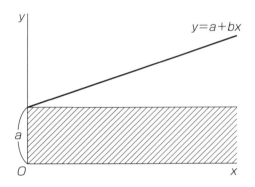

第2項が消えて$y=a$となる。**図1-4**でいえば$y=a+bx$の直線が縦軸と交わっている点であり、縦軸との切片の大きさとして解釈されよう。このaは$x=0$のときのyの値であり、yの値のうちxの値の大きさに影響を受けない部分である。yの値がいろいろ変わるが、そのすべてがxによって影響を受けるものではなく、そこにはxによって影響を受けない部分aが含まれる。仮に$y=10$であった場合、そのうちaはxについてまったく関係のない部分であり、残りの$10-a$の部分がxの影響を受けている。**図1-4**でいえば斜線部分はxから影響を受けていない。xがyの値に作用しているのはその上の部分だけである。

また、パラメータbについては**図1-5**を見ていただきたい。点Aからxが1だけ増えて、それに応じてyも増加して点Bに移ったとしよう。右に移

図1−5 パラメータbの意味

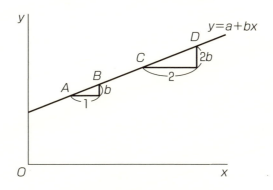

図1−6 bがマイナスのケース

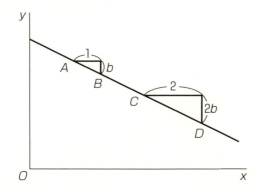

動した大きさは1である。これに応じて，高さ，つまり，yの値はbだけ増加している。この比率を関数$y=a+bx$の**傾き**として定義する。すなわち，それは$b/1=b$である。点Cから点Dにかけてxが2だけ増加したとする。その場合，高さ（yの値）は$2b$だけ大きくなっている。この比率をとれば$2b/2=b$となり，傾きbが表される。傾きとは，横軸の値（この場合x）が変化したとき（この場合増加したとき），それに応じて縦軸の値（この場合y）が変化する比率を表している。いまみたように，それは結局b（$b/1$）になるので，横軸の値が1単位変化したときの縦軸の値の変化する大きさと定義することができる。

bがマイナスであれば線形式$y=a+bx$は**図1−6**のような右下がりの直線となる。点Aからxが1だけ増加すると，yはbの大きさだけ下がる。傾きが

$b/1$ であるからである。$b=-0.5$ だった場合，点 C において，x が 2 だけ増加すると，y は 1 だけ下がる。なぜならば，$b=-0.5$ は，x が 1 増えると y が 0.5 減少することを意味しているからである。x が 2 増えれば y は 2×0.5 減少する。

4 　線形関数の経済学の例（マクロ経済学の例）
——消費関数

いま述べた線形関数の経済学の重要な一例として**消費関数**があげられる[2]。消費者の経済行動をもとに消費の大きさを式で表したものが消費関数である。消費関数では，一個人のものと集計的な（全体的な）ものとが考えられる。

消費関数の理解には，一個人の消費関数が適していよう。我々個人は消費を行い，おカネを支出する。食料を買い，家電製品を購入し，自動車も買う。この消費支出額の大きさは，個人個人異なる。それはなぜか。収入額が異なり，その利用の仕方が異なるからである。

A さんのケースを考える。A さんの毎月の消費額を C，毎月の給与を Y とする。給与の一定割合を消費するとしたら $C=bY$ という比例式を得る。所得が大きければ消費額が大きく，所得が小さければ消費額も小さい。しかし，これだけでは不十分である。何らかの事情で A さんの給与がゼロになったとき，つまり $Y=0$ のとき，上式では消費支出もゼロになり，A さん一家はその月には何も買えず生存できない。貯金をくずしてでも生存のために欠かすことのできない消費があるはずだ。それを a として上式に付加すれば，

$$C=a+bY \tag{1-8}$$

を得る。これが A さんの消費行動を表した消費関数である。これは前述の線形式であり，**図 1-7** のような直線となる。右上がりになっているのは，所得のパラメータ b がプラスだからである。

パラメータ a と b の意味については，**図 1-8** を見てみよう。パラメータ a は，線形式のときに説明したように，横軸の所得の大きさに影響を受けず，Y とは無関係な部分である。この a の値を**基礎消費**と呼ぶ。図 1-8 の中の a

---

[2] 線形関数の消費関数は重要ではあるが，消費関数すべてが線形であるとは限らない。対数線形にした消費関数については，第 5 章の第 2 節 5 を参照。

図1-7 消費関数

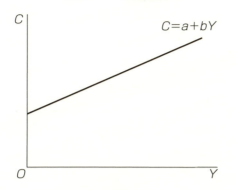

図1-8 消費関数のパラメータの意味

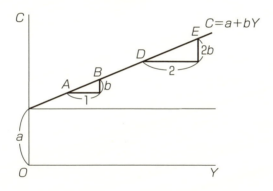

の部分がこれにあたり，所得の大きさに影響を受けない。所得がゼロでも貯金をおろして消費を行う。他方，b は線形式なので傾きを表している。点 A から点 B へ所得が1単位増加したならば，消費はそれに応じて b 単位増加する。点 D から点 E へ所得が2単位増加したならば，$2b$ 単位消費が増加する。この b の値を**限界消費性向**と呼ぶ。

　A さんの給与が 300,000 円で b の値が 0.8 であったとしよう。例えば，

$$C = 50{,}000 + 0.8Y$$

であれば，$Y = 300{,}000$ を代入して A さんの消費額は 290,000 円となる。もし所得（給与）が 10,000 円増えて 310,000 円となれば，消費は 298,000 円となり，結局消費は 8,000 円（298,000 − 290,000 = 8,000）増えたことになる。これは，1

単位給与が増加したときの限界消費性向 0.8 の割合であり，1 単位 10,000 円増えたとすればそのうちの 8,000 円を消費にまわすことを意味する。

例えば，A さんの給与が 30,000 円増えて 330,000 円になったとしたならば，増えた 30,000 円のうち消費に向けるのは，30,000 × 0.8＝24,000 つまり 24,000 円である。このように限界消費性向の「限界」という言葉は，「追加的」の意味としてとらえていただきたい。$b=0.8$ は，A さんの 300,000 円の給与のうち 8 割を消費するという意味ではなく，それから給与が増えたらその増えた給与のうち（30,000 円のうち）の 8 割（24,000 円）を消費に向けることを意味する。

それに対して，全体の給与のうちどれだけを消費に向けるかの割合を**平均消費性向**といい，C/Y で定義する。上式の例では，平均消費性向は，

$$\frac{C}{Y} = \frac{50{,}000}{Y} + 0.8$$

と書かれ，右辺に変数 Y が含まれている。限界消費性向 b が定数であったのに対して，この平均消費性向は，右辺の Y の値次第でさまざまな値をとる可変値である。

いま述べた消費関数の説明は，国全体の説明にもあてはまる。消費支出は国全体の消費 C，所得は国民所得 Y とすれば，**図 1 − 7**，**図 1 − 8** は単位を変えてあてはまる。このときパラメータ a が国全体の基礎消費，パラメータ b が国全体の限界消費性向である。国全体の国民所得が増加したときの，消費支出額の増加の割合が b である。すなわち，

$$b = \frac{国全体の消費が増加した大きさ}{国民所得が増加した大きさ}$$

である。

これらのパラメータ a, b の値は，計量経済学の回帰分析によって求まることを覚えておこう。これらの値は，国によっても異なるし，同じ日本でも 1970 年代と 2010 年代では異なっている。

5　非線形関数の経済学の例（ミクロ経済学の例）
　　——効用関数と生産関数
(1)　効用関数

　線形関数の例として，消費関数をあげたが，経済学で利用される関数は常に線形であるとは限らない。非線形の関数も重要となる。ここでは**非線形関数**の代表例として，**効用関数**を紹介する。

　消費者がモノ・サービスを購入したときの心理的な満足の大きさを**効用**[3]と呼ぶ。例えば，リンゴを3個購入したときのその人の満足度，つまり効用水準を100と表すことができる。このように，こころの満足を数値化して効用の大きさを表せるとしたら，効用の大きさは消費した数量（リンゴの購入量）によって変わってくる。これは，効用が購入量と関数の関係にあることを意味する。リンゴの購入量（個数）をq，その人の効用水準をuとおけば，その両者の関係を示す関数は，

$$u=u(q) \tag{1-9}$$

と表すことができる。(1-9)式で表されたこの関数を効用関数と呼ぶ。

　リンゴの購入数量に応じた効用を**表1-2**のように想定する。リンゴを1つだけ買った効用は100，2つ買った効用は141，3つでは173と次第に増えている。しかしながら，その伸びの大きさ（**表1-2**の右側の列）をみてみると，はじめて1つ目のリンゴの効用の伸びは100であったのに，2つ目は41，3つ目は32，そして7つ目にいたっては20となる。空腹のときに食べる1つ目のみずみずしさは個数を重ねるごとに失われ，満腹に近づくと追加のリンゴのありがたみが薄れていく。この様子を一般化して図で表したものが**図1-9**であり，これがリンゴをはじめとした財の効用関数である。これは，数量が少ない段階では効用が急激に伸びていくが，数量が増えるに従ってその伸びが小さくなっていくことで特徴づけられている。

　1つだけ手元にリンゴがあり，効用100を得ているときに，1つ追加して2

---

[3] 効用はそれを正確に測定できるとする基数的効用の考え方と，順序としてしか表せないとする序数的効用の考え方がある。現実的な後者の考え方が主流であるが，基礎的な理論では効用理論の特徴付けに便利な前者が利用される。ここでも前者を利用し，効用が正確に測定可能であると想定する。

表1−2 リンゴの効用の仮説例

リンゴの数量	効用	効用の増加した大きさ
0	0	0
1	100	100
2	141	41
3	173	32
4	200	27
5	224	24
6	245	21
7	265	20

図1−9 効用関数

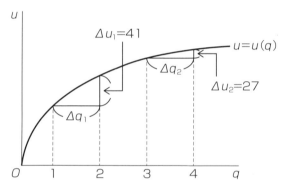

つ目を購入すれば，その2つ目から得られる効用は**表1−2**より41であることがわかる。もし4つリンゴが手元にあり，1つ追加して5つ目を購入すれば，その5つ目から得られる効用は24である。このように1つ追加してそれから受ける効用の大きさを**限界効用**と呼ぶ。**表1−2**において，もっとも右の列が限界効用を表している。限界効用には数量が多くなるにつれて次第に低下する性質がある。これを**限界効用逓減の法則**という。その法則ゆえに，**図1−9**の効用関数は，その伸びが次第に小さくなっていく形状となっている。

この限界効用を式で示せば次のように表される。

$$限界効用 = \frac{購入数量の増加に応じた効用の増加}{購入数量の増加した大きさ} \qquad (1-10)$$

前述において，これをリンゴの購入量を1つ追加したときの効用の伸びと表現したのは，上式において，約分すれば，結局購入量を1単位増加したときの

第1章　数学の諸概念　　13

効用の伸びが計算できるからである。参考に，**表1－2**で，リンゴを5個から6個に増やしたときの限界効用は，

$$限界効用 = \frac{245-224}{6-5}$$

という式から，21と計算される。

　ここまでは，消費対象の財の数が1つのケースの効用関数を示してきたが，次に財の数が2つのときの効用関数を示すことにしよう。消費の対象となる2つの財を，第1財，第2財と名付ければ，この両財の購入の数（または量）によって，そこから受ける効用の大きさは変わってくる。第1財の数量を q_1，第2財を q_2 とすれば，それは q_1 と q_2 の値によって効用水準が決定されることを意味する。ある人または社会の効用 u は，次の関数で表される。

$$u = u(q_1, q_2) \tag{1-11}$$

これが2財のケースの効用関数である。(1－9)式の右辺の変数が1財の消費数量であったのに対して，ここではその変数が第1財と第2財の各数量となっており，それらの各値によって効用水準が決定される関係となっている。

　この2つの財のケースの効用関数を具体化した例（特定化するという）をあげてみよう。いくつもの効用関数があるが，なかでも特に代表的な効用関数として次の3つをあげる。

(1)　**コブ・ダグラス型効用関数**

$$u = q_1^a q_2^b \tag{1-12}$$

(2)　**ベルヌイ・ラプラス型効用関数**

$$u = (q_1 - \alpha_1)^a (q_2 - \alpha_2)^b \tag{1-13}$$

(3)　**CES型効用関数**

$$u = (aq_1^\alpha + bq_2^\alpha)^{\frac{1}{\alpha}} \tag{1-14}$$

(1－13)式，(1－14)式がなじみにくいという初学者は，とりあえず(1－12)式のコブ・ダグラス型効用関数を知っておいていただきたい。それを用いると，$a=0.5$，$b=0.5$ ならば，$q_1=4$，$q_2=16$ のとき，

$$u = q_1^a q_2^b = \sqrt{4} \times \sqrt{16} = 8$$

というように，効用水準が簡単に計算される[4]。(1 − 13)式では，a_1, a_2 も定数，(1 − 14)式ではaも定数であることから，それらのパラメータの大きさが指定されれば，(1 − 13)式，(1 − 14)式も同様に，q_1, q_2 に値を代入して，それに応じた効用水準uを計算することができる。

　一般化して，消費の対象の財の数が，n個となるn財のケースの効用関数を定式化しよう。n個の各財を，それぞれ第1財，第2財，……，第n財と名付ける。そして，各数量を q_1, q_2, …, q_n とすれば，そのときの効用関数は次式で表される。

$$u = u(q_1, q_2, ..., q_n) \qquad (1-15)$$

右辺に含まれる各財の購入数量によって，この人の（または社会全体の）効用水準が決定される。

(2) 生産関数

　企業の生産構造は，生産要素を利用してアウトプット（生産物）を産出するというものである。生産要素とは，資本（機械や工場等の設備），労働（労働者），原材料，土地等，生産に必要で投じられるインプットを表す。生産要素のインプットの大きさによってアウトプットの大きさも変わってくる。この関係を数式で示したものが**生産関数**である。

　生産要素が1種類の場合を考える。1種類のその生産要素の投入量をqとし，生産量をYとしよう。生産設備の大きさが一定としたとき，一企業の生産関数は，

$$Y = f(q) \qquad (1-16)$$

で表される。右辺の生産要素のインプットの大きさによって，左辺の生産量Yが決まってくる。この関係を図示したものが**図1 − 10**である。投入量が少ない左方では，投入が増加するにつれて生産の効率もあがっていく。しかしながら，生産設備が増加しないと仮定すれば，（工場や機械を増やさない）右方では，いくらインプットを増やしてもそれを吸収しきれず，生産の能率は低下し，生

---

[4] 式で表されている指数についての詳細な説明は，第5章で述べる。

図1-10 生産関数

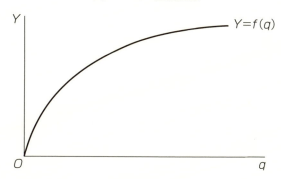

産量の伸びは小さくなる。

　効用関数のときのように，横軸の変数の増加に伴う縦軸の変数の変化を表す考え方は，ここにもあてはまる。左方の曲線の傾きが大きいところでは，生産要素1単位の増加は大きな生産量の増加をもたらす。右方の曲線のなだらかなところでは，生産要素1単位増加時の生産増は小さくなる。生産関数の形状を特徴づけるこの「生産要素1単位当たりの増加に応じた生産量の増加の大きさ」を**限界生産力**あるいは**限界生産物**と呼ぶ。限界生産力は次式で定義される。

$$限界生産力 = \frac{生産量の増加した大きさ}{生産要素の増加した大きさ} \qquad (1-17)$$

生産要素の投入量が100から110に増加したとき，それに応じて生産量が500から700に増加したとしたら，

$$限界生産力 = \frac{700-500}{110-100} = \frac{200}{10}$$

と計算され，かくして限界生産力は20となる。これが，生産要素1単位の増加あたりの生産量の増加の大きさと解釈できる。

　次に生産設備の大きさの変わるケースを考えよう。生産設備が不変なケースが短期と考えれば，それに対して，生産設備の増減には時間がかかるので，生産設備の大きさが変わるケースは長期とみなされる。生産設備の大きさは資本の大きさといわれる。その資本の大きさをKとし，そこで働く労働者数をLとしよう。このとき投じた資本と労働の大きさで生産量が決まるので，生産関

数は次のように表される。

$$Y=f(K, L) \qquad (1-18)$$

資本の変化も考慮に入れたこの関数は生産設備の増減を考慮した長期の分析に利用される。

　ここでも限界生産力が定義できる。しかしながら，生産要素の数が1つの場合と異なるので，次の留意条件が必要となる。資本の増減の生産量への影響をみるときには労働量は固定させておく。また労働の増減の影響をみるためには資本の量を固定させる。式で表せば次のようになる。

$$資本の限界生産力 = \frac{(資本の増加に伴う生産量の増加の大きさ)}{(労働を一定としたときの資本の増加の大きさ)} \qquad (1-19)$$

$$労働の限界生産力 = \frac{(労働の増加に伴う生産量の増加の大きさ)}{(資本を一定としたときの労働の増加の大きさ)} \qquad (1-20)$$

上式は，それぞれ資本，労働の増加1単位当たりの生産量の増加の大きさを表している。

　生産関数の種類はいくつもあるが，なかでも代表的な2つをあげておく。

(1) **コブ・ダグラス型生産関数**

$$Y = AK^a L^b \qquad (1-21)$$

(2) **CES型生産関数**

$$Y = [\delta K^{-\rho} + (1-\delta) L^{-\rho}]^{-\frac{1}{\rho}} \qquad (1-22)$$

　詳細な説明は省くが，(1-21)式，(1-22)式ともに経済分析に利用される頻度が高い。上式に含まれるパラメータ A, a, b, δ, ρ は，すべて一定である。ただし，A については時間とともに変化する取扱いもあるが，それについては第5章第2節5(2)を参照されたい。いずれにせよ，(1-21)式，(1-22)式とも，K と L の値を代入することにより，それに応じた生産量 Y が決まる関係を表している。

6　同次関数

(1)　同次関数

　生産関数のうち，コブ・ダグラス型生産関数（1 − 21）式において，資本と労働のインプット量を同比率で増大させたときの生産量の増加した大きさをみてみよう。$A=1.0$，$a=1$，$b=2$ だったとしよう。

$$Y = KL^2$$

もし $K=5$，$L=3$ ならば，生産量は，$Y=5 \times 9 = 45$ である。このとき，同時に資本と労働の投入量を2倍にする。投入する量は，それぞれ $K=10$，$L=6$ となる。このとき，生産量 Y は $Y=10 \times 36 = 360$ となる。当初の $Y=45$ と比べると，$Y=360$ は 8倍（$=2^3$ 倍）の増加である。投入量は各2倍しか増やしてないのに，生産量は8倍にもなる。

　この関係を，もとのコブ・ダグラス型生産関数にたちもどって考えてみよう。（1 − 21）式において，$K=K_1$，$L=L_1$ とおけば，それによって生産される量が，$Y=Y_1$ であるとしよう。

$$Y_1 = AK_1^a L_1^b$$

資本と労働とを同時に λ 倍する。そのときの投入量は，$K=\lambda k_1$，$L=\lambda L_1$ となる。ここでは，この λ は任意の正の定数とみなすので，$\lambda=0.5, 1.5, 3$ というように，λ に任意の正の数値を入れることができる。上式に，投入量として λ 倍した資本，労働を代入すると，それに応じた生産量は，

$$Y = A(\lambda K_1)^a (\lambda L_1)^b$$

と計算できる。ところで，$(2 \times 3)^3$ を計算するとき，$(2 \times 3)^3 = 2^3 \times 3^3$（$=216$）となる[5]。ここでも，その方法を適用すれば，上式は，

$$Y = A\lambda^a \lambda^b K_1^a L_1^b$$

となる。また，$2^2 \times 2^3$ を計算するとき $2^2 \times 2^3 = 2^5$（つまり $4 \times 8 = 32$）と計算することができる。よって，上式はそれを適用して，

$$Y = A\lambda^a \lambda^b K_1^a L_1^b = \lambda^{a+b}(AK_1^a L_1^b) = \lambda^{a+b} Y_1$$

と計算することができる。すなわち，K と L とを同時に λ 倍すると生産量は

---

[5]　指数の計算方法については，第5章を参照。以下，同様。

λ^{a+b} 倍（当初の Y_1 の λ^{a+b} 倍の $\lambda^{a+b}Y_1$ 倍）となった。

このように，右辺のすべての変数を同じ比率で増加させたときの生産量について，次式が成り立つならば，その関数は**同次関数**であるという。

$$\lambda^m Y = f(\lambda q_1 \lambda q_2) \qquad (1-23)$$

この式は右辺の q_1 と q_2 とを同時に λ 倍すると，左辺の Y が λ^m 倍となることを示している。上記の例では，この m が $a+b$ という値であった。この（1－23）式の関係をもつ関数を m 次同次関数という。m の大きさによって増加の程度が異なってくる。これは，右辺が2変数のときだけでなく，一般化して n 変数のときにも同様に成り立つ，

$$Y = f(q_1, q_2, ..., q_n)$$

が m 次同次関数ならば，

$$\lambda^m Y = f(\lambda q_1, \lambda q_2, ..., \lambda q_n) \qquad (1-24)$$

という関係が成立する。

(2) 1次同次関数

いま同次関数において，$m=1$ のケースを考える。（1－23）式に $m=1$ を代入するならば，

$$\lambda Y = f(\lambda q_1, \lambda q_2) \qquad (1-25)$$

が成り立つ。q_1 と q_2 とを同時に λ 倍すれば，Y も λ 倍となる。この関係を**1次同次関数**と呼ぶ。例えば，$\lambda=2$ ならば，

$$2Y = f(2q_1, 2q_2)$$

つまり，q_1 と q_2 が両方ともに2倍になれば，Y も2倍になるという関係が成立する。

コブ・ダグラス型生産関数では，上記の例では，$a+b$ 次同次関数であったが，a と b について，

$$a+b=1$$

が成り立てば，それは1次同次関数となる。$b=1-a$ を（1－21）式に代入すれば

$$Y = AK^a L^{1-a} \qquad (1-26)$$

という1次同次コブ・ダグラス型生産関数を得る。生産関数において，この1次同次性の考え方は重要である。投入要素の量をすべて等倍すれば，生産量も同じ割合で増加するという考えは，現実的であるからである。この1次同次の関係は，**規模に関して収穫不変**（または**一定**）と呼ばれる。

　(1-26) 式は生産関数として頻繁に利用される形であるが，(1-22) 式のCES型生産関数もこの1次同次性の性質を満たしている。(1-22) 式において資本Kと労働Lとを等倍すると，その割合で生産量Yも増加する。1次同次コブ・ダグラス型生産関数だけでなく，この1次同次CES型生産関数も，経済分析によく利用されるので，覚えておいていただきたい。

(3) m 次同次関数

　m 次同次関数の場合，この m の値によって関数が特徴づけられる。まず $m=0$ のケースでは0次同次関数が成立する。そのとき (1-23) 式において $\lambda^0=1$ となり，

$$Y=f(\lambda q_1, \lambda q_2) \qquad (1-27)$$

という関係が成立する。

　$m>1$ のときは，q_1，q_2 の増加する比率以上の大きさで Y が増加する。$a+b=1.1$（$m=1.1$）ならば，$A=1.0$ のコブ・ダグラス型生産関数で K と L とを2倍すると，

$$(2K_1)^a(2L_1)^b=2^{a+b}K_1^a L_1^b=2^{1.1}Y_1$$

となり，生産量は $2^{1.1}$ 倍増加する。この比率は2倍よりも大きい。このとき，この生産関数は**規模に関して収穫逓増**という。

　$m<1$ のとき，例えば，$a+b=0.9$ というケースだが，このとき資本と労働を2倍しても生産量は $2^{0.9}$ 倍しか増加しない。その比率は2倍よりも小さい。このときの生産関数を**規模に関して収穫逓減**という。

　CES型生産関数も m 次同次関数として一般化することができる。(1-22) 式の右辺を m 乗すれば，m 次同次CES型生産関数となる。

$$Y=[\delta K^{-\rho}+(1-\delta)L^{-\rho}]^{-\frac{m}{\rho}} \qquad (1-28)$$

この場合，右辺全体が m 乗となっている。

第2節 シ グ マ

1 Σ（シグマ）とΠ（パイ）

　経済分析に関わる基本的な数学の概念の1つとして記号も大切である。財の数が少なければ問題ないが，財の数が多いときなど簡略化するために，記号が用いられる。経済分析において，数多くのものを加えなければならないときにはΣ（足し算），乗じなければならないときにはΠ（かけ算）をそれぞれ用いると便利である。

　例えば，各財の数量q_1，q_2，q_3を加えることを考える。その和をqとすれば，$q=q_1+q_2+q_3$をΣによって次式で表現することができる。

$$q=\sum_{i=1}^{3} q_i$$

第1財，第2財，第3財を表すq_1，q_2，q_3の添字の1，2，3をiで置き換え，Σの下の$i=1$は，iを1から，そしてΣの上の3は，$i=3$までを加えることを表現している。もし財の数が増えて，

$$q=q_1+q_2+\cdots\cdots+q_n$$

とn財まであるケースでは，

$$q=\sum_{i=1}^{n} q_i$$

と表される。Σの下の$i=1$，上のn，およびqの添字のiは省略され，

$$q=\Sigma\, q$$

と表現されることもあるが，難しく考えず，単なる足し算を表していることを覚えておこう。

　また，乗ずる場合にはΠをもちいる。q_1，q_2，q_3のかけ算$q_1 \times q_2 \times q_3$はその値を$q'$とすれば，

$$q'=\prod_{i=1}^{3} q_i$$

で表現される。もちろん n 財では，

$$q' = \prod_{i=1}^{n} q_i$$

と書かれる。

2　Σの経済学への応用例(1)（ミクロ経済学の例）
　　——予算式の表現

　個人において，所得として手に入れたおカネをすべて支出する関係を表すのが個人の予算式である。第1財の1つ当たりの価格を p_1，個人Aさんの第1財の消費数量を q_1 とする。第2財，第3財についても価格をそれぞれ p_2, p_3，消費数量を q_2, q_3 とする。第1財の p_1 と q_1 を乗じてみよう。p_1q_1 は1つ当たりの価格にAさんの購入した数量を乗じたものであるから，第1財へのAさんの支出額を表す。例えば，Aさんが1つ100円の第1財を30個購入したら，Aさんの支出額は3,000円（100×30）である。同様に，p_2q_2 は第2財へのAさんの支出額，p_3q_3 は第3財への支出額を意味する。この3者を合計すれば，個人Aの総支出額が計算される。

　　Aさんの支出額 $= p_1q_1 + p_2q_2 + p_3q_3$

　前述のΣをもちいれば，

　　総支出額 $= \sum_{i=1}^{3} p_i q_i$

と表現される。これは単純な3財のケースであるが，一般化して n 財のケースでも同様の表現があてはまる。n 財のケースでのAさんの総支出額は次のように表される。

　　総支出額 $= \sum_{i=1}^{n} p_i q_i$

Aさんは貯蓄をせず，所得 y をすべて支出にまわしたとすれば，Aさんの所得 y と総支出額は等しい。すなわち，

$$y = \sum_{i=1}^{n} p_i q_i \tag{1-29}$$

が成立する。この式は**予算式**と呼ばれ、ミクロ経済学の消費理論では大切な概念であり、たびたび利用される。消費者は、買いたいと思っても、財を無制限に購入できるわけではなく、自分の所得の範囲でしか購入できない。その制約を表すのに、この**予算式**が利用される。

所得がすべて支出されれば、予算式は上式で表されるが、一部貯金をする場合、予算式は、

$$y \geq \sum_{i=1}^{n} p_i q_i$$

と表現される。これは、総支出額が所得と等しいかまたはそれ以下であることを表している。

3　Σの経済学への応用例(2)（ミクロ経済学の例）
　　　──予算式の応用

では、予算式は実際にはどのように活用されるのか。ここではその予算式の利用法について述べよう。2財のケースで、消費者が2財の消費量をどのように決めるか調べるときに前提として利用すべき道具は、効用関数である。だが、前述のように、正確に効用が測定できるとする**基数的効用**であれば、効用関数は特徴づけられ利用しやすい。しかし、順序でしか効用が測れないとする**序数的効用**であると、効用関数は単調増加というだけで特に特徴がなく利用しにくい。そこで、効用関数に代わる分析用具が必要となる。それが**無差別曲線**と呼ばれる概念である。

第1財が洋服、第2財が携帯電話（時間）であるとしよう。ある個人において、**図1－11**で示された点Aは、1カ月に洋服を2着買ってかつ電話を30時間かける組合わせとする。このとき、もし電話を12時間に減らしたら、はじめと同じ満足を維持するには、洋服を4着に増やして電話の時間が減った分着飾ることで、デートのときの楽しみを増やせばよい。電話の時間を点Cのように5時間に減らしても、その分洋服を6着にすれば、点Aと点Bは同じ程度の満足が得られる。このように、**図1－11**上の曲線上の点は、この人にとってどれも同じ満足をもたらす消費の組み合わせ、すなわち、同じ効用を得ら

れる消費の組み合わせである。したがって，どの組み合わせを選択しても，まったく無差別である。この**図 1 − 11** の曲線を無差別曲線と呼ぶ。

無差別曲線は，
(1) **図 1 − 11** のように原点に対して凸
(2) **図 1 − 12** のように右上方にいくに従って効用が増加する
(3) **図 1 − 13** のようには無差別曲線は交わらない

という性質をもっている。

では，消費者はこのうちどの無差別曲線のどの消費の組み合わせを選択するのか。それを考えるとき，消費者には予算の制約があることを考えなければならない。所得が限られているため，消費者は無限の満足を追求するわけにはいかない。

この 2 財のケースでは，所得の制約は，

$$y = \sum_{i=1}^{2} p_i q_i$$

という予算式で表される。消費者ができることは，この予算のもとでできる限り大きな効用を得るような消費の組み合わせを選択することである。それを明らかにするために，予算式を q_2 について書きかえる。それは，

$$q_2 = -\frac{p_1}{p_2} q_1 + \frac{y}{p_2}$$

となる。この予算式は**図 1 − 14** のような予算線として描かれる。

縦軸との切片　$\dfrac{y}{p_2}$

横軸との切片　$\dfrac{y}{p_1}$

傾き　$-\dfrac{p_1}{p_2}$

所得をすべてこの 2 財に支出するとすれば，この直線上の点を消費者は選択しなければいけない。その点は，この直線上でもっとも高い効用をもたらす組み合わせであるはずである。それは，この直線と接するような無差別曲線を描い

図1-11 無差別曲線

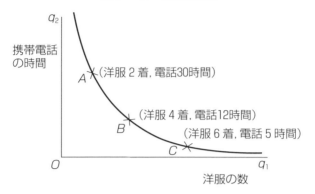

図1-12 無差別曲線における効用の大小

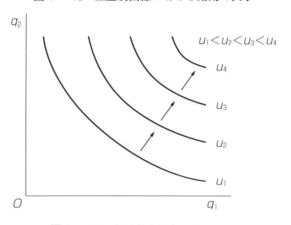

図1-13 ありえないケース

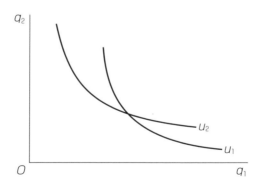

図1−14　予算線

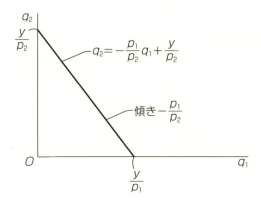

図1−15　最適消費点

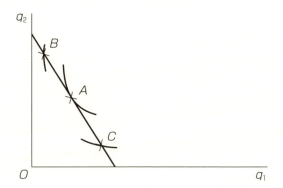

た場合のその接点である。この点は**図1−15**における点Aである。点Bや点Cは選択されない。なぜならば，点Bや点Cを通る無差別曲線の効用よりも，点Aと接する無差別曲線の効用の方が高いからである。かくして，消費者にとっての最適な組み合わせは，無差別曲線と予算線が接する点の組み合わせであることがいえる。

4 Σの経済学への応用例(3)（マクロ経済学の例）
——ケインズの投資関数

経済のしくみにおいて利子率を決定する部分，つまり

$$I \leftarrow r$$

ということをここでは説明する。

企業家甲さんがある機械を購入すべきかどうか迷っている。簡単にいえば，この機械を購入して生産活動を行った結果もうけがあれば購入するし，そうでなければ購入しない。

この判断を下すプロセスを理論的に説明するために次の変数を決める。

　　機械の価格：P

また，その機械の耐用年数が3年であるとする。そのときの各年の（甲さんの考えた）予想収益を変数で表す。

　　1年目の予想収益：R_1

　　2年目の予想収益：R_2

　　3年目の予想収益：R_3

このとき機械の価格 P と予想収益の合計 $R_1+R_2+R_3$ とを単純に比較して，その大小で投資をする（機械を購入する）かどうかを決めると考えてはいけない。なぜならば $R_1+R_2+R_3$ は1年後，2年後，3年後の価値であり，現在の価値である P とは比較ができないからである。

このことをわかりやすく説明してみよう。現在の100万円と1年後の100万円を比較してみよう。まったく金額は同じなので等しいように見える。ところが，いま利子率が5%であるとしたら，現在の100万を銀行に預けると1年後はいくらになるだろうか。それは次式で計算される。

　　$100(1+0.05)=105$

このように現在の100万円は1年後には105万円になる。現在の100万円と1年後の100万円とでは現在の100万円の方が価値が高いことがわかる。

ということは，1年後の価値 R_1，2年後の価値 R_2，3年後の価値 R_3 そして現在の価値 P は，そのままでは比較できないということになる。そこで価値の時点を合わせる必要が生じる。いつに合わせるかだが，一番わかりやすいのは

現在である。そこですべてを現在の価値になおしてみよう。

まず，1年後の価値 R_1 を現在の価値にしてなおしてみよう。これは難しいことではない。

$$100 \times (1+0.05) = 105$$

なので，1年後の価値の 105 を現在の価値 100 になおすのは 105 を $(1+0.05)$ で割る，つまり両辺に $\frac{1}{(1+0.05)}$ を乗じればよい。（左右を入れかえて書けば）それは，

$$\frac{105}{1+0.05} = 100$$

という計算になる。これが1年後の価値を現在の価値になおす式である。

1年後の予想収益 R_1 を現在価値になおす一般的ケースをみてみよう。利子率を r で表せば，1年後の価値 R_1 は，

$$\frac{R_1}{1+r}$$

という形で現在の価値に改められる。

次に2年後の R_2，3年後の R_3 についても同じように考えられる。2年後の価値 R_2 を1年後の価値になおすには $\frac{1}{(1+r)}$ を乗じればよい。

2年後の価値 R_2
↓
1年後の価値　$\frac{R_2}{1+r}$

これを現在の価値になおすにはこれに $\frac{1}{(1+r)}$ を乗じればよい。

R_2 現在の価値　$\frac{R_2}{1+r} \times \frac{1}{1+r} = \frac{R_2}{(1+r)^2}$

また3年後の価値については同様に現在の価値になおせば，

R_3 の現在の価値　$\frac{R_3}{(1+r)^3}$

となる。

したがって，機械の価格 P と比較するため予想収益の現在価値の合計 R を次のように表す。

$$R=\frac{R_1}{1+r}+\frac{R_2}{(1+r)^2}+\frac{R_3}{(1+r)^3} \qquad (1-30)$$

しかしながら，この式は足し算のため長くなってしまう。1年後の1，2年後の2，3年後の3を i という番号で表して書きなおしてみよう。それは，

$$R=\sum_{i=1}^{3}\frac{R_i}{(1+r)^i} \qquad (1-31)$$

と表される。これが予想収益の現在価値の合計である。

これと機械の価格 P を比較する。

　　現在価値同士の比較

　　　費用（機械Aの価格）　P

　　　収益（予想収益の現在価値の合計）　$\sum_{i=1}^{3}\frac{R_i}{(1+r)^i}$

ところで（1－31）式において r の値をいろいろ動かせばその中で

$$\sum_{i=1}^{3}\frac{R_i}{(1+r)^i}$$

を機械の価格 P に等しくする r が存在する。その r を ρ（ローと読む）とおく。つまり

$$P=\sum_{i=1}^{3}\frac{R_i}{(1+\rho)^i} \qquad (1-32)$$

または

$$P=\frac{R_1}{1+\rho}+\frac{R_2}{(1+\rho)^2}+\frac{R_3}{(1+\rho)^3} \qquad (1-33)$$

である。

このときの ρ を**投資の限界効率**と呼ぶ。これは機械の価格と予想収益の現在価値の合計とを等しくする割引率である。利子率は市場で一つだけ決まる値であるのに対して割引率は機械ごとに異なる値をとる。

機械の価格 P と予想収益の現在価値 R を比較したとき

(1)　$R≥P$ 投資を行う

(2)　$R<P$ 投資を行わない

という関係がある。これを投資の限界効率 ρ と利子率 r との関係でみてみる。

(1) $R \geq P$ のケース（投資を行う）

このとき

$$\sum_{i=1}^{3} \frac{R_i}{(1+r)^i} \geq \sum_{i=1}^{3} \frac{R_i}{(1+\rho)^i} \qquad (1-34)$$

が成り立っている。つまり，

$$\frac{R_1}{1+r} + \frac{R_2}{(1+r)^2} + \frac{R_3}{(1+r)^3} \geq \frac{R_1}{1+\rho} + \frac{R_2}{(1+\rho)^2} + \frac{R_3}{(1+\rho)^3}$$

が成り立つ。例えば耐用年数が1年で $R_1=250$ のとき，

$$\frac{250}{1+r} \geq \frac{250}{1+\rho}$$

のケースでは r と ρ のどちらが大きいだろうか。これは両方とも分母にあるので上式では，

$$1+r \leq 1+\rho$$

つまり，r よりも ρ の方が大きい。項の数が増えた (1-34) 式でも同様なので，「投資の限界効率 ρ が利子率 r よりも大きいとき企業は投資を行う」ことになる。

(2) $R < P$ のケース（投資を行わない）

このとき

$$\sum_{i=1}^{n} \frac{R_i}{(1+r)^i} < \sum_{i=1}^{n} \frac{R_i}{(1+\rho)^i}$$

となる。r と ρ を比較すると，

$$r > \rho$$

が成り立つ。したがって，「利子率 r が投資の限界効率 ρ を上回っていれば企業は投資を行わない」ということになる。

社会的な投資の限界効率の曲線は図 1-16 のようになる。すなわち縦軸に投資の限界効率，横軸に投資額をとれば右下がりの曲線になる。これを投資の限界効率表と呼ぶ。利子率が r_1 の場合，投資の限界効率 ρ が利子率 r_1 よりも

図 1 − 16　投資の限界効率表

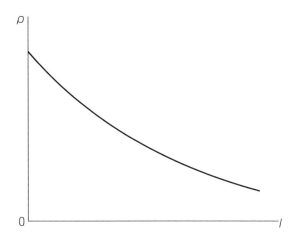

大きい部分（**図 1 − 17**）では企業は投資を行う。しかし，利子率 r_1 と投資の限界効率 ρ が交わった右側の点線部分では，利子率 r_1 が投資の限界効率 ρ よりも大きいため投資は行わない。したがって，利子率 r_1 に対しての投資 I_1 がこのときの投資額となる（ここまでは投資が行われ続ける）。もし利子率が r_2 へ下がったならば投資額は I_2 に増える。そしてもっと利子率が下がり r_3 となれば投資額はもっと増えて I_3 になる。ここでは，

　　　$I_1 \leftarrow r_1$
　　　$I_2 \leftarrow r_2$
　　　$I_3 \leftarrow r_3$

という関係，つまり，

　　　投資（I）←利子率（r）

という関係を得る。これは経済のしくみの図で利子率が投資を決定する部分にほかならない。ケインズの投資理論では，投資は利子率によって決定されると説明されるが，ここでの投資の限界効率と利子率との関係の理論化がこの説明に当たる。

図1−17 投資額の決定

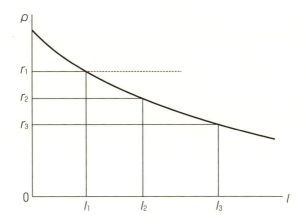

第3節　無限等比級数

1　無限等比級数

数列とは数が並んだ列のことである。例えば、それは、

　　2, 5, 8, 11, ……

や、

　　4, 8, 16, 32, ……

といった数字を順番に並べたものである。このうち、この数字の数が限られたものを**有限数列**，そして数が限られずに無限なものを**無限数列**という。上記の例は、このまま限りなく数字が並んでいるので無限数列である。これに対して、

　　2, 5, 8, 11

と11でストップしてしまう、4つの数字から構成される数列は、有限数列である。構成する4つの数字を**項**と呼ぶ。そのうちはじめの2を**初項**，5を第2項，8を第3項，11を**末項**と呼ぶ。無限数列には末項がない。

2, 5, 8, 11, ……のように3つずつ増加している場合を**等差数列**と呼ぶ。それに対して、4, 8, 16, 32, ……というように2倍ずつ増加している場合を**等比数列**という。

ここでは後者をとりあげてみよう。一般に、その増加の比率（**公比**）をrとすれば、有限の等比数列は、

　　　初項a、初項にrを乗じたもの、第2項の数にrを乗じたもの、
　　　……、左の項の数にrを乗じたもの

つまり、

$$a, ar, ar^2, ..., ar^{n-1}$$

と書くことができる。aは初項であり、各項とも左の項のr倍となっている。これらを加えたものをSとおき、等比数例の和を求める。

$$S = a + ar + ar^2 + \cdots + ar^{n-1} \tag{1-35}$$

この和Sを求めることは容易である。(1-35)式の両辺に公比rを乗ずる。

$$rS = ar + ar^2 + ar^3 + \cdots + ar^{n-1} + ar^n \tag{1-36}$$

(1-35)式から(1-36)式を引いてみよう。

$$(1-r)S = a - ar^n$$

である。rが1でなければSについて解くことができる。つまり、

$$S = \frac{a - ar^n}{1-r} \tag{1-37}$$

次に、項の数が無限となる**無限等比級数**を定義する。前出の等比数列が無限数列であるとき、それは、

$$a, ar, ar^2, ...$$

と表される。このとき、

$$a + ar + ar^2 + \cdots \tag{1-38}$$

を無限等比級数といい、これが発散せずに一定の値をとるとき、和として定義することができる。rが1より大きければ無限の値になってしまうので、rが1より小さいケースを考えなければならない。つまり、$|r|<1$というように、rの絶対値が1より小さいケースである。このとき、(1-37)式においてnが無限大であるケースを考える。(1-37)式の中でnを無限大にすると、r^nはnが大きくなるに従って、次第に小さくなり、nが無限大ではゼロに近づく。

第 1 章　数学の諸概念　33

したがって，無限等比級数の和は，残った $\frac{a}{1-r}$ として，

$$a+ar+ar^2+\cdots=\frac{a}{1-r} \tag{1-39}$$

と表すことができる[6]。例えば，$a=10$，$r=\frac{1}{2}$ のとき，(1 − 38) 式は，

$$10+10+\times\frac{1}{2}+10\times\left(\frac{1}{2}\right)^2+\cdots$$

となるので，その和は，

$$\frac{10}{1-\frac{1}{2}}=20$$

と計算することができる。(1 − 39) 式が無限等比級数の和を表す式である。

2　無限等比級数の経済学への応用(1)（マクロ経済学の例）
　　——乗数理論

　無限等比級数を適用する一例はマクロ経済学の乗数理論である。
　「供給（総生産≡国民所得）は需要（総支出）の大きさに等しいように決定される」というケインズの考え方に従って，経済のしくみを考えよう。この考え方は，例えば総支出が 100 兆円ならば総生産≡国民所得も 100 兆円，総支出が 200 兆円ならばこれらも 200 兆円と決まることを示している。ここで総生産と国民所得が恒等的に等しいのは，次の理由による。すなわち，生産によって受け取ったおカネ（生産物の販売による収入）を企業はその企業と労働者に分配するので，分配の総額である国民所得は総生産額と同一視されるからである。ここで簡略化のために，政府と外国の存在を除けば，総支出は家計を中心とした消費支出と企業を中心とした（設備）投資支出から構成されるので，経済の

---

[6] 第 2 章の第 3 節 1 で述べる極限で表すと，$\displaystyle\lim_{n\to\infty}\frac{a-ar^n}{1-r}=\lim_{n\to\infty}\frac{a}{1-r}-\frac{a}{1-r}\lim_{n\to\infty}r^n=\frac{a}{1-r}$

しくみは次の図のようになる。矢印は,「$A \to B$」が「A が B を決定する」従属関係を表している。

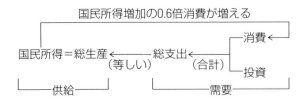

右方から説明すると,総支出が消費支出と（設備）投資支出の合計であり,すなわち,

　　　総支出＝消費＋投資

となる。そして国民所得と総支出が等しい,すなわち,

　　　国民所得（＝総生産）＝総支出

となっている。また,国民所得から消費への矢印は,国民所得の大きさで消費の大きさが決まるという関係を表している。上の図では,限界消費性向が 0.6 ならば,国民所得が増加すればその 0.6 倍だけ消費も増加することになる[7]。

ここで投資が増加したときの国民所得への影響を矢印をたどりながら説明しよう。もし投資が 10 兆円だけ増加したとしよう。その結果,国民所得はどれだけ増加するだろうか。投資が 10 兆円増加すれば,消費と投資の合計で定義される支出も 10 兆円だけ増加する。その結果として,国民所得も 10 兆円増加する。これが第 1 ステップの効果である。経済の流れはここでは終わらない。国民所得が増加すれば,消費も増加するという関係がある（図の上部の矢印）。国民所得が増加したとき消費が増加する割合を 0.6 とした。これは,増えた所得のうち 6 割が消費にまわることを意味する。国民所得が 10 兆円増加すれば,消費はその 6 割である 6 兆円増加する。

　　　第 2 ステップ

　　　10 兆円（所得の増加）× 0.6＝6 兆円（消費の増加）

消費が 6 兆円増えれば,その和の総支出も 6 兆円増え,国民所得が 6 兆円増え

7　限界消費性向については,第 1 章の第 1 節 4 を参照。

る。国民所得が 6 兆円増えれば,

　　第 3 ステップ

　　6 兆円（所得の増加）× 0.6＝3.6 兆円（消費の増加）

というように，消費が 3.6 兆円増え，総支出とともに国民所得も 3.6 兆円増加する。そして次に第 4 ステップに進み，

　　第 4 ステップ

　　3.6 兆円（所得の増加）× 0.6＝2.16 兆円（消費の増加）

となり，結局国民所得は 2.16 兆円増加し，第 5 ステップ，第 6 ステップ，……と図上部の「消費→総支出→総生産＝国民所得→消費→……」を循環し続ける。最初の投資自体は 10 兆円にすぎないが，それがきっかけとなって経済は循環を続け，国民所得は大きくなり続ける。（設備）投資の経済での役割が重要なことをおわかりいただけたと思う。

ところで，投資 10 兆円の増加で，結局国民所得はどれだけ増加するのであろうか。それには，国民所得の第 1 ステップの増加分 10 兆円，第 2 ステップの 6 兆円，第 3 ステップの 3.6 兆円，第 4 ステップの 2.16 兆円，……とすべてのステップの国民所得の増加額を合計すればよい。

$$\begin{pmatrix}\text{投資が 10 兆円増えたと}\\ \text{きの国民所得の増加}\end{pmatrix}=10+6+3.6+2.16+\cdots$$

この式の最初の数は 10，次の数が 10 の 0.6 倍の 6，そしてその次の数が 6 の 0.6 倍というように，各項の数は左横の項の数の 0.6 倍になっていく。そして，これが無限に続いていく。これは前述の (1－38) 式の形式にほかならない。初項 $a=10$，そして公比 $r=0.6$ のケースである。つまり，

$$10+10\times 0.6+10\times 0.6^2+10\times 0.6^3+\cdots$$

であるから，(1－39) 式よりこの合計の値が求められる。

$$\frac{a}{1-r}=\frac{10}{1-0.6}$$

この式を計算すると

$$\begin{pmatrix}\text{投資が 10 兆円増えたと}\\ \text{きの国民所得の増加}\end{pmatrix}=25$$

を得る。投資が 10 兆円しか増えていないのに，経済の循環を通じて国民所得は 25 兆円も増加している。

　増加の大きさについては通常 Δ（デルタ）で表す。投資を I とおけば投資の増加の大きさは ΔI, そして国民所得を Y とおけば国民所得の増加の大きさは ΔY と表される。上記の関係を記号で表そう。ΔY の大きさは，第 1 ステップで ΔI 増加し，第 2 ステップで $0.6\Delta I$, 第 3 ステップで $0.6^2\Delta I$, 第 4 ステップで $0.6^3\Delta I$, ……と増加した。それを合計すると，

$$\Delta Y = \Delta I + 0.6\Delta I + 0.6^2\Delta I + 0.6^3\Delta I + \cdots$$

となり ΔI, 初項, 公比 0.6 を (1 - 39) 式に代入すれば，

$$\Delta Y = \frac{1}{1-0.6}\Delta I$$

すなわち，

$$\Delta Y = 2.5\Delta I$$

を得る。前出の例で 10 兆円を一般化し，ΔI に置き換えた例である。この式は，**乗数効果**を表し，投資が増加したときの国民所得の増加の大きさを表している。この係数の 2.5 は**乗数**と呼ばれる。

　さて，国民所得が増加したときの消費の増加の割合を 0.6 としたが，これは前出の消費関数のときに登場した限界消費性向にほかならない。そこで 0.6 を b で置き換えれば

$$\Delta Y = \frac{1}{1-b}\Delta I \qquad (1-40)$$

となり，乗数は $1/(1-b)$ である。限界消費性向 b の大きさいかんで乗数の値が異なり，投資の増加した効果も変わってくる。限界消費性向の値が大きければ乗数も大きくなり，投資増加の効果も大きい。逆に限界消費性向の値が小さければ，投資増加の効果も小さくなってしまう。

3　無限等比級数の経済学への応用(2)（マクロ経済学の例）
　　――信用創造

　信用創造とは，はじめに銀行が受け入れた預金から貸付を繰り返すことによ

り，その何倍もの預金が作り出されることを指す．預金創造ともいわれる．

　まず A 銀行に 1 億円の預金が行われたとする．A 銀行はそれをそのまま全額貸し出せない．法定準備金といい，そのうちの何パーセントかは支払い準備のために積み立てておかなければならない．その率を法定準備率という．いま法定準備率が 20 パーセントであるとしよう．そのとき A 銀行は預かった 1 億円を

　　　貸付　　8,000 万円

　　　準備金　2,000 万円

として 8,000 万円分を民間企業に貸し付ける．この 8,000 万円は企業の投資や賃金支払いに利用され，その結果，誰かの所得となる．そしてそれがすべて B 銀行に預けられたとする[8]．その B 銀行はその預金 8,000 万円を

　　　貸付　　6,400 万円　（8,000 × 0.8）

　　　準備金　1,600 万円　（8,000 × 0.2）

として利用する．ここでも準備率が 20 パーセントなので 1,600 万円は準備金として積み立てておかなければならない．

　そして貸し付けられた 6,400 万円が誰かの所得となって次に C 銀行に預けられるとする．C 銀行は同様に

　　　貸付　　5,120 万円　（8,000 × 0.8）

　　　準備金　1,280 万円　（8,000 × 0.2）

として利用する．

　以下これを繰り返していくが，それを図にまとめたのが**図 1 − 18** である．ここで各銀行の表の右側の預金に注目しよう．最初は A 銀行の 1 億円しかなかったはずの預金だが，

　　　A 銀行　10,000 万円

　　　B 銀行　 8,000 万円

　　　C 銀行　 6,400 万円

　　　　⋮　　　　⋮

---

[8]　もちろん預けれる銀行は複数であるが，説明をわかりやすくするため B 銀行 1 行のみとする．C 銀行，…の場合も同様．

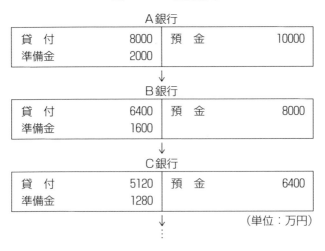

図 1 − 18　信用創造

というように預金の総額はその 1 億円よりも大きくなっている。このように預金が創造されていく。その合計は，

　　　10,000 + 8,000 + 6,400 + ……

となる。これは無限等比級数の和である。そこで，(1 − 39) 式が適用できる。この場合，

　　　初項　$a = 10{,}000$
　　　公比　$r = 0.8$

であるから，(1 − 39) 式に代入すると，

$$\frac{a}{1-r} = \frac{10000}{1-0.8} = 50000$$

を得る。つまり，合計は 5 億円となる。このように，最初は 1 億円しかなかった預金が貸付操作を通じて 5 倍の 5 億円にまで膨らんだことがわかる。

第2章 微　分

第1節 微　分

1　傾　き

第1章において線形関数の傾きを定義した。線形式,

$$y = a + bx$$

において x が増加したときに y が増加する割合 b がこれにあたる。増加の記号を Δ と決めて，b を表せば，

$$b = \frac{\Delta y}{\Delta x} \tag{2-1}$$

となる。Δx は x の増加の大きさ，Δy は y の増加の大きさである（増加といっても減少のときはマイナスの値となる）。

　いま，線形式の傾きは定義できたが，直線ではなく曲線の場合（非線形の場合）の傾きのとらえ方はどうであろうか。本書では，曲線の傾きのとらえ方として次の2つをあげる。

・微分で定義する方法

・それを近似化してとらえる方法

2つの方法をあげたが，これらの方法は，異なる別のものではなく，上の方法は正確な数学的定義であり，下の方法は経済学でよく利用される近似化である。各方法の説明を，まず下に書いた近似的方法からはじめる。

(1) 近似的に傾きをとらえる方法

　図2-1に曲線 $y=f(x)$ を描いた。この曲線上の点 A から点 B までを拡大したのが**図2-2**である。点 A から点 B まではわん曲しているので線形式の

図2−1 関数の傾き（近似）(1)

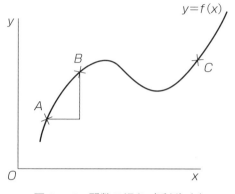

図2−2 関数の傾き（近似）(2)

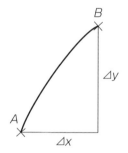

傾きのように定義することはできない。しかしながら，$f(x)$ の点 A から点 B までを近似的に直線ととらえれば，直線同様の解釈をすることが可能である。

　点 A から点 B まで x が Δx だけ増加している。それに応じて y が Δy だけ増加している。線形式の傾きの定義は，（縦軸の変数の増加した大きさ）／（横軸の変数の増加した大きさ）であるから，ここでの傾きは近似的に，

$$\frac{\Delta y}{\Delta x}$$

ととらえることができる（これを**平均変化率**という）。例えば，点 A の座標が (3, 4)，点 B の座標が (5, 10) ならば，点 A から点 B までの傾きは近似的に次式で計算される。

$$\frac{\Delta y}{\Delta x} = \frac{10-4\ (y\text{が増加した大きさ})}{5-3\ (x\text{が増加した大きさ})} = 3$$

けれども，**図2-1**の点 A から，遠く離れた点 C までの傾きは定義できない。点 A から点 C までにたどる形状は，とても直線に近似しえないからである。

ここであげた曲線の傾きの近似的なとらえ方は非常に重要である。この考え方をもちいれば，経済学において「一方が増加したときに他方がどれだけの割合で増加するか」(「一方が1単位増えたとき他方がどれだけ増えるか」)を計算することができるからである。経済学では，$\Delta y/\Delta x$ の概念は頻繁にもちいられる。

(2) 曲線の傾きを微分で定義する方法

いま，近似的に曲線の傾きをとらえたが，曲線の傾きは通常微分を利用して定義される。例えば，**図2-3**の点 A における傾きは，**図2-4**で拡大して表してあるように，点 A における接線の傾きとして定義される[1]。点 B および点 C あるいは $y=f(x)$ 上のあらゆる点において，そこでの接線の傾きを定義することができる。

この接線の傾きを，

$$\frac{dy}{dx},\ \frac{df}{dx},\ f'(x),\ y'$$

などの記号で表す。いずれの記号を使ってもよい。これを**微分係数**と呼ぶ。

ここで一例を示そう。

$$y=3x^2+3x+1$$

についての傾きを調べよう。x が x から Δx だけ大きくなって $x+\Delta x$ となったとしよう。すると y の値は，

---

[1] 前述の $\Delta y/\Delta x$ は十分に幅がある場合だが，ここではその Δx が 0 に限りなく近づくことで曲線の傾きを求める。本章の第3節1で述べる極限を利用すると，

$$\lim_{\Delta x \to 0} \frac{\Delta y}{\Delta x}$$

または，

$$\lim_{\Delta x \to 0} \frac{f(x+\Delta x)-f(x)}{(x+\Delta x)-\Delta x}$$

が曲線の傾きとして定義される。これが本文中の各 x の点における曲線の傾きである。

図2−3 関数の傾き（微分）

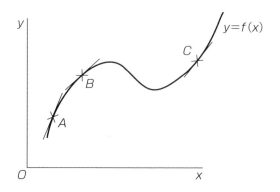

図2−4 関数の傾きの拡大図

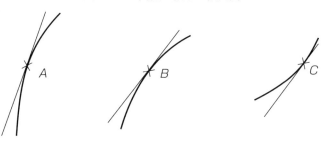

$$3(x+\Delta x)^2+3(x+\Delta x)+1$$

となる。したがって y が増加した大きさ Δy は後の式から前の式を引けばよい。

$$\Delta y=3(x+\Delta x)^2+3(x+\Delta x)+1-(3x^2+3x+1)$$

これを計算すると，

$$\Delta y=3(\Delta x)^2+6x\Delta x+3\Delta x$$

となる。これを Δx で割ると，

$$\frac{\Delta y}{\Delta x}=3\Delta x+6x+3$$

を得る。脚注1にあるように，ここで Δx をゼロに近づけると

$$\frac{dy}{dx}=6x+3$$

となる。

このように関数 $y=3x^2+3x+1$ から dy/dx を求めたが，このことを「y を x で微分する」という。そして求まった dy/dx は x の関数となっている。y を x で微分して求まった関数を**導関数**という。$f'(x)$ と示すこともできる。線形のときは一定値となるが，非線形のとき（曲線のとき）はこのように x の関数となる。各点での傾きは，求めたいところの x の値をこの導関数に代入すればよい。もし $x=0$ での傾きを求めたければ，上記の導関数に $x=0$ を代入する。それを $f'(0)$ とおけば，

$$f'(0)=3$$

であり，$x=5$ を代入すれば，

$$f'(5)=33$$

を得る。

2 微分の方法

いま，関数の微分を行ったが関数 $y=f(x)$ を微分して導関数 dy/dx を求める一般的な方法を示す。経済学で活用できるようにするために，簡単な例をあげて説明する。微分すべき関数として次の式をあげる。

$$y=3x^5-2x^4+3x^2+6x+5$$

この式を x について微分する。まず右辺の第1項目 $3x^5$ を微分する。x でこれを微分するとき，定数はそのまま書く。

$$3\,\boxed{}$$

次に x の肩のべき乗の数字 5 を前におろして

$$x^{\boxed{5}}$$

とし，これを乗ずる。その結果，

$$3\times 5x^{\boxed{}}$$

を得るが，x の肩のべき乗部分は5から1を引く。すなわち，

$$3\times 5x^{5-1}$$

とする。したがって第1項目の微分は，

$$15x^4$$

となる。次に第2項目の$-2x^4$を微分する。まず定数はそのままなので，

$$-2\boxed{}$$

と書き，次にxの肩の4をおろして

$$x\boxed{4}$$

とし，これを乗ずる。よって，

$$-2 \times 4x^{\boxed{}}$$

となる。xの肩の部分は，同様に4から1を引いて，

$$-2 \times 4x^{4-1}$$

となり，第2項目の微分は，

$$-8x^3$$

となる。第3項目は同様に，

$$3 \times 2x^{2-1} = 6x$$

を得る。さて第4項目の$6x$は同様にすると，

$$6 \times 1x^{1-1} = 6x^0$$

となるが，x^0は1に等しいので（$x^0=1$）この項のxの微分は6となる。そして，最後の定数項はxで微分するとゼロとなり，その項は消える。したがって，上式を微分して得た導関数は，

$$\frac{dy}{dx} = 15x^4 - 8x^3 + 6x + 6$$

となる。

＜練習＞

次の関数をxについて微分せよ。

$$y = -4x^7 + 10x^5 - 8x^2 + 2x - 5$$

第2章 微　　分　　45

<解答>
$$\frac{dy}{dx} = -4 \times 7x^{7-1} + 10 \times 5x^{5-1} - 8 \times 2x^{2-1} + 2 \times 1x^{1-1}$$

$$= -28x^6 + 50x^4 - 16x + 2$$

参考に次の微分もあげておこう。

(1) $y = 3\sqrt{x}$

これは $y = 3x^{\frac{1}{2}}$ のことであるから,

$$\frac{dy}{dx} = 3 \times \frac{1}{2} x^{\frac{1}{2}-1} = \frac{3}{2} x^{-\frac{1}{2}} = \frac{3}{2} \frac{1}{\sqrt{x}}$$

(2) $y = \frac{2}{x^3}$

これは $y = 2x^{-3}$ のことであるから,

$$\frac{dy}{dx} = 2 \times (-3) x^{-3-1} = -6x^{-4}$$

3　微分の経済学における利用

微分の経済学における主たる利用方法を示しておこう。主要な利用法として次の3つをあげる。

(1) 変化率の定義への利用

dx, dy または, Δx, Δy を

$$\frac{dx}{x}, \frac{dy}{y}, \frac{\Delta x}{x}, \frac{\Delta y}{y}$$

として変化率を定義することができる。例えば, $x=100$ だったものが $x=110$ になったとしよう。そのとき,

$$\Delta x = 110 - 100 = 10$$

より,

$$\frac{\Delta x}{x} = \frac{10}{100}$$

(2) 限界概念の利用

xが増加したときのyの増加した割合（つまりxが1単位増加したときyは何単位増加するか）を測るための限界概念の定義にもちいられる。xを追加したときに、それに応じてyがどのように変化するかは、

$$\frac{\Delta y}{\Delta x}$$

で表される。xが10増加したときに（$\Delta x=10$）、yが22増加したならば（$\Delta y=22$）

$$\frac{\Delta y}{\Delta x}=\frac{22}{10}=2.2$$

である。xの1単位の増加でyは2.2増加することを意味している。

(3) 最大・最小への利用

もう1つの利用法は、最大・最小問題への適用である。導関数が関数の傾きを表している。図2－5の各点で、その傾きは点Aから点Bへと右に移るに従って小さくなっていく。点Cではゼロになり、その後傾きがマイナスになり（絶対値が）大きくなっていく。このとき点Cはちょうどこの関数の最大点である。したがって傾きがゼロのとき、すなわち導関数がゼロのとき、関数は最大となる。

図2－5　最大条件

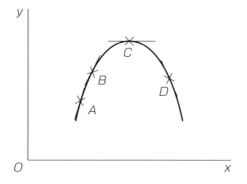

図2−6　最小条件

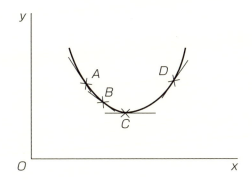

また**図2−6**では，点Aから点Bへと傾きはゆるやかになっていき，点Cにおいてゼロとなり，その後傾きが大きくなっていく。このケースでは，点Cは関数の最小点である。傾きがゼロのとき，すなわち導関数の値がゼロのとき，関数は最小となる。以上をまとめると，導関数がゼロに等しいとき，関数は最大または最小となることがいえよう。

この最大か最小かの見分け方については，
(1)　関数の性質から判断する
(2)　2階の導関数を求めて判断する
という2つの方法がある。(1)の方法では，例えば利潤関数の性質を考えれば，利潤は小さくするのは可能でゼロ（マイナス）にもなりうるが，無限に大きくすることはできないから，この場合は最大，そして費用関数の性質を考えれば，費用はいくらでもかけて大きくすることはできるが，小さくしようとすると限界があるので，この場合は最小と判断できる。

(2)については2階の導関数の符号から判断するものである。2階の導関数とは微分して得た導関数をもう一度微分したもので，

$$\frac{d^2y}{dx^2}$$

と表される。この正負によって，最大か最小かが判別できる。これが負ならば，**図2−5**のように上に凸で最大，これが正ならば**図2−6**のように下に凸で

最小となる。

　ここまでの説明では，傾きがゼロのときの関数は「最大または最小」ということであったが，図2－7では，点Aでも点Cでも傾きがゼロにもかかわらず，点Cの方が大きい。また点Bは傾きがゼロではあるが，両端の部分は無限に小さくなっていくので，点Bは最小とはいえない。正確には，これらの傾きがゼロとなる点は，最大・最小ではなく，極大・極小と呼ばれる。経済学では解釈しやすいように，E. ドウリングは「相対的最大」「相対的最小」と呼んでいる[2]。図2－7において点Cが相対的最大の点，点Bが相対的最小の点である。

図2－7　相対的最大・最小

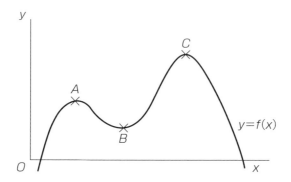

4　微分の経済学への応用(1)（ミクロ経済学の例）
——変化率の定義の価格弾力性への応用

　いま，微分の経済学への主たる応用の仕方を4つあげよう。まず，最初に変化率の定義の応用例を取り上げる。例えばpを価格とすれば

$$\frac{dp}{p} \left(\text{または} \frac{\Delta p}{p}\right)$$

で価格上昇率が定義できる。このとき，この財の需要量をqとすれば，

$$\frac{dq}{q} \left(\text{または} \frac{\Delta q}{q}\right)$$

2　E. ドウリング著，大住栄治・川島康男訳『例題で学ぶ入門経済数学（上）（下）』CAP出版（1996）。

は需要の増加率と定義される。この両者の比をとれば，

$$\frac{\frac{dq}{q}}{\frac{dp}{p}} \left(\text{または} \frac{\frac{\Delta q}{q}}{\frac{\Delta p}{p}} \right)$$

と表せるが，これは価格の変化率に応じた数量の変化率である。例えば，価格が2%上昇したとき需要量が1%減少した（-1%）ならば，

$$\frac{\Delta q/q}{\Delta p/p} = -\frac{1}{2} \left(\text{または} -\frac{0.01}{0.02} \right)$$

である。通常，物価の動きがプラスならば需要の動きはマイナス，物価の動きがマイナスならば需要の動きはプラスなので，上記の式では，符号がマイナスになってしまう。そこで，上記の式にマイナスを付加して，

$$\varepsilon = -\frac{\frac{dq}{q}}{\frac{dp}{p}} \left(\text{または } \varepsilon = -\frac{\frac{\Delta q}{q}}{\frac{\Delta p}{p}} \right) \qquad (2-2)$$

という ε（イプシロンと読む）を定義する。これは次のようにも書ける。

$$\varepsilon = -\frac{p}{q}\frac{dq}{dp} \left(\text{または } \varepsilon = -\frac{p}{q}\frac{\Delta q}{\Delta p} \right) \qquad (2-2)'$$

これを**需要の価格弾力性**という。

この弾力性の値の特徴を例を使って示そう。ある財の価格が3,500円から1割あがって3,850円になったとしよう。

$$\frac{\Delta p}{p} = \frac{3,850 - 3,500}{3,500} = 0.1 (10\%)$$

この財が必需品であるときと必需品でないときに分けて，需要の価格弾力性の値を比較してみる。

＜必需品でないとき＞

この財が必需品でないとき，価格が上がれば需要が大幅に落ち込むと考えられる。当初200あった需要がこの値上がりのため50まで落ち込んだと考えよう。

$$\frac{\Delta q}{q} = \frac{50-200}{200} = -0.75 \, (-75\%)$$

したがって，このときの需要の価格弾力性は，

$$\varepsilon = -\frac{-0.75}{0.1} = 7.5$$

と大きい。一般に必需品ではない場合，つまり奢侈品の場合，この弾力性の大きさは1を超える。

＜必需品のとき＞

この財が必需品であると，価格が値上がりしても，消費者は購入量を大幅に減らすわけにはいかない。例えば，当初の需要量200が195に減っただけだったとする。そのとき，

$$\frac{\Delta q}{q} = \frac{195-200}{200} = -0.025 \, (-2.5\%)$$

であるから，

$$\varepsilon = \frac{-0.025}{0.1} = 0.25$$

となり，需要の価格弾力性の値は1よりも小さい。必需品の場合，需要の価格弾力性は1よりも小さい。

以上の内容を右下がりの需要曲線の図で表すと，**図2－8**，**図2－9**のようになる。**図2－8**は財が必需品でなく，需要の価格弾力性の値が大きく，価格の変化に消費者が敏感に反応するケースである。このとき，需要曲線の傾きが小さい。他方，**図2－9**は財が必需品であり，需要の価格弾力性の値が小さく，価格の変化に対して消費者があまり反応しないケースである。このとき需要曲線の傾きは急である。このように需要の価格弾力性は需要曲線の形状を与える。

いま，価格の変化率（$\Delta p/p$）に対する数量の変化率（$\Delta q/q$）の割合をみてきたが，一般に，このように，一方の変数の変化率に対する他方の変数の変化率の割合は，**弾性値**として定義される。$y=f(x)$において弾性値 η（イータと読む）を定義すれば，

図2－8　必需品でない場合の需要曲線

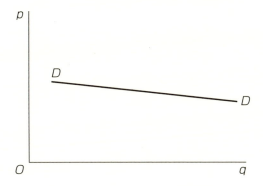

図2－9　必需品の場合の需要曲線

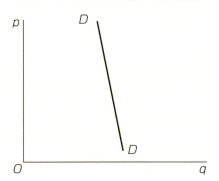

$$\eta = \frac{\frac{dy}{y}}{\frac{dx}{x}} \left(\text{または } \eta = -\frac{\frac{\Delta y}{y}}{\frac{\Delta x}{x}} \right) \tag{2-3}$$

あるいは，

$$\eta = \frac{x}{y} \frac{dy}{dx} \left(\text{または } \eta = \frac{x}{y} \frac{\Delta y}{\Delta x} \right) \tag{2-3}'$$

で表される。

5 微分の経済学への応用(2)（ミクロ経済学の例）
——限界代替率

第1章の第2節3でみた消費者の最適計画点の定式化の準備を行う必要がある。前述の無差別曲線の特徴付けを行うことが必要となる。いろいろ異なる無差別曲線を表現するための方法は，その傾きをとることである。他の関数と同様，無差別曲線の傾きも微分で表される。

$$\text{無差別曲線の傾き} = \frac{dq_2}{dq_1} \tag{2-4}$$

しかしながら，**図2－10**で示されているように無差別曲線は右下がりなので，この式をそのまま利用すると値がマイナスになる。

図2－10　無差別曲線の傾き

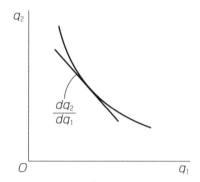

そこで，傾きにマイナスをつけてプラスの値に修正して示す。この修正された値を**限界代替率**と呼ぶ。それは次式で表される。

$$\text{限界代替率} = -\frac{dq_2}{dq_1} \tag{2-5}$$

近似的にこれを解釈すれば，

$$\text{限界代替率} = -\frac{\Delta q_2}{\Delta q_1} \tag{2-5}'$$

である。これは，第1財の数量が変化したとき，同一効用水準を維持するために必要となる第2財の数量の変化の大きさの割合である。例えば，**図1－11**

の例で，点Aから点Bへの移動を考えよう。点Aから点Bでは，

$\Delta q_1 = 2$

$\Delta q_2 = -18$

というように，洋服2着に対して携帯電話18時間が対応しており，電話18時間を犠牲にしても洋服が2着増えれば，心の満足（効用）は同じ水準に維持される。このときの限界代替率は次のとおりである。

$$限界代替率 = -\frac{-18}{2} = 9$$

つまり，これは洋服1着が電話9時間に相当することを意味している。

点Bから点Cにかけては，

$\Delta q_1 = 2$

$\Delta q_2 = -7$

であるから，

$$限界代替率 = -\frac{-7}{2} = 3.5$$

となる。洋服1着あたり電話3.5時間が相当する。

点Aから点B，点Bから点Cへの移動に従って，だんだん洋服1着のありがたみが薄れていく。最初は1着が電話9時間にも相当したのに，ある程度洋服をもった段階では3.5時間にしか相当しなくなった。座標の右にいくに従って限界代替率が次第に小さくなってきている。このことを**限界代替率逓減の法則**という。

ところで，最適消費点**図1－15**の点Aでは予算線の傾きと無差別曲線の傾きが等しい。それぞれの傾きは，

予算線　$-\dfrac{p_1}{p_2}$

無差別曲線　$\dfrac{dq_2}{dq_1}$

であるから，

$$-\frac{p_1}{p_2}=\frac{dq_2}{dq_1}$$

が成り立っている。マイナスを移動すると，

$$-\frac{dq_2}{dq_1}=\frac{p_1}{p_2} \tag{2-6}$$

となり，左辺は限界代替率にほかならない。すなわち，最適消費点では，

　　　限界代替率＝価格比

が成り立っている。

6　微分の経済学への応用(3)（マクロ経済学の例）
　　——消費関数における限界概念と平均概念

　微分の経済学への主たる利用法の第2として限界概念がある。前章で定義した消費関数の限界消費性向がこの一例である。消費関数が線形の場合，その傾きであるパラメータ b が，所得が1単位変化したときの消費の変化の大きさを示す限界消費性向である。関数の傾きが導関数であるから，消費関数（1-8）式の微分によりこれが証明される。つまり，消費関数の微分より

$$\frac{dC}{dY}=b \quad \left(\Delta \text{で表すと} \frac{\Delta C}{\Delta Y}=b\right)$$

を得る。これが，限界消費性向と定義され，所得 Y の変化に対する消費 C の変化を意味している。

　ここでは，「追加」に焦点を当てた。その限界概念に対して，もう1つ重要な概念として平均概念があげられる。微分の「限界概念」に対して，「平均概念」も経済学で重要となる。平均概念は，ここでは所得1単位当たりの消費額，つまり C/Y で表される。線形式では，「限界概念」である限界消費性向が一定値 b であるのに対して，「平均概念」である**平均消費性向** C/Y は消費関数の両辺を Y で除して，

$$\frac{C}{Y}=\frac{a}{Y}+b \tag{2-7}$$

という式で表される。これは所得の大きさ Y に依存する変数である。図2-11

をみられたい。限界消費性向は消費関数の傾きであるから，それは図中の$\Delta C/\Delta Y$で表される。一方，平均消費性向は，例えば点Aにおいては原点から点Aまでの直線を引いた場合のその傾きとして定義される。その傾きがC/Yを表す。**図2−12**で，点Aにおいて当初の所得と消費の関係が成立しているならば，$C/Y=80/100$が成り立つ。つまり，平均消費性向は0.8と計算される。前述したように，平均消費性向の値は変化するものであり，**図2−12**のように所得とそれに応じた消費額が大きくなるにつれて，つまり横軸の座標が右に移るにつれてこの傾きは小さくなっていく。平均消費性向の値は，所得が増加するにつれて小さくなっていくといえよう。

図2−11　限界消費性向と平均消費性向

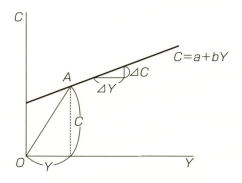

図2−12　平均消費性向の変化

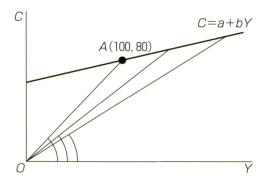

7 微分の経済学への応用(4)(ミクロ経済学の例)
——完全競争下における一企業の生産量の決定

(1) 完全競争と企業の生産量の決定

微分の経済学への応用の第4の例として，**完全競争下**での企業の生産量の決定を取り上げる。ここでは微分の応用の方法にそって，

1. 限界概念の応用として限界費用の定式化
2. 最大・最小問題として企業の利潤最大化

を順番に取り上げる。このことにより，微分の経済学への適用に関しての読者の理解を深めていきたい。

これらの説明に入る前に，ここでの前提となる完全競争にふれておく。完全競争市場とは1つの市場で，

 (a) 売り手・買い手の数が多数存在すること
 (b) 売り手・買い手個人個人の活動は市場に影響を与えないこと
 (c) 売り手・買い手が経済的合理行動をとること

が，すべて成り立つ市場のことである。特に，ここで強調しておくべき点は，(b)の売り手個々の行動が市場全体へはまったく影響しないことである。つまり，売り手である一企業は，自分だけ価格を変化させても，それは市場に反映されない。結局価格をコントロールすることができず，市場の価格を所与として受け入れざるをえないということである。企業がコントロールできるのは，自分で生産する生産量だけであるということに注意していただきたい。例えば，ある財の価格が1つ当たり100円であれば，それを与えられた条件として生産を行わなければならない。

(2) 総費用曲線

さて，企業が価格に見合った生産量を決定する際，当然のことながら，かかった費用とのかね合いが重要となってくる。そこで企業の生産に応じてかかる費用をグラフで表してみよう。ただし，工場や機械といった資本設備の量は変わらないものとする。例えば，1つの建物の中に機械が10台設置されているとし，それ以上に機械が11台，12台に増えもしなければ，それ以下に9台や8台に減りもしないことを前提とする。このように機械や設備の量を一定と仮

定したとき**短期分析**と呼ばれる。短期分析における一企業の総費用曲線は**図2－13**のようになる。まず生産量がゼロでも維持費として固定費用が発生する（図左端）。機械も整備しなければならず，また償却費もかかるので，固定費用は生産量に関係なくかかり続ける。左方の生産量の少ない段階では，費用は生産量とともに急激に増加するので伸びが大きい。1単位だけ生産するにしても機械を1台動かさなければならない。そして，機械を1台だけ稼動させるにしても工場中の電気をつけなければならず，1単位しか生産しなくても費用は相当額必要となる。しかしながら，生産量が増加するにつれて生産の効率は上昇していく。「大量生産の経済」が**図2－13**の中ほどで発生し，費用の伸びは小さくなる。だが，機械を10台フルに稼動させて，その上により多くの生産を行うためには，従業員に残業させるかまたは新たに従業員を雇い，それまで機械で行っていた仕事の分まで従業員に行わせることになる。したがって，生産の効率は落ち込み，右方では「大量生産の不経済」が発生する。かくして，一企業の総費用曲線は**図2－13**の逆S字の形状となる。もちろん，総費用 C の大きさは生産量 q に応じて決まるので，総費用関数は q の関数として，

$$C = C(q) \tag{2-8}$$

で表される。

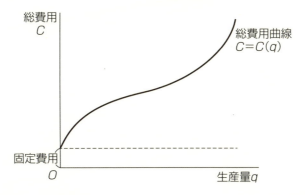

図2－13　総費用曲線

(3) 限界費用と平均費用

この費用関数から「限界概念」の限界費用 marginal cost（MC）を定義することができる。「追加的」費用を意味する限界費用は，

$$MC = \frac{dC}{dq} \quad \left(\text{または } MC = \frac{\Delta C}{\Delta q}\right) \tag{2-9}$$

という微分の形で表される．近似的に解釈すれば，これは生産量が1単位増加したときの総費用の増加を表す．図2-14に示されるように，点A，点B，点Cでの費用曲線の傾き（接線の傾き）が限界費用を示している．生産量が少ないとき，生産増加に伴う費用の増加が大きいので，限界費用も大きい．生産が増えるにつれて，「大量生産の経済」が発生するので限界費用は次第に小さくなり，図2-14の点Bでは最小になる．その後，「大量生産の不経済」が発生して限界費用は再び大きくなっていく．この関係を図示したものが図2-17である．図2-17の上の総費用曲線に応じてその傾きである限界費用が下段の図に描かれている．限界費用の最小点B（図2-17）は，それまで総費用曲線の形状が上に凸であったのが，下に凸と変化する点を表している．これを**変曲点**と呼び，そのとき限界費用は最小となる．図2-17下図のMCを**限界費用曲線**と呼ぶ．

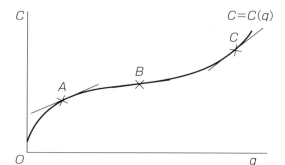

図2-14　限界費用

これに対して「平均概念」として生産1単位当たりの費用である平均費用 average cost（AC）を定義することができる．

$$AC = \frac{C}{q} \tag{2-10}$$

図2-15でいえば，これは原点から点Eに直線をひいたときの直線の傾きを表す．例えば，点Eでの生産量が100，その総費用が170ならば，

図2−15　平均費用

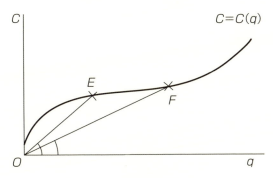

図2−16　平均費用の最小点

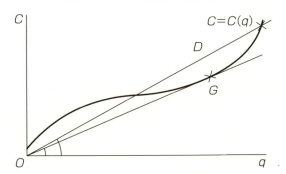

$$AC = \frac{170}{100} = 1.7$$

となり，点 E に原点からひいた直線の傾きが1.7となっている。**図2−15**にみられるように，平均費用は生産量が増えるにつれて減少していく。例えば，点 E と点 F の原点からの直線の傾きを比べると，点 E での傾きよりも点 F での傾きの方が小さくなっている。ところが，**図2−16**において，点 G までいくと再び傾きは増加する。つまり，点 G が平均費用の最小点である。点 G を超えると平均費用は再び増加していく。この動きを描いたものが**図2−17**下段の図である。これが，**図2−17**上段の図の総費用曲線に対応した平均費用曲線 AC である。点 G まで平均費用曲線は下がり続け，点 G で最小となり，また増加し続ける。限界費用曲線と同様，平均費用曲線の形状も下に凸となっている。

図2－17 総費用曲線,限界費用曲線,平均費用曲線

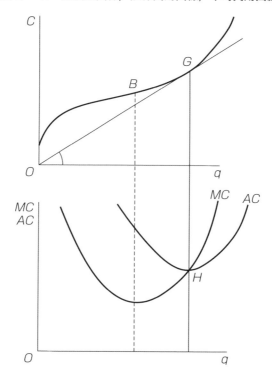

ここでもっとも注意すべきことは,**図2－17**上段の図の点Gにおける限界費用と平均費用の大きさである。平均費用は原点からの直線の傾きである。また,限界費用は各点での接線の傾きであるから,**図2－17**上段の図の点Gではまさにこの両者が一致している。点Gは平均費用が最小となる点として特徴づけられるので,平均費用が最小のとき,平均費用と限界費用は等しくなる。**図2－17**下段の図で上段の図点Gに対応する点は点Hである。点Hでは平均費用が最小であり,限界費用曲線もこの点を通る。限界費用曲線と平均費用曲線を描こうとするとき,これがもっとも重要な特徴であることを覚えておかなければならない。

(4) **利潤最大化**

微分のもう1つの特徴は,最大・最小問題の解法に利用できることである。

いま得た一企業の総費用曲線，限界費用曲線，平均費用曲線において，企業は自己の利潤を最大とするためにどの生産量を選ぶかという問題を，微分を利用して考えよう。この問題が，企業の利潤最大化問題に対する微分の応用の1つである。生産物の1つ当たりの価格をpとすれば，

pq＝収入

である。なぜならば1つ500円の財を100個生産すれば50×100＝5,000円で，それを販売すれば5,000円の収入となるからである。そして総費用は$C=C(q)$であるから，企業の利潤は収入から総費用を引いて，

$$\pi(\text{利潤})=pq(\text{収入})-C(q)(\text{総費用}) \quad (2-11)$$

と定義される。

前述したように，上式を最大とする条件は，これをqについて微分してゼロとおくことである。ここで注意すべきは，完全競争を前提とするとき，価格は市場で決まり，一企業はそれを所与としてしか扱えないことである。1つ50円ならばその条件下で利潤を最大化するような生産量を決定しなければならない。そのため，ここでは，価格pを定数として扱う。πを微分した結果は，

$$\frac{d\pi}{dq}=p-\frac{dC}{dq}$$

となる。右辺第2項は限界費用を表すので，記号MCに置き換えて，上式をゼロとおけば，

$p-MC=0$

を得る。これを変形すれば利潤が最大になるときには，

$$\text{限界費用}=\text{価格} \quad (2-12)$$

が成り立っていることがわかる。1つ50円の例では，企業は限界費用が50円になるような生産量を決定すれば利潤が最大となる。**図2－18**はその生産量を示している。価格は市場で与えられているのでp^*としよう。図中では価格は水平な直線となって限界費用と交わる。交点Aにおいて両者が等しい（高さが一致している）。点Aの生産量q^*が利潤を最大とする生産量である。左

図2-18 利潤最大化の生産量

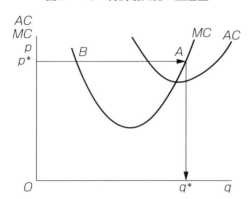

方の両者が交わるもう1つの点Bは利潤最大点ではないことに注意しよう[3]。価格が変化すれば、それに応じてMCにそって利潤最大の生産量も変化する。したがって、価格と生産量のMC上の変化は**供給曲線**にほかならない。限界費用曲線が供給曲線を表す[4]。

次に**図2-19**をみよう。ここで□p^*Aq^*Oの面積は、たてp^*×よこq^*であるから、

p^*q^*：収入

である。一方、□DBq^*Oの面積を計算すると、Bq^*の長さが平均費用を表すので、同様に、

$$\frac{C}{q^*} \times q^* = C$$

となり、総費用であることがわかる。よって、両者の差である斜線の□P^*ABDの面積が利潤と解釈できる。価格がp^*のとき、各生産量に対応した利潤の動きを図示したものが**図2-20**となる。点A'が価格と限界費用が一致して利潤が最大となる点である。

---

[3] 左方での価格＝限界費用の点は損失最大点である。
[4] 限界費用曲線の右方のみが供給曲線である。生産量が落ちて利潤がなくなり固定費用分の回収もできなくなると企業は生産をやめてしまうからである（操業停止点）。

第2章 微 分 63

図2-19 利潤

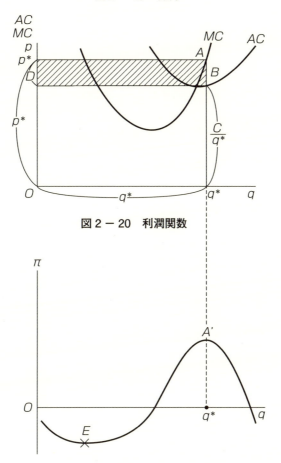

図2-20 利潤関数

【例】

企業の総費用曲線を，
$$C = \frac{1}{2}q^3 - 4q^2 + 10q + 10$$
とする。価格が1つ当たり50円のとき，利潤最大化をもたらす生産量を求めよ。また，そのときの利潤を求めよ。

<解答>
このときの利潤は，
$$\pi = 50q - C$$
$$= 50q - \left(\frac{1}{2}q^3 - 4q^2 + 10q + 10\right)$$
$$= -\frac{1}{2}q^3 + 4q^2 + 40q - 10$$

よってこれを q で微分すると，
$$\frac{d\pi}{dq} = \boxed{練習1}\ {}^{*}$$

であり，これをゼロとおいて q について解く。$\sqrt{304} \fallingdotseq 17.4$ とすると，
$$q \fallingdotseq 8.5$$
を得る。生産量は8.5単位である。そのときの利潤は312である。

* $\boxed{練習}$ は自分で計算して入れてみよう。

第2節 微分の法則

1 加減の法則

2つの関数を加えた形か，差し引いた形で定式化されている関数，つまり，
$$y = f(x) + g(x)$$
または，

$y = f(x) - g(x)$

の場合，

$y = (前の関数) \pm (後の関数)$

と名付けることを約束すれば，これを x で微分するとき，次のようになる。「前の関数」と「後の関数」をそれぞれ微分して加えるか差し引く。つまり，

$\dfrac{dy}{dx} = (前の関数の x の導関数) \pm (後の関数の x の導関数)$

となる。記号で書けば，

$\dfrac{dy}{dx} =$ 練習2 $\pm$ 練習2

となる。

【例】

$y = 2x^3 + (4\sqrt{x} + 1)$

のとき，

$f(x) = 2x^3$

$g(x) = 4\sqrt{x} + 1$

であるから，

$\dfrac{df}{dx} =$ 練習3

$\dfrac{dg}{dx} =$ 練習4

よって

$\dfrac{dy}{dx} =$ 練習5

---

2 積の法則 重要

関数が2つの関数の積として表されている。

$y = (前の関数) \times (後の関数)$

記号では，
$$y = f(x)g(x)$$
と表されるとしよう．例えば，
$$y = \underbrace{(5x^2+3)}_{(\text{前の関数})} \underbrace{(-2x^5+3x^2-4)}_{(\text{後の関数})}$$
というケースである．このときの微分は次のようになる．

$$\frac{dy}{dx} = (\text{前の関数はそのまま}) \times (\text{後の関数だけ } x \text{ で微分})$$
$$+ (\text{後の関数はそのまま}) \times (\text{前の関数だけ } x \text{ で微分})$$

このように前と後の関数において，一方がそのままで，他方だけ微分したものを乗じ，それらを加える．記号で表せば，

$$\frac{dy}{dx} = f(x)\frac{dg}{dx} + g(x)\frac{df}{dx} \tag{2-13}$$

である．上記の例では，

$$\frac{df}{dx} = 10x$$

$$\frac{dg}{dx} = -10x^4 + 6x$$

であるから，

$$\frac{dy}{dx} = \boxed{\text{練習6}} \times (-10x^4+6x) + (-2x^5+3x^2-4) \times \boxed{\text{練習7}}$$

となる．

3 商の法則

関数が2つの関数の商の形式で表されるとき，その微分において**商の法則**があてはまる．その関数が，

$$y = \frac{\text{分子の関数}}{\text{分母の関数}}$$

また記号では，

$$y=\frac{f(x)}{g(x)}$$

で表されるとしよう．例えば，

$$y=\frac{4x}{3x^2+1}$$

というようなときである．このときの微分は，

$$\frac{dy}{dx}=\frac{\begin{pmatrix}分母は\\そのまま\end{pmatrix}\times\begin{pmatrix}分子を\\x で微分\end{pmatrix}-\begin{pmatrix}分子は\\そのまま\end{pmatrix}\times\begin{pmatrix}分母を\\x で微分\end{pmatrix}}{分母の2乗}$$

で表される．分母，分子の扱い方に気をつければ，それほどやっかいな式ではなかろう．これを記号で表せば，

$$\frac{dy}{dx}=\frac{g(x)\dfrac{df}{dx}-f(x)\dfrac{dg}{dx}}{g(x)^2} \qquad (2-14)$$

となる．これが**商の法則**である．

上記の例では，

$$f(x)=4x$$
$$g(x)=3x^2+1$$

であるから，

$$\frac{df}{dx}=4$$

$$\frac{dg}{dx}=6x$$

となる．これらを商の法則に代入すると，

$$\frac{dy}{dx}=\frac{(3x^2+1)\times\boxed{練習8}-\boxed{練習9}\times 6x}{\boxed{練習10}^2}$$

となる。結局，
$$\frac{dy}{dx} = \frac{-12x^2+4}{(3x^2+1)^2}$$
を得る。

4 合成関数の微分 重要

y を x で微分しようとするとき，
$$y=(x+5)^2$$
ならば，これを展開して x について微分すればよい。しかし，
$$y=(x^2+4x-3)^5$$
となれば，展開し，微分することは簡単にはできない。そこで，括弧内の x^2+4x-3 をひとまとめとする。それを1つの変数として，
$$y=v^5$$
の形で表せば，これまでの知識から微分が容易となる。ただし，
$$v=x^2+4x-3$$
である。

このように，v という関数を使いもとの関数を2段階で表せるとき適用されるのが，**合成関数の微分の法則**である。上式は y が v の関数であることから，
$$y=f(v)$$
と一般化され，下式は v が x の関数であることから，
$$v=v(x)$$
と一般化される。ここで解釈しやすくするために，
$$f(v) = 上位の関数$$
$$v(x) = 下位の関数$$
と名付ければ[5]，y を x で微分する合成関数の微分の法則は次式となる。

$$\frac{dy}{dx} = (上位関数を v で微分) \times (下位関数を x で微分)$$

---

5 説明の便宜上この呼び方は筆者が名付けたものであり，専門的用語ではないので注意。

つまり,

$$\frac{dy}{dx}=\frac{dy}{dv}\frac{dv}{dx} \qquad (2-15)$$

である。

上記の例では,

$$\frac{dy}{dv}=5v^4$$

$$\frac{dv}{dx}=2x+4$$

であるから,これらを上式に代入すれば,y の x についての微分の式が得られる。

$$\frac{dy}{dx}=5v^4(2x+4)$$

ここで $v=x^2+4x-3$ を代入すれば,

$$\frac{dy}{dx}=5(x^2+4x-3)^4(2x+4)$$

と簡単に x についての導関数が求まる。

【例1】

$$y=2(2x^4-3x+8)^8$$

これを x について微分する。このとき,

$$v=2x^4-3x+8$$

とおけば,y は v の関数として,

$$y=\boxed{\text{練習 11}}$$

となる。よって,

$$\frac{dy}{dv}=\boxed{\text{練習 12}}$$

$$\frac{dv}{dx}= \boxed{練習13}$$

となる．合成関数の微分の法則に従うと，

$$\frac{dy}{dx}= \boxed{練習14} \times \boxed{練習15}$$

となり，vに上のxとの関係式を入れると，

$$\frac{dy}{dx}=16(2x^4-3x+8)^7(8x^3-3)$$

を得る．

【例2】

いまの例は基本的なものであったが，次に，
$$y=3(x^2+1)(4x^7-3x^4+3)^5$$
という式の微分を考える．この式は一見複雑なようにみえる．しかしながら，積の法則と合成関数の微分の法則を適用すれば，簡単に導関数が求まる．積の法則の前の関数と後の関数をそれぞれ，

前の関数$=3(x^2+1)$

後の関数$=(4x^7-3x^4+3)^5$

とする．これらを積の法則にあてはめればよい．そのとき後の関数の微分も要求されるが，それには合成関数の微分の法則が適用できる．

(1) 前の関数の微分

前の関数を$f(x)$とおけば$f(x)=3(x^2+1)$の微分は，

$$\frac{df}{dx}= \boxed{練習16}$$

(2) 後の関数の微分

後の関数を$g(x)$とおけば，
$$g(x)=(4x^7-3x^4+3)^5$$
となる．積の法則にはこの関数の微分が必要になる．これは合成関数の微分であるから，

$$v = 4x^7 - 3x^4 + 3$$

とすれば g は v で表せる。つまり，

$$g = v^5$$

と示される。よって，

$$\frac{dg}{dv} = \boxed{\text{練習 17}}$$

$$\frac{dv}{dx} = \boxed{\text{練習 18}}$$

であるから，

$$\frac{dg}{dx} = \boxed{\text{練習 19}}$$

を得る。

(3) これらの結果を

$$\frac{dy}{dx} = f(x)\frac{dg}{dx} + g(x)\frac{df}{dx}$$

に代入する。

$$\frac{dy}{dx} = 3(x^2+1) \times \boxed{\text{練習 20}} + (4x^7 - 3x^4 + 3)^5 \times \boxed{\text{練習 21}}$$

5　独占企業の生産量の決定（積の法則の応用）（ミクロ経済学の例）**重要**

　前述の一企業の生産量の決定の理論は，完全競争を前提としていた。多数の売り手と多数の買い手が存在し，一企業も一消費者も市場に対して影響を及ぼす力はなかった。もし企業がこのように多数ではなく１つしか存在しなければ，その企業は市場に大きな影響力をもちうる。それが**独占企業**である。

　ここでは，消費者が多数存在するのに対して，当該財の市場に生産物を供給する企業が１つしかないという独占企業の経済行動の分析を行う。この独占企業も自己の利益を最大化するような行動をとる。その企業がどのような生産量の水準を決定するのかをみていこう。

ある財の市場にその財を生産する企業が1つしかないとき，企業は市場を独占している。市場における需要の状況をみて，もっとも企業自身に利益をもたらす需要量を供給すればよい。このとき企業が決定する生産量と価格の組合わせは，市場の需要曲線上のいずれかの点ということになる。市場の需要関数を，

$$q = q(p)$$

と表そう。これは，価格に応じて数量が決まる関係を表している。ここでは，独占企業が価格も数量も同時に決定しうるので，逆に価格について書きかえてもよい。つまり，

$$p = p(q)$$

という需要曲線の式を得る。これは需要曲線の**逆関数**と呼ばれる。需要関数が，

$$q = a - bp$$

であればその逆関数は，

$$p = \boxed{\text{練習 22}}$$

である。独占の場合，価格が数量の関係として表される点が，価格を所与として扱う完全競争と異なる点である。

独占企業も自己の利潤を最大化するように行動する。利潤は，

$$\text{利潤} = \boxed{\text{練習 23}} - \text{総費用}$$

であり，このときそれぞれ右辺の項を式で表せば，

$$pq = \text{総収入}$$

$$C(q) = \text{総費用}$$

である。それゆえ，上式は，

$$\text{利潤 } \pi = R(q) - C(q) \tag{2-16}$$

となる。ただし，このとき収入は，

$$R(q) = p(q)q$$

となっている。完全競争のときは価格 p が所与の定数として表されたが，ここでは数量 q の関数として表される。利潤 π を最大化するために π の式を q で微分し，ゼロとおく。

$$\frac{d\pi}{dq} = \frac{dR}{dq} - \frac{dC}{dq} = 0$$

ここで,

$\dfrac{dR}{dq}$：限界収入　MR

$\dfrac{dC}{dq}$：限界費用　MC

という記号で表せば，上式は,

$MR - MC = 0$

と書くことができる。したがって，利潤最大化の下では,

$MR = MC$ 　　　　　　　　　　　　　　　　　　　　　$(2-17)$

つまり,

$\boxed{\text{練習 24}} = MC$

が成り立つ。

　ここで限界収入曲線を求めよう。総収入関数 $R = p(q)q$ を q で微分する。R は q の関数の積になっているので,

$p(q)$：前の関数

q：後の関数

とおいた積の法則を適用することができる。それを適用し，計算すると,

$$\frac{dR}{dq} = p + \frac{dp}{dq} q$$

を得る。これが限界収入 MR を表す。

$$MR = p(q) + \frac{dp}{dq} q \qquad\qquad (2-18)$$

ここで価格と数量の動きは相反するので，右辺第2項で,

$\dfrac{dp}{dq}$：負

であり，上式の右辺第2項目は q に関して減少関数である。また，右辺第1項

の $p(q)$ も q についての減少関数であるから,この両者を加えた限界収入曲線 MR は減少関数であり,右下がりとなる。例えば
需要曲線が,

$$p=400-2q$$

であれば,

$$MR=(400-2q)+\boxed{練習25}$$

$$=400-4q$$

となる。この関係を図示すれば**図2－21**のようになる。

図2－21　需要曲線と限界収入曲線

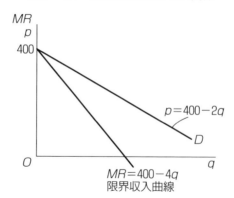

いま限界収入曲線が求まったので,さきに求めた利潤最大化条件より,独占企業の決定する生産量と価格を考えてみよう。独占企業の平均費用曲線と限界費用曲線を描いて,同時にその企業の生産物に対する需要曲線とそれに応じた限界収入曲線 MR を描く。それが**図2－22**である。限界収入曲線は,図中の需要曲線によって導かれたものである。利潤最大化の条件は,限界収入と限界費用が等しいことであった。それを表すのは,限界収入曲線と限界費用曲線が交わった交点 A である。ここで両者は等しくなる。このときの生産量が q^* である。この生産量分だけ生産すれば,独占企業の利潤は最大となる。ところで,

図2－22 独占企業の生産量と価格の決定

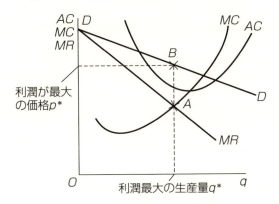

生産量q^*に対しては需要曲線から市場では価格p^*が成立しうる[6]。よって独占企業の場合，生産量がq^*，価格がp^*となる点Bで取引が行われる．この点Bを**クールノーの点**という．

また，限界収入は，

$$MR = p\left(1 + \frac{dp}{dq}\frac{q}{p}\right)$$

と書き直すことができる．このとき価格弾力性を，

$$\varepsilon = -\frac{dq}{dp}\frac{p}{q} \qquad (2-19)$$

とおき，上式に代入すれば，

$$MR = p\left(1 - \frac{1}{\varepsilon}\right)$$

と表すことができる．利潤最大化条件は$MR=MC$なので，これを上式に代入して，$1/\varepsilon$について書きかえると，

$$\frac{1}{\varepsilon} = \frac{p-MC}{p} \qquad (2-20)$$

を得る．この$1/\varepsilon$を**ラーナーの独占度**と呼ぶ．これは，独占力を価格と限界費

---

[6] 点Bより下の価格では，企業はより多くの利潤を得る機会を逸していることになる．よって，点Bの価格で需要があるのだから，価格は需要曲線上のp^*となる．

用の乖離の度合いで測る指標である。完全競争では，$MC=p$ よりラーナーの独占度はゼロとなる。独占力が大きいほどこの値は大きくなる。

【例】

　ある財の市場の需要関数が $p=10-2q$ で与えられているとする。市場においてこの財の需要分をすべて供給する企業が1社だけ存在する。その費用関数が $C(p)=2q$ で与えられるとき，独占市場で成立する価格と供給を求めよ。

<解答>
独占企業の総費用曲線が，

　　　$C=2q$

である。このときの市場の需要曲線が，

　　　$p=10-2q$

ということである。このときの収入は，

　　　$R=pq=(10-2q)q=10q-2q^2$

である。

限界収入は，$MR=p+\dfrac{dp}{dq}q$ より，

　　　$MR=$ 練習26

となる。他方，限界費用は，

　　　$MC=$ 練習27

である。利潤最大のときにはこの両者が等しくなる。その関係は，

　　　$10-4q=2$

であるからこれを q について解くと，

　　　$q=2$

を得られる。このときの価格は $q=2$ を需要曲線に代入して，

　　　$p=6$

となる。

第3節 連続性と微分可能性

1 連続関数

無限数列

$$1, \frac{1}{2}, \frac{1}{4}, \frac{1}{8}, \frac{1}{16}, \ldots\ldots, \frac{1}{2^n}, \ldots\ldots$$

は，n が大きくなるにつれて次第にゼロに近づいていく。このように項の数が増えていくにつれて，ある値に近づいていくことを**収束する**という。一般には，

$$a_1, a_2, a_3, a_4, \ldots\ldots, a_n, \ldots\ldots$$

において，n が無限に大きくなっていくとき，a_n が α に収束することを，

$$\lim_{n \to \infty} a_n = \alpha \qquad (2-21)$$

と書く。この α を**極限**あるいは**極限値**という。

次に，数列ではなく関数の極限について考えよう。関数

$$f(x) = x+2$$

において，x が1に近づくとき，$f(x)$ の極限について考える。x が1より大きい数から1に近づく（**図2－23**の矢印①）ときと，x が1より小さい数から1に近づく（**図2－23**の矢印②）ときをみてみよう。その1つの数のとり方の例が次の表である。

x	$x+2$	x	$x+2$
………	………	………	………
1.1	3.1	0.9	2.9
1.01	3.01	0.99	2.99
1.001	3.001	0.999	2.999
1.0001	3.0001	0.9999	2.9999
1.00001	3.00001	0.99999	2.99999
………	………	………	………

この表の左側では，x が上から1に近づくに従って $x+2$ も上から3に近づき，

図2－23　x=1における極限

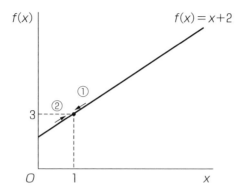

右側では，xが下から1に近づくに従ってx+2も下から3に近づいていく。つまり，xが上下から限りなく1に近づくとき，f(x)は限りなく3に近づく。

これを，
$$\lim_{x \to 1}(x+2)=3$$
と書く。一般には，xが限りなくaに近づくとき，f(x)が限りなくbに近づくならば，
$$\lim_{x \to a}f(x)=b$$
と表す。このときのbをf(x)の**極限**あるいは**極限値**と呼ぶ。

この例では，
$$f(1)=3$$
であり，x=1を代入した関数の値が極限値であった。一般に，
$$\lim_{x \to a}f(x)=f(a) \qquad (2-22)$$
が成り立つとき，関数f(x)はx=aにおいて**連続**であるという。図2－24はどの部分でも連続している**連続関数**を表している。

これに対して，整数をnとして，
$$n \leq x < n+1$$
を満たすnを [x] とおくと，
$$y=[x] \qquad (2-23)$$
は，図2－25のようなグラフになる。このとき，例えば，下からx=3に近づ

第2章 微　　分

図2-24　連続関数

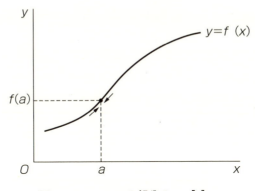

図2-25　$n \geqq 0$ の部分の $y=[x]$

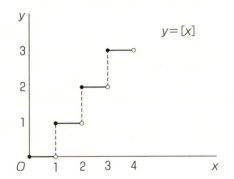

いた場合は $y=2$ となり，上からに $x=3$ 近づいた場合は $y=3$ となる。したがって，
$$\lim_{x \to 3} f(x) = f(3)$$
が必ずしも成り立たない。この関数は $x=3$ で連続ではない。もちろん $x=1, 2,$ $3, 4, \cdots\cdots$ においても連続ではない。

2　微分可能性

　いまの例では，不連続のケースでは，$x=3$ に x の上下から近づいたとき，y の値が2と3とそれぞれ異なり，一致しなかった。このことは，$x=3$ における微分が不可能なことを意味している。関数が不連続なときだけでなく，連続のときも微分が不可能なケースがある。例えば**図2-26**の，

$$y=|x| \qquad (2-24)$$

のケースである。これは $x=0$ において傾きが定義できない。x のゼロの上方からの傾きは 1 であり，ゼロの下方からの傾きは -1 である。この傾きの値が微分係数であるから，$x=0$ の左方と右方との微分係数の値が異なっている。このケースは微分が不可能となる。左方と右方の微分係数が一致してのみ微分可能である。$(2-24)$ 式の微分不可能なケースでは，微分係数が $x=0$ において不連続となっている（**図 2 − 27**）。

関数の連続性と微分可能性の関係については，いまみたように連続だから微分可能とは必ずしもいえないが，逆に，

定理

関数 $f(x)$ が $x=a$ で微分可能ならば，そこでその関数は連続である

ことがいえよう。

図 2 − 26　$y=|x|$

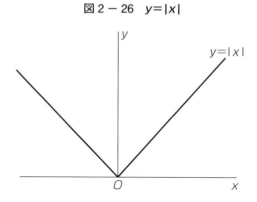

図2－27　微分係数の不一致

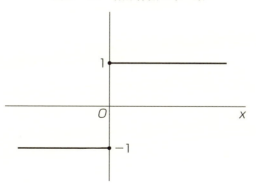

3　微分可能性の経済学への応用（ミクロ経済学の例）
　　——寡占のケース

　多数の消費者に対して，同一の生産物を生産する企業が数社しか存在しないケースを考える。企業の数が少数のケースを**寡占**と呼ぶ。完全競争や独占の分析と大きく異なる点は，需要曲線である。市場が寡占の場合，一企業が直面する需要曲線は，**図2－28**のように描かれる。左方の dd は一企業の価格変化に他企業が追随しないときの（その企業への）需要曲線，右方の DD は一企業の価格変化に他企業が追随するときの（その企業への）需要曲線である。他企業が追随しないとき，その企業の価格変化に対して需要が大きく反応して傾きの小さい dd となる。他企業がすべて追随すると，その企業に対しての価格変化に対する需要の反応が鈍くなるので傾きの大きい DD の形状となる。右方では，一企業の価格引上げおよび引下げに他企業も追随するが，傾きの小さい左方では，一企業の価格引上げおよび引下げに他企業は追随しない。そのため，一企業の直面する需要曲線は**図2－28**のように点 A で屈折する形状となる。これを**屈折需要曲線**という。

　屈折需要曲線は連続であるけれども，点 A において微分可能ではない。したがって，この左右の微分係数の値は異なることになり，導関数は不連続となる。この影響を受けるのが限界収入曲線である。限界収入は，

$$MR = p + \frac{dp}{dq} q$$

である。点 A では右方からの微分係数と左方からの微分係数が異なるので,この式の右辺第 2 項目の値が点 A の左右でまったく異なる。したがって,限界収入曲線は,**図 2 − 28** の下段の図のように,点 A の生産量において不連続となる。左方の需要曲線 dd に対応した限界収入曲線が MR_d, そして右方の需要曲線 DD に対応した限界収入曲線が MR_D である。寡占のケースの大きな特徴である限界収入曲線のこの不連続の太線の部分も限界収入曲線の一部とみなす。

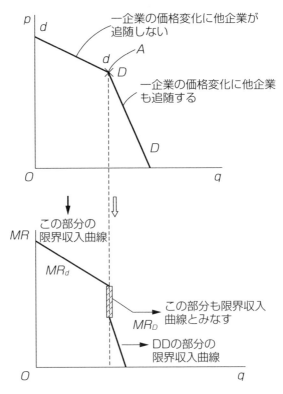

図 2 − 28 屈折需要曲線

図2-29でこの企業の限界費用曲線 MC が、この不連続の部分を通るとき生産量は q^* となる。このときの価格は p^* となる。限界費用曲線が変化しても、それがこの不連続の部分を通る限り、価格は p^* に保たれる。寡占市場で価格が硬直的になるのはこうした理由による。

図2-29 寡占における生産量の決定

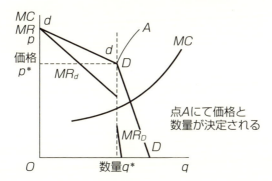

<練習の解答>

1. $-\dfrac{3}{2}q^2+8q+40$

   (注) $-\dfrac{3}{2}q^2+8q+40=0$ を解くとき，

   $aq^2+bq+c=0$ の根は

   $q=\dfrac{-b\pm\sqrt{b^2-4ac}}{2a}$

   から得られる。

2. $\dfrac{df}{dx}\cdot\dfrac{dg}{dx}$

3. $6x^2$

4. $2x^{-\frac{1}{2}}$

5. $6x^2+2x^{-\frac{1}{2}}$

6. $5x^2+3$

7. $10x$

8. 4

9. $4x$

10. $(3x^2+1)$

11. $2v^8$

12. $16v^7$

13. $8x^3-3$

14. $16v^7$

15. $8x^3-3$

16. $6x$

17. $5v^4$

18. $28x^6-12x^3$

19. $5(4x^7-3x^4+3)(28x^6-12x^3)$
    または
    $20x^3(4x^7-3x^4+3)(7x^3-3)$

20. $20x^3(4x^7-3x^4+3)(7x^3-3)$

21. $6x$

22. $-\dfrac{1}{b}q+\dfrac{a}{b}$

23. 総収入

24. 限界収入

25. $-2q$

26. $10-4q$

27. 2

第3章 偏微分

第1節 偏微分

1 偏微分

多変数関数,

$$z=f(x, y) \tag{3-1}$$

を考えよう。xとyの値からzの値が決定される形の関数である。図で表せば，例えば，**図3-1**の曲面を描ける。これは3次元となる。このとき，前出の微分がそのままでは適用できない。ここでは偏微分を利用することになる。

図3-1で$y=y_1$のところでの曲面の断面図をみてみよう。それが**図3-2**である。この図はyの値がy_1のときの，zとxとの関係を表している。**図3-**

図3-1　多変数関数

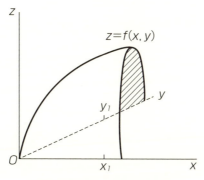

（注）立体図のため途中で切断し見やすくしてある。以下の図も同様。

図3－2　$y = y_1$のときのzとxの関係

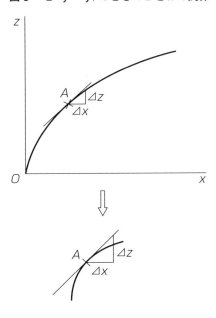

2においての曲線は接線の傾きが定義できる。例えば点Aでは,

$$\text{傾き} = \frac{\Delta z}{\Delta x}$$

である。yを固定しさえすればxの増加に伴うzの増加を図ることができる。これが偏微分の基本的考え方である。yを一定としたときのzとxの増加分の割合を微小変化で表したもの（接線の傾き）を,

$$\frac{\partial z}{\partial x}$$

と書く[1]。これはzをxで偏微分したときの記号であり,近似的には図3－2の$\Delta z / \Delta x$にほかならない。∂はラウンドと読む。当然xを固定してzとyの関係

---

[1] 偏微分の定義は次のようになる

$$\frac{\partial z}{\partial x} = \lim_{\Delta x \to \infty} \frac{f(x+\Delta x, y) - f(x, y)}{\Delta x},\ \frac{\partial z}{\partial y} = \lim_{\Delta y \to \infty} \frac{f(x, y+\Delta y) - f(x, y)}{\Delta y}$$

図3-3　$x=x_1$のときのzとyの関係

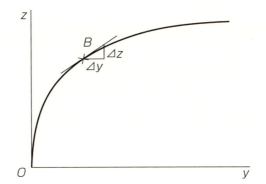

についても同様である。$x=x_1$におけるzとyの関係は**図3-3**で表される。点Bにおける接線の傾きは，近似的には

$$\frac{\Delta z}{\Delta y}$$

である。これは，上記と同様，微小変化の偏微分として，

$$\frac{\partial z}{\partial y}$$

と書くことができる。このように，関数zはxとyについて，それぞれ偏微分することができる。この意味は，近似的に解釈すれば，変数を1つ固定したもとで一方の独立変数が増加したときに，従属変数がどれだけ増加するかの割合を表している。前述のように，これらは，それぞれ他の変数を固定したときの当該変数とzの関数の接線の傾きである。近似的には，

  ・yを固定したときのxの変化に応じてのzの変化の割合（**図3-4**　$\Delta z/\Delta x$）
  ・xを固定したときのyの変化に応じてのzの変化の割合（**図3-5**　$\Delta z/\Delta y$）

図3-4　yを固定したとき

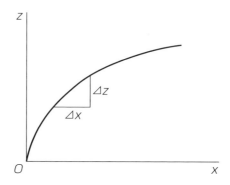

図3-5　xを固定したとき

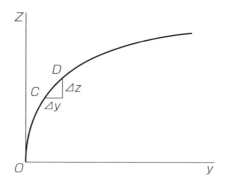

と解釈することができる。

2　偏微分の方法(1)
——3変数のケース

多変数関数を想定して偏微分の方法を説明しよう。いまの3変数のケースで次のような関数を想定しよう。

$$z = 7x^6y^2 + 4x^3y^4 - 2xy^5 + 5y^6 + 3$$

この関数 z を x と y についてそれぞれ偏微分しよう。x で偏微分するときは y を固定する。つまり，y を一定値として x の微分の方法をここでも適用する。

x で偏微分するときは，例えば右辺第 1 項は，

$$7y^2$$

の部分が一定値扱いとなる．まずそれを書き込んでから x^6 部分を，

$$7y^2 \times 6x^{6-1}$$

というように，微分と同様，6 を前におろして x は 6−1 乗として乗ずる．右辺第 2 項目以降は，

$$4x^3y^4 \longrightarrow 4y^4 \times 3x^{3-1}$$
$$-2xy^5 \longrightarrow -2y^5 \times 1x^{1-1}$$
$$5y^6 \longrightarrow 0$$
$$3 \longrightarrow 0$$

とする．結局，x についての偏微分の結果は，

$$\frac{\partial z}{\partial x} = 42x^5y^2 + 12x^2y^4 - 2y^5$$

となる．これが z を x について偏微分した式である．

　他方，y についても z を偏微分することができる．右辺第 1 項目以降それぞれを y で偏微分するとき，x を定数扱いとし，次のように計算する．

$$7x^6y^2 \longrightarrow 7x^6 \times 2y^{2-1}$$
$$4x^3y^4 \longrightarrow 4x^3 \times 4y^{4-1}$$
$$-2xy^5 \longrightarrow -2x \times 5y^{5-1}$$
$$5y^6 \longrightarrow 5 \times 6y^{6-1}$$
$$3 \longrightarrow 0$$

したがって，

$$\frac{\partial z}{\partial y} = 14x^6y + 16x^3y^3 - 10xy^4 + 30y^5$$

を得る．これが z を y について偏微分した式である．

　このように z を x，y についてそれぞれ偏微分したとき，その式は x と y の 2 つの変数の関数として表される．これを**偏導関数**と呼ぶ．

3 偏微分の方法(2)
——4変数のケース

変数がより多い関数ではどうであろうか。例えば変数 w が追加された関数

$$z=4x^4y^2w^3-3x^2y^3w^4+4w^3+2y^2-1$$

を x, y, w について偏微分してみよう。x について偏微分するときは，残りの変数 y と w を固定する。つまり，

$$\frac{\partial z}{\partial x}=16x^3y^2w^3-6xy^3w^4$$

となる。y について偏微分するときは x と w を固定する。

$$\frac{\partial z}{\partial y}=\boxed{\text{練習 1}}$$

そして w について偏微分するときは，x と y を固定する。

$$\frac{\partial z}{\partial w}=12x^4y^2w^2-12x^2y^3w^3+12w^2$$

このように右辺の変数が3つ以上のケースでも偏微分の方法は同様となる。

4 偏微分の経済学への応用

偏微分を経済学へ利用する主な方法は，
 (a) 限界概念への適用
 (b) 最大・最小の問題
 (c) 条件付最大・最小化問題

がある。

(a) の限界概念の適用とは，これまでの微分での適用と同様になる。例えば，

$$z=f(x, y) \tag{3-1}$$

という関数において，

$$\frac{\partial z}{\partial x}, \frac{\partial z}{\partial y}$$

を定義することができる。図3－4，図3－5のように近似的に解釈することにすれば，それぞれ，1つの変数を固定したもとで，

$\dfrac{\partial z}{\partial x}$：経済変数 x が増加したときの経済変数 z の増加の割合

（または x が1単位増加したときの z の増加の大きさ）

$\dfrac{\partial z}{\partial y}$：経済変数 y が増加したときの経済変数 z の増加の割合

（または y が1単位増加したときの z の増加の大きさ）

となる。偏微分を利用すれば，他の条件を一定としたとき，1つの独立変数の変化に対しての従属変数の変化の大きさを定義することができる。

(b) の最大・最小問題は，微分のときと同様，極大・極小の問題を意味する。z を x で偏微分した偏導関数は x についての最大または最小（正確には極大または極小。以後同様）のときゼロとなる。なぜならば，z の x についての偏微分（偏導関数）は，y を固定したときの z と x の関係を表す関数の傾きを表すため，最大または最小点で水平となるからである。つまり，

$$\dfrac{\partial z}{\partial x}=0 \qquad (3-2)$$

は z の最大または最小を表す。同様に，x を固定して z を y について偏微分した偏導関数がゼロのとき，z は最大または最小となる。

$$\dfrac{\partial z}{\partial y}=0 \qquad (3-3)$$

最大・最小の条件は (3-2) および (3-3) 式で示される。x と y に関して同時に z の最大・最小となるためには，(3-2) および (3-3) 式が同時に満たされなければならない。(3-2) および (3-3) の両式が同時に成り立つとき，両式を連立方程式として x と y について解けば，z の最大・最小をもたらす x と y の値を求めることができる。

例えば，

$$z=2x^2+xy+2y+3$$

という関数があれば，

$$\dfrac{\partial z}{\partial x}=4x+y$$

$$\frac{\partial z}{\partial y} = x+2$$

であるから，

$4x+y=0$

$x+2=0$

という連立方程式を解けば，極値 z を成立させる x と y との値

$x=-2, y=8$

を得る。このとき極値 z は11である。ただし最大か最小かの判断については2階の偏導関数の議論にゆずる。

（c）の条件付最大・最小化問題はラグランジュ未定乗数法として後に詳述する。ここでは制約条件がついても偏微分の最大・最小の方法を利用できることのみを述べておく。

以上，偏微分の経済学への主要な利用の方法を指摘した。経済学の初学者にとっては，この3つが頻繁に活用されるので，後にこのそれぞれについて経済学の例を取り上げて説明しよう。

5　偏微分の法則

微分において，和，差，積，商の法則について述べたが，偏微分についても同様の法則が成り立つ。

(1) 和・差の法則

$$z = f(x, y) \pm g(x, y)$$

において，

$$\frac{\partial z}{\partial x} = \frac{\partial f}{\partial x} \pm \frac{\partial g}{\partial x} \qquad (3-4)$$

$$\frac{\partial z}{\partial y} = \frac{\partial f}{\partial y} \pm \frac{\partial g}{\partial y} \qquad (3-5)$$

が成り立つ。例えば，

$$z = \underbrace{(2x^2+3xy)}_{f(x,y)} + \underbrace{(4y^2-3x^2y^3)}_{g(x,y)}$$

では，

$$\frac{\partial f}{\partial x}=4x+3y$$

$$\frac{\partial g}{\partial x}=-6xy^3$$

であるから，

$$\frac{\partial z}{\partial x}=(4x+3y)+(-6xy^3)$$

が成り立つ。同様に y の偏微分についても，

$$\frac{\partial z}{\partial y}=(3x)+(8y-9x^2y^2)$$

が成り立つ。

(2) 積の法則

偏微分にも微分と同様の積の法則が成り立つ。関数 z が，

$$z=f(x,y)\cdot g(x,y)$$

というように $f(x,y)$ と $g(x,y)$ との積として表されるとしよう。このとき，

$f(x,y)$：前の関数

$g(x,y)$：後の関数

と名付けよう。まず，z を x について偏微分する。それは，

$$\frac{\partial z}{\partial x}=（前の関数はそのまま）\times（後の関数のみ x について偏微分）$$

$$+（後の関数はそのまま）\times（前の関数のみ x について偏微分）$$

で示される。記号で表せば，

$$\frac{\partial z}{\partial x}=\underbrace{f(x,y)}_{\substack{前は\\そのまま}}\times\underbrace{\frac{\partial g}{\partial x}}_{\substack{後のみ\\偏微分}}+\underbrace{g(x,y)}_{\substack{前は\\そのまま}}\times\underbrace{\frac{\partial f}{\partial x}}_{\substack{前のみ\\偏微分}} \qquad (3-6)$$

となる。これは，前出の微分の積の法則と変わらず，一方をそのままにして他方の関数を x について偏微分して乗じ，それぞれを加えて成立している。

当然，y の偏微分についても同様な式が成り立つ。

$$\frac{\partial z}{\partial y} = (前の関数はそのまま) \times (後の関数のみ y について偏微分)$$

$$+ (後の関数はそのまま) \times (前の関数のみ y について偏微分)$$

これも記号で表せば，

$$\frac{\partial z}{\partial y} = \underbrace{f(x, y)}_{\substack{前は \\ そのまま}} \times \underbrace{\frac{\partial g}{\partial y}}_{\substack{後のみ \\ 偏微分}} + \underbrace{g(x, y)}_{\substack{前は \\ そのまま}} \times \underbrace{\frac{\partial f}{\partial y}}_{\substack{前のみ \\ 偏微分}} \tag{3-7}$$

となる。

一例をみてみよう。z が次のような関数であったとする。

$$z = (7x^5y - 2x^3y^2 + 1)(3x + 4y)$$

このとき，

前の関数：$f(x, y) = (7x^5y - 2x^3y^2 + 1)$

後の関数：$g(x, y) = (3x + 4y)$

とおくことにしよう。z を x について偏微分すると，

$$\frac{\partial z}{\partial x} = \underbrace{(7x^5y - 2x^3y^2 + 1)}_{前はそのまま} \times (後の関数のみ x について偏微分)$$

$$+ \underbrace{(3x + 4y)}_{後はそのまま} \times (前の関数のみ x について偏微分)$$

$$= (7x^5y - 2x^3y^2 + 1) \times 3$$
$$+ (3x + 4y) \times (35x^4y - 6x^2y^2)$$

を得る。

また z を y について偏微分すると，

$$\frac{\partial z}{\partial y} = \underbrace{(7x^5y - 2x^3y^2 + 1)}_{前はそのまま} \times (後の関数のみ y について偏微分)$$

$$+ \underbrace{(3x + 4y)}_{後はそのまま} \times (前の関数のみ y について偏微分)$$

$$= (7x^5y - 2x^3y^2 + 1) \times 4 + (3x + 4y) \times (7x^5 - 4x^3y)$$

を得る。

(3) 商の法則

商の法則も微分のときと同様である。関数 z が,

$$z = \frac{f(x, y)}{g(x, y)}$$

という2つの関数の商となっていたとしよう。

$f(x, y)$：分子の関数

$g(x, y)$：分母の関数

とする。まず, z を x について偏微分すれば,

$$\frac{\partial z}{\partial x} = \frac{\begin{pmatrix}分母の関数\\はそのまま\end{pmatrix} \times \begin{pmatrix}分子の関数の\\み x で偏微分\end{pmatrix} - \begin{pmatrix}分子の関数\\はそのまま\end{pmatrix} \times \begin{pmatrix}分母の関数の\\み x で偏微分\end{pmatrix}}{(分母の関数)^2}$$

となる。記号で表せば,

$$\frac{\partial z}{\partial x} = \frac{g(x, y)\frac{\partial f}{\partial x} - f(x, y)\frac{\partial g}{\partial x}}{g(x, y)^2} \qquad (3-8)$$

と表すことができる。

当然 y についての偏微分も同様であり,

$$\frac{\partial z}{\partial y} = \frac{\begin{pmatrix}分母の関数\\はそのまま\end{pmatrix} \times \begin{pmatrix}分子の関数の\\み y で偏微分\end{pmatrix} - \begin{pmatrix}分子の関数\\はそのまま\end{pmatrix} \times \begin{pmatrix}分母の関数の\\み y で偏微分\end{pmatrix}}{(分母の関数)^2}$$

であり, 記号で表せば,

$$\frac{\partial z}{\partial y} = \frac{g(x, y)\frac{\partial f}{\partial y} - f(x, y)\frac{\partial g}{\partial y}}{g(x, y)^2} \qquad (3-9)$$

となる。

一例をみてみよう。

$$z = \frac{2x^2y + 1}{3x + 4y}$$

という関数を x, y で偏微分しよう。

分子の関数：$f(x, y) = 2x^2y + 1$

　　　分母の関数：$g(x, y) = 3x + 4y$

としよう。ここでは公式に代入するために，まず f, g をそれぞれ x と y で偏微分しておく。

$$\frac{\partial f}{\partial x} = 4xy$$

$$\frac{\partial g}{\partial x} = 3$$

$$\frac{\partial f}{\partial y} = 2x^2$$

$$\frac{\partial g}{\partial y} = 4$$

これらを（3 - 8），（3 - 9）式に代入する。その結果，

$$\frac{\partial z}{\partial x} = \frac{(3x+4y) \times (4xy) - (2x^2y+1) \times 3}{(3x+4y)^2}$$

$$\frac{\partial z}{\partial y} = \frac{(3x+4y) \times (2x^2) - (2x^2y+1) \times 4}{(3x+4y)^2}$$

を得る。これが商の偏微分である。

(4) 合成関数のケース

　微分のときと同様，ここでも合成関数の偏微分を考えなければならない。例えば，

$$z = (3x^4y^2 + 4x + 1)^5$$

という関数をみてみよう。これを括弧を外して展開するのは容易ではない。ここでも，

$$v(x, y) = (3x^4y^2 + 4x + 1)$$

とおくことにより合成関数のときの偏微分の法則が適用できる。このとき z は，

$$z = v^5$$

であるから，上式の z は次の2式によって表されたことになる。

$$z = f(v)$$

$v = v(x, y)$

これを x で偏微分すると，微分のときと同様，

$$\frac{\partial z}{\partial x} = (z \text{ を } v \text{ にて微分}) \times (v \text{ を } x \text{ にて偏微分})$$

つまり，

$$\frac{\partial z}{\partial x} = \frac{dz}{dv} \cdot \frac{\partial v}{\partial x} \tag{3-10}$$

となる。y も同様，

$$\frac{\partial z}{\partial y} = (z \text{ を } v \text{ にて微分}) \times (v \text{ を } y \text{ にて偏微分})$$

つまり，

$$\frac{\partial z}{\partial y} = \frac{dz}{dv} \cdot \frac{\partial v}{\partial y} \tag{3-11}$$

が成り立つ。

ここでの例では，

$$\frac{df}{dv} = 5v^4$$

$$\frac{\partial v}{\partial x} = 12x^3 y^2 + 4$$

$$\frac{\partial v}{\partial y} = 6x^4 y$$

であるから，

$$\frac{\partial z}{\partial x} = 5v^4 \times (12x^3 y^2 + 4)$$
$$= 5(3x^4 y^2 + 4x + 1)^4 (12x^3 y^2 + 4)$$
$$= 20(3x^4 y^2 + 4x + 1)^4 (3x^3 y^2 + 1)$$

$$\frac{\partial z}{\partial y} = 5v^4 \times (6x^4 y)$$
$$= 5(3x^4 y^2 + 4x + 1)^4 (6x^4 y)$$

$$=30x^4y(3x^4y^2+4x+1)^4$$

となる。

6 2階の偏導関数

いまみてきた偏導関数は，

$z=f(x, y)$

を x, y についてそれぞれ偏微分した，

$$\frac{\partial z}{\partial x}, \frac{\partial z}{\partial y}$$

であった。そして，これらをゼロとおいたとき，最大または最小（正確には極大か極小）であることを述べた。ここでは，この最大か最小かのいずれかを判断する基準について述べよう。それは，上の1階の偏導関数をもう1度 x および y について偏微分した**2階の偏導関数**から判断する。

まず，1階の x の偏導関数を x と y について偏微分する。x について偏微分すると，

$$\frac{\partial}{\partial x}\left(\frac{\partial z}{\partial x}\right)$$

となる。これは，

$$\frac{\partial^2 z}{\partial x^2}, z_{xx}, f_{xx}$$

とも書かれる。y について偏微分すると，

$$\frac{\partial}{\partial y}\left(\frac{\partial z}{\partial x}\right)$$

となる。これは，

$$\frac{\partial^2 z}{\partial y \partial x}, z_{xy}, f_{xy}$$

とも書かれる。

同様に1階の y の偏導関数を x と y について偏微分する。x について偏微分すると，

$$\frac{\partial}{\partial x}\left(\frac{\partial z}{\partial y}\right)$$

であり,

$$\frac{\partial^2 z}{\partial x \partial y}, z_{yx}, f_{yx}$$

とも書かれる。y について偏微分すると,

$$\frac{\partial}{\partial y}\left(\frac{\partial z}{\partial y}\right)$$

であり,

$$\frac{\partial^2 z}{\partial y^2}, z_{yy}, f_{yy}$$

とも書かれる。

　これらの偏導関数のうち,

$$\frac{\partial^2 z}{\partial y \partial x}$$

と

$$\frac{\partial^2 z}{\partial x \partial y}$$

は**交差偏導関数**といい，両者が連続であれば,

$$\frac{\partial^2 z}{\partial y \partial x}=\frac{\partial^2 z}{\partial x \partial y} \tag{3-12}$$

が成り立っている。他の記号で示せば,

$$z_{xy}=z_{yx}$$

　または

$$f_{xy}=f_{yx}$$

である。これを**ヤングの定理**という。

以上の準備を終えて，最大または最小の判別に入ろう。1階の偏導関数がゼロのとき，z は最大または最小だが，ここでは，2階の偏導関数によってそれが最大か最小かを判別する。

(1) 最大の条件

z が最大値であるとき,

$$\frac{\partial^2 z}{\partial x^2} < 0$$

かつ

$$\frac{\partial^2 z}{\partial y^2} < 0$$

が成り立つ。

(2) 最小の条件

z が最小値であるとき,

$$\frac{\partial^2 z}{\partial x^2} > 0$$

かつ

$$\frac{\partial^2 z}{\partial y^2} > 0$$

が成り立つ。

2階の偏導関数の値によってこれらの判断が可能となる。だが,これ以外にもう1つ重要な条件が存在する。それはこの最大または最小が極値であるための条件である[2]。つまり,

$$\frac{\partial^2 z}{\partial x^2} \frac{\partial^2 z}{\partial y^2} > \left(\frac{\partial}{\partial y}\left(\frac{\partial z}{\partial x}\right)\right)^2 \tag{3-13}$$

という条件が成り立つことである。この条件が満たされれば,単にその点が関数の凸凹が変わる変曲点や鞍点と呼ばれる点ではなく,その点が極値を意味することになる。記号を変えて以上をまとめておこう。

最大の条件	$f_{xx} < 0, f_{yy} < 0$
最小の条件	$f_{xx} > 0, f_{yy} > 0$
極値の条件	$f_{xx}f_{yy} > (f_{xy})^2$

---

[2] E.ドウリング,前掲書を参照せよ。

第2節　偏微分の経済学への応用

1　偏微分の経済学への応用

本節では偏微分の経済学への応用として，前述の，

　(a) 限界概念への適用
　(b) 最大・最小の問題

を取り上げる。(a) としては，

　・限界効用
　・限界生産力

をあげる。前者は消費理論の，後者は生産理論の重要な概念である。(b) は後者に関連させて

　・限界生産力説

を取り上げる。生産理論の偏微分による最大化の例として利潤最大化問題を説明する。

2　偏微分の限界概念への適用例(1)（ミクロ経済学の例）
　　　──限界効用

財の数が2つの場合の効用関数は，

$$u = u(q_1, q_2) \tag{3-14}$$

と表すことができる。u は効用水準，q_1, q_2 は第1財，第2財の消費数量である。これは (1-11) 式の再記なので説明は省略するが，第1財と第2財の各消費数量の大きさによってこの消費者の効用水準（心の満足）が変わってくることに注意しよう。ここでは，ある消費の組合せから第1財または第2財の数量が変化したとき，効用がどれだけ変化するかに焦点をあてる。

第1財のみが増加したとしよう。第2財の消費数量はそのままで，第1財のみが増加したときの効用水準の増加の割合は，

$$\frac{\partial u}{\partial q_1}$$

で表される。q_1 と q_2 との効用関数 $u=u(q_1, q_2)$ は**図3-6**のように表される。ある q_2 の値に固定して q_1 の軸の面に平行に切ったとき**図3-7**を得る。上記の $\partial u/\partial q_1$ は，この関係の関数の接線の傾き（例えば点 A）を表す。しかしながら，これも近似的に解釈すれば，**図3-8**の q_1 が増加した大きさ Δq_1 に対して，効用 u がどれだけ増加したのかの割合（$\Delta u/\Delta q_1$）と解釈できる。これは，第1財の数量 q_1 が1単位増加したときの効用の増加した大きさと解釈できる。これを，第1財の**限界効用**という。

　当然第2財についても同様のことがいえる。第1財の消費数量はそのままで，第2財だけ増加したときの効用水準の増加の割合は，

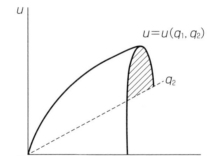

図3-6　効用関数

図3-7　限界効用

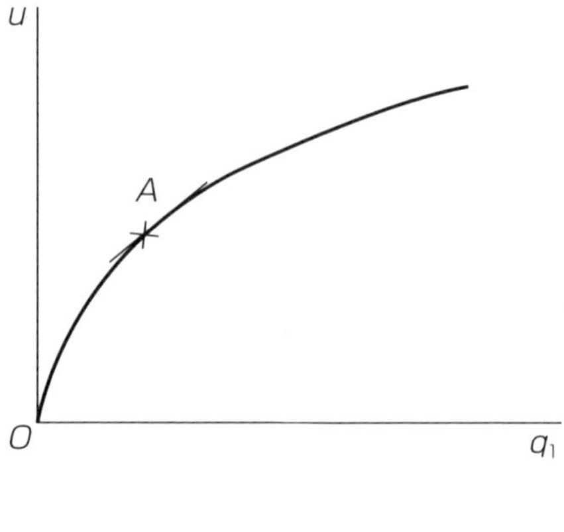

図3−8 近似的な限界効用

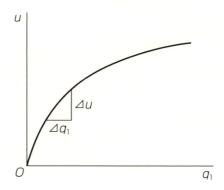

$$\frac{\partial u}{\partial q_2}$$

で表される。これを第2財の限界効用と呼ぶ。第2財の数量が1単位増加したときに効用水準がどれだけ増加するかを表している。

例えば第1章でもちいた効用関数,

$$u = q_1^{0.5} q_2^{0.5}$$

をみてみよう。これをまず q_1 について偏微分する。

$$\frac{\partial u}{\partial q_1} = \underbrace{q_2^{0.5}}_{\substack{q_2 \text{は} \\ \text{定数扱い}}} \times 0.5 q_1^{0.5-1}$$

$$= 0.5 q_1^{-0.5} q_2^{0.5}$$

$$= 0.5 \left(\frac{q_2}{q_1}\right)^{0.5}$$

これが第1財の限界効用である。

$$q_1 = 10$$
$$q_2 = 20$$

ならば,

$$\frac{\partial u}{\partial q_1} = 0.5 \times \left(\frac{20}{10}\right)^{0.5}$$

$$= 0.5 \times 2^{0.5}$$
$$= 0.5 \times \sqrt{2} \fallingdotseq 0.707$$

となる。つまり、$q_2=20$ のとき、$q_1=10$ に応じていた効用が、q_1 の1単位の変化に応じて変化する。その大きさが、近似的に 0.707 である。

第2財についても同様に、

$$\frac{\partial u}{\partial q_2} = \underbrace{\frac{q_1^{0.5}}{q_2}}_{\substack{q_2\text{は}\\ \text{定数扱い}}} \times \boxed{\text{練習2}}$$

$$= 0.5 q_1^{0.5} q_2^{-0.5}$$

$$= 0.5 \left(\frac{q_1}{q_2}\right)^{0.5}$$

を得る。これが第2財の限界効用である。

3 偏微分の限界概念への適用例(2)（ミクロ経済学の例）
——限界生産力

いま (1-18) 式を再記する。これは、資本 K と労働量 L の大きさに応じて生産量 Y が決定されるという生産関数である。

$$Y = f(K, L) \tag{3-15}$$

右辺の変数が1つの場合の限界生産力はすでに定義した。2変数のケースでは偏微分を利用しなければならない。なぜならば、(3-15) の生産関数は**図3-9**のように立体的であり、微分の概念がそのままでは通用しないからである。

まず資本 K の限界生産力を定義するには、労働量 L を固定させて生産関数を資本の軸の面に平行に切れば、**図3-10** の Y と K の関数を得る。このとき、例えば、点 A における接線の傾きが、

$$\frac{\partial Y}{\partial K}$$

にあたり、これを**資本の限界生産力**と呼ぶ。近似的には**図3-11** のように、資本の増加の大きさ ΔK に対する生産量の増加した大きさ ΔY の割合と解釈で

図3－9　生産関数

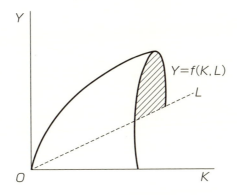

図3－10　Kについての偏微分

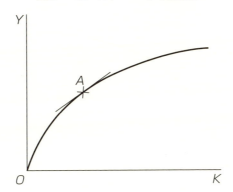

きる。これは，資本を1単位増加させたときの生産量の増加の大きさと解釈できる。

　労働 L の限界生産力を定義すると，資本 K を一定水準に固定させて労働の軸の面に平行に切れば**図3－12**を得る。例えばこのときの点 B での接線の傾きが，

$$\frac{\partial Y}{\partial L}$$

である。これを**労働の限界生産力**と呼ぶ。近似的には**図3－13**のように，労働の増加 $\varDelta L$ に対する生産量の増加 $\varDelta Y$ の割合となる。つまり，労働が1単位

図3-11 近似の限界生産力

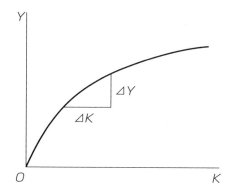

図3-12 Lについての偏微分

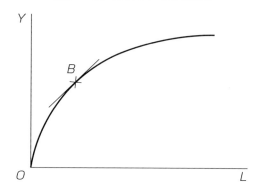

増えたときの生産量 Y の増える大きさである。

コブ・ダグラス型生産関数

$$Y = AK^a L^b \tag{3-16}$$

において各限界生産力を求めよう。資本の限界生産力は上式を K について偏微分する。そのとき，

$$\begin{aligned}\frac{\partial Y}{\partial K} &= \underbrace{AL^b}_{\text{一定扱い}} \times aK^{a-1} \\ &= aAK^{a-1}L^b\end{aligned} \tag{3-17}$$

を得る。次に労働の限界生産力は，

図3-13 近似の限界生産力

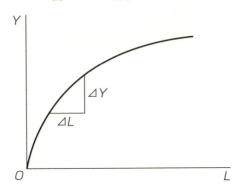

$$\frac{\partial Y}{\partial L} = \underbrace{AK^a}_{\text{一定扱い}} \times bL^{b-1}$$
$$= bAK^aL^{b-1} \qquad (3-18)$$

となる。もし，

$a=0.3$

$b=0.7$

という1次同次性が成り立っているならば，それぞれ，

$$\frac{\partial Y}{\partial K} = \boxed{\text{練習 3}}$$

$$\frac{\partial Y}{\partial L} = \boxed{\text{練習 4}}$$

となる。A が定数のケースでは上式にその値が代入される。

4 偏微分の最大・最小問題への適用例（ミクロ経済学の例）
    ――限界生産力説

生産関数（3-15）式をもつ企業が利潤を最大化するように行動しているとしよう。利潤は，

利潤＝総収入額（生産額）－総費用

で定義される。この企業が生産する生産物の価格を p とすれば，総収入額は次

のように表される。

総収入額＝価格×生産量＝pY

他方，資本 K と労働 L とを生産要素としたとき，資本の価格を r, 労働の価格を w（賃金）とすれば,

資本についての費用＝rK

労働についての費用＝wL

となるので，総費用は両者を加えて,

総費用＝$rK+wL$

で表される。利潤を π とおけば利潤は,

$$\pi = pY - (rK+wL) \qquad (3-19)$$

または,

$$\pi = pf(K, L) - (rK+wL) \qquad (3-19)'$$

で表される。

第2章の例では利潤を最大化する生産量を求めたが，ここでは利潤を最大化するための生産要素 K と L の投入量の条件を求める。もちろん，それらを生産関数に代入して生産量も計算される。そのために，この利潤関数を資本 K および労働 L について偏微分し，それぞれをゼロとおこう。完全競争を仮定して p は所与とする。

$$\frac{\partial \pi}{\partial K} = p \times \frac{\partial Y}{\partial K} - r \qquad (3-20)$$

　　　　　↓　　　↓　　　K は1となり，wL は
　　　　p は　　y のみ　定数扱いなので消える
　　　　そのまま　偏微分

$$\frac{\partial \pi}{\partial L} = p \times \frac{\partial Y}{\partial L} - w \qquad (3-21)$$

　　　　　↓　　　↓　　　L は1となり，rK は
　　　　p は　　y のみ　定数扱いなので消える
　　　　そのまま　偏微分

両者を0とおけば,

$$p \frac{\partial Y}{\partial K} - r = 0$$

$$p\frac{\partial Y}{\partial L}-w=0$$

となる。ここで，

$\dfrac{\partial Y}{\partial K}$：資本の限界生産力　f_K

$\dfrac{\partial Y}{\partial L}$：労働の限界生産力　f_L

とおけば，上式は，

$$f_K=\frac{r}{p} \tag{3-22}$$

$$f_L=\frac{w}{p} \tag{3-23}$$

と書くことができる。利潤最大化のもとでは，両式から各生産要素の限界生産力は，各要素の（相対）価格に等しいということができる。これが利潤最大化条件であり，特に（3-22）および（3-23）式の関係を限界生産力説という。

【例】

　ある生産物 Y の生産関数が $Y=10K^{0.5}L^{0.5}$ で示され，生産物 Y の価格は 1 であるとする。ここで，生産要素のうち K は資本であり，L は労働である。市場は完全競争を前提としている。今，資本 K の要素価格が 10 であるならば，企業が利潤最大化を図る場合，労働 L の要素価格はいくらか。

＜解答＞

　K と L の限界生産力を計算する。

$$\begin{aligned}\frac{\partial Y}{\partial K}&=10\times0.5K^{0.5-1}L^{0.5}\\&=5K^{-0.5}L^{0.5}\end{aligned} \tag{1}$$

$$\begin{aligned}\frac{\partial Y}{\partial L}&=10\times0.5K^{0.5}L^{0.5-1}\\&=5K^{0.5}L^{-0.5}\end{aligned} \tag{2}$$

(1)を (3－22) 式に代入する。$p=1, r=10$ より,

$$\frac{\partial Y}{\partial K}=5K^{-0.5}L^{0.5}$$
$$=10$$

である。つまり,

$$\left(\frac{L}{K}\right)^{0.5}=2 \tag{3}$$

である。他方 (3－23) 式より,

$$\frac{\partial Y}{\partial L}=5K^{0.5}L^{-0.5}=\frac{w}{p}$$

であるから,

$$5\left(\frac{K}{L}\right)^{-0.5}=\frac{w}{p} \tag{4}$$

を得る。よって, $p=1$ および(3)式より

$$w=5\times\frac{1}{2}$$

となる。つまり労働の要素価格は,

$$w=2.5$$

である。

第3節　条件付最大・最小化（ミクロ経済学の例）

1　ラグランジュ未定乗数法

次のような問題を考えよう。

「ある消費者が2つの財の組合せで消費を行うとき，効用水準を最大とする各財の消費量はいくらか」

これは効用最大化問題であるから，効用関数

$$u=u(q_1, q_2)$$

を想定して，効用の最大化を図ればよい。しかし，効用関数が増加関数（q_1, q_2の増加とともに効用も増加する）とすれば，効用水準はいくらでも大きくなるわけで最大化問題が成立しない。

ところが，効用が無限に大きくならない理由がある。それは，所得の許される範囲でしかモノやサービスを購入できないからである。効用の最大化にあたって，所得の制約を考えなければならない。

このように制約条件の付いた最大または最小問題を扱うとき，**ラグランジュ未定乗数法**をもちいる。このときラグランジュ関数Λを次のように定義する。

$$\Lambda = （最大・最小化したい式）+ \lambda（制約条件）$$

制約のない場合は右辺第1項の式のみ考えたが，制約のある場合，右辺第2項の制約条件の項が付加される。右辺第2項のλは**ラグランジュ未定乗数**と呼ばれる変数である。最大または最小化したい式を目的関数と呼び，

$$f(x, y)$$

と表し，そして制約式を制約条件と呼び，

$$g(x, y)$$

と表す。このとき，上式は次のように書くことができる。

$$\Lambda = f(x, y) + \lambda g(x, y) \qquad (3-24)$$

この式を利用して目的関数の最大または最小化を考えよう。この式に含まれる変数は，x, y, λである。そこで，この式をx, y, λについてそれぞれ偏微分し，それらをゼロとおく。これが最大または最小化条件である。

$$\frac{\partial \Lambda}{\partial x} = 0$$

$$\frac{\partial \Lambda}{\partial y} = 0$$

$$\frac{\partial \Lambda}{\partial \lambda} = 0 \qquad (3-25)$$

例えばいまの効用関数の例をみてみよう。目的関数は効用関数である。

$$目的関数\ u = u(q_1, q_2)$$

このとき所得の制約を考える。第1財の価格をp_1，第2財の価格をp_2とすれば，

p_1q_1：第1財への支出額

p_2q_2：第2財への支出額

となるので2つしか財がないとすれば，これらを加えたものが総支出である。

総支出$=p_1q_1+p_2q_2$

所得をyとすれば，当然総支出よりも所得の方が大きいか等しいかのいずれかである。所得をすべて使いきることを仮定して両者が一致するとしよう。その式は，

$$y=p_1q_1+p_2q_2 \qquad (3-26)$$

として表される。これは第1章で得た所得式であり，これが制約条件となる。これをまとめると次のようになる。

条件付最大化問題(1) 　**重要**

$$\text{目的関数 } u=u(q_1, q_2) \qquad (3-27)$$
$$\text{制約条件 } y=p_1q_1+p_2q_2$$

＜手順＞

(1) 制約条件をゼロとおく。

$y-p_1q_1-p_2q_2=0$

(2) ラグランジュ関数をつくる。

$\Lambda=u(q_1, q_2)+\lambda(y-p_1q_1-p_2q_2)$

(3) ラグランジュ関数を変数q_1，q_2，λについて偏微分する。

$$\frac{\partial \Lambda}{\partial q_1}=\frac{\partial u}{\partial q_1}-\lambda p_1$$

$$\frac{\partial \Lambda}{\partial q_2}=\frac{\partial u}{\partial q_2}-\lambda p_2$$

$$\frac{\partial \Lambda}{\partial \lambda}=y-p_1q_1-p_2q_2$$

(4) (3)で得られた式をゼロとおく。

$$\frac{\partial u}{\partial q_1}-\lambda p_1=0$$

$$\frac{\partial u}{\partial q_2} - \lambda p_2 = 0$$

$$y - p_1 q_1 - p_2 q_2 = 0$$

(5) この連立方程式を解く。ただし，このケースでは効用関数が特定化されていない（具体的な式となっていない）ので，第1財，第2財の限界効用を，

$$\frac{\partial u}{\partial q_1} = u_1$$

$$\frac{\partial u}{\partial q_2} = u_2$$

とおき，上2式について λ を消す。

$$\frac{u_1}{p_1} = \lambda$$

$$\frac{u_2}{p_2} = \lambda$$

より

$$\frac{u_1}{p_1} = \frac{u_2}{p_2}$$

重要 (3-28)

を得る。所得制約を付加したときの効用最大化の1つの条件である。すなわち，限界効用の比が価格の比に等しい。この式と制約条件 $y - p_1 q_1 - p_2 q_2 = 0$ とが制約付効用最大化の条件となる。

また，一般例でみてみよう。ここでは次のような問題を考える。

条件付最大化問題(2)

目的関数　$z = 5x^2 + 4x + 7y^2$

制約条件　$x - y = 14$

<手順>

(1) 制約条件をゼロとおく。

$$\boxed{練習5} = 0$$

(2) ラグランジュ関数をつくる。

$$\Lambda = 5x^2 + 4x + 7y^2 + \lambda(x - y - 14)$$

(3) ラグランジュ関数を変数 x, y, λ について偏微分する。

$$\frac{\partial \Lambda}{\partial x} = \boxed{練習6}$$

$$\frac{\partial \Lambda}{\partial y} = 14y - \lambda$$

$$\frac{\partial \Lambda}{\partial \lambda} = x - y - 14$$

(4) これらをゼロとおく。

$$10x + 4 + \lambda = 0$$
$$14y - \lambda = 0$$
$$x - y - 14 = 0$$

(5) この連立方程式を解く。2番目の式を λ について解いて，一番上の式に λ に代入する。つまり，

$$\lambda = 14y$$

を，

$$10x + 4 + \lambda = 0$$

に代入して，それを整理し，

$$5x + 7y = -2$$

を得る。一番下の式を整理すると，

$$x - y = 14 \text{（制約条件）}$$

となる。この2者を x と y について解けばよい。いまの制約条件を5倍し，はじめの式から引く。

$$\begin{array}{r} 5x + 7y = -2 \\ -)\,5x - 5y = 70 \\ \hline 12y = -72 \end{array}$$

よって，
　　　$y=-6$

これを制約条件に代入すれば，
　　　$x=8$

を得る。また $\lambda=14y$ であるから，
　　　$\lambda=$ 練習7

である。

最後にこれらの値を目的関数に代入すれば，
　　　$z=$ 練習8

となる。

2　経済学への応用(1)
——効用最大化

いま効用最大化の条件を得た。効用関数が，

　　　$u=q_1q_2$

であるとしよう。この関数を最大化する条件は，

$$\frac{u_2}{u_1}=\frac{p_2}{p_1} \tag{3-28}$$

$$y-p_1q_1-p_2q_2=0 \tag{3-29}$$

であった。いま，第1財の価格 p_1，第2財の価格 p_2，所得 y がそれぞれ，

　　　$p_1=200$
　　　$p_2=400$
　　　$y=40{,}000$

であったとしよう。(3-29)の所得式は，

　　　$200q_1+400q_2=40{,}000$

と書かれる。第1の条件を表すためにこのときの限界効用を求めよう。

　　　$u_1=q_2$
　　　$\begin{pmatrix} u を q_1 で \\ 偏微分する \end{pmatrix}$

$$u_2 = q_1$$
$$\begin{pmatrix} u \text{を} q_2 \text{で} \\ \text{偏微分する} \end{pmatrix}$$

これらの比が価格の比

$$\frac{p_2}{p_1} = \frac{400}{200} = 2$$

に等しい。

$$\frac{u_2}{u_1} = \frac{q_1}{q_2}$$

より,

$$\frac{q_1}{q_2} = 2$$

すなわち,

$$q_1 - 2q_2 = 0$$

を得る。これが第1の条件であり,これと先の所得式を連立させる。

$$\begin{array}{r} q_1 - 2q_2 = 0 \\ +)\ q_1 + 2q_2 = 200 \\ \hline 2q_1 = 200 \end{array}$$

よって,

$$q_1 = 100$$

であり,これより

$$q_2 = \boxed{\text{練習 9}}$$

である。

また効用水準は,

$$u = q_1 q_2 = 100 \times \boxed{\text{練習 9}}$$

より,

$$u = 5000$$

となる。

最後に効用最大化の第1条件の限界効用の比が価格に等しい関係は,

$$\frac{u_1}{p_1}=\frac{u_2}{p_2} \qquad (3-30)$$

とも書かれ，**限界効用均等の法則**と呼ばれる。財の数が多くn個の場合，効用関数は，

$$u=u(q_1, q_2, \cdots\cdots, q_n)$$

となり，限界効用均等の法則は次のようになる。

$$\frac{u_1}{p_1}=\frac{u_2}{p_2}=\cdots\cdots=\frac{u_n}{p_n} \qquad (3-31)$$

3　経済学への応用(2)
——生産理論

　完全競争における限界生産力は前節で説明したが，制約条件のついた企業の合理的行動をみていく。資本K，労働Lの2つの生産要素がある場合を扱う。ここでは，費用の額が与えられているとしよう。企業は，その費用のもとで生産量をできるだけ大きくすることが合理的である。費用の額が決まっているとすれば収入，利潤を大きくするためにはその費用で生産量を最大化すればよい。この問題では，目的関数を生産関数とし，制約条件を費用関数とする。すなわち，

　　　目的関数　$Y=f(K, L)$ 　　　　　　　　　　　　　(3－32)
　　　制約条件　$C=rK+wL$ 　　　　　　　　　　　　　(3－33)

という最大化問題を解く。ここでCは総費用を表す。

〈手順〉

(1)　制約条件をゼロと変形する。

　　　$C-rK-wL=0$

(2)　ラグランジュ関数をつくる。

　　　$\Lambda=f(K, L)+\lambda(C-rK-wL)$ 　　　　　　　　(3－34)

(3)　ラグランジュ関数をK, L, λで偏微分する。このとき，総費用Cは決まった値であり定数扱いとし，r, wの各生産要素の価格も完全競争ならば，この企業が決められるものでなく，定数扱いとする。よって各偏導関数は次

のようになる。

$$\frac{\partial \Lambda}{\partial K} = \boxed{\text{練習 10}}$$

$$\frac{\partial \Lambda}{\partial L} = \frac{\partial f}{\partial L} - \lambda w$$

$$\frac{\partial \Lambda}{\partial \lambda} = C - rK - wL$$

(4) これらの偏導関数をゼロとおく。ただし,資本,労働の各限界生産力を,

$$f_K = \frac{\partial f}{\partial K}$$

$$f_L = \frac{\partial f}{\partial L}$$

とおく。その結果,

$$f_K - \lambda r = 0$$

$$f_L - \lambda w = 0$$

$$C - rK - wL = 0 \text{（制約条件）}$$

(5) これらの連立方程式を解くのであるが,上の2式を λ についてそろえる。

$$\lambda = \frac{f_K}{r} = \frac{f_L}{w} \tag{3-35}$$

λ と限界生産力および要素価格について（3-35）式が成り立つ。

もし生産要素の数が多数であり,その数量を $q_1, q_2, \ldots, q_n$, 価格を $p_1, p_2, \ldots, p_n$ としよう。そのとき,生産関数は,

$$Y = f(q_1, q_2, \ldots, q_n) \tag{3-36}$$

である。各限界生産力を $f_1, f_2, \ldots, f_n$ と表せば,

$$\lambda = \frac{f_1}{p_1} = \frac{f_2}{p_2} = \ldots = \frac{f_n}{p_n} \tag{3-37}$$

が成立する。

4　経済学への応用(3)
——パレート最適

　もう1つ，より進んだ応用として**パレート最適**の問題を取り上げる。パレート最適は資源配分の問題である。

　例えば消費において，財の配分の仕方によっては満足する消費者もいれば，不満を抱く消費者もいる。理想は，すべての消費者に限られた財を，皆が満足できるように配分することである。その1つの基準が，パレート最適と呼ばれる。これは，1人の消費者の効用を高めるために財の配分を変えれば，誰かが必ずその犠牲となって効用が低められてしまう状態をさす。つまり，各消費者個人に効用を高められる余地があるのだが，すべての消費者が同時により高く評価するような資源配分がほかに存在しないことを意味する。

　例えば，消費者が2人，財が2つのケースでこのことをみてみよう。消費者はAとB，財は第1財と第2財と名付けておく。消費者Aの消費の組合せが**図3－14**で示されているとしよう。(q_{A1}^*, q_{A2}^*) が消費者Aの選択した組合せだとしよう。このとき第1財と第2財の全体の数量は限られている。消費者Bはその残った分を消費することになる。全体の数量を q_1, q_2 とすれば消費者Bの消費量は，

$$q_{B1}^* = q_1 - q_{A1}^* \tag{3－38}$$
$$q_{B2}^* = q_2 - q_{A2}^* \tag{3－39}$$

となる。消費者Bの消費状態は**図3－15**に表される。

　これらの**図3－14**と**図3－15**を同時に描くと**図3－16**のようになる。これは**エッジワース・ボックス**と呼ばれ，2者2財のときの資源の配分問題に利用される。点Eよりも両無差別曲線に囲まれた斜線内にある点Fの方が両者にとって効用が高い。それでもまだ無差別曲線に囲まれた右図斜線の中に両者の効用が高まる点がある。結局，両者の最適点は，**図3－17**の両無差別曲線の接点Cで示される。この点をパレート最適点という。

　さまざまな消費者Aの効用水準に対して，消費者Bの効用水準を最大化するような消費の組合せの軌跡を示すと**図3－18**のようになる。このような両者の無差別曲線が接する点の軌跡を**契約曲線**と呼ぶ。この契約曲線上の点がパ

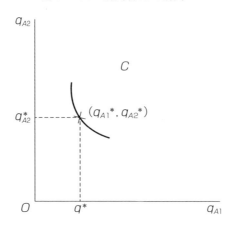

図3－14　消費者Aの消費

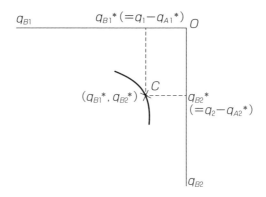

図3－15　消費者Bの消費

レート最適点であり，この点の上の組合せは，他方の消費者の効用を犠牲にしなくてはもう一方の消費者の効用が高められない状態である。このいずれの点に落ち着くかはAとBの交渉による。

　それでは，このパレート最適条件を数式化して求めてみよう。記号を整理しておく。

　消費者Aの第1財の消費量　q_{A1}　第2財の消費量　q_{A2}

図3-16 両者の効用がより高い組

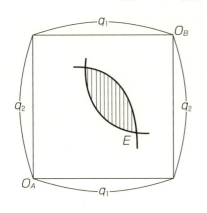
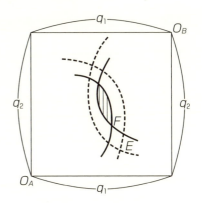

図3-17 エッジワース・ボックスによるパレート最適

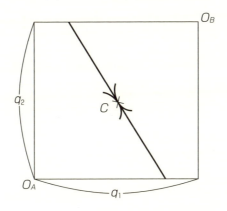

消費者Bの第1財の消費量　q_{B1}　第2財の消費量　q_{B2}

第1財の価格　p_1

第2財の価格　p_2

第1財の全体の数量　q_1

第2財の全体の数量　q_2

ここですべてを消費者AとBで消費するので,

図 3 − 18 契約曲線

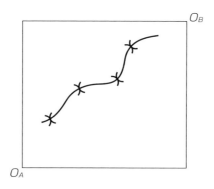

$$q_1 = q_{A1} + q_{B1} \qquad (3-40)$$
$$q_2 = q_{A2} + q_{B2} \qquad (3-41)$$

が成立している。また消費者 A と B の効用関数は次のようになっている。

$$u_A = u_A(q_{A1}, q_{A2}) \qquad (3-42)$$
$$u_B = u_B(q_{B1}, q_{B2}) \qquad (3-43)$$

u_A は消費者 A の効用水準，u_B は消費者 B の効用水準である。

パレート最適では一方の消費者の効用を固定して，それを制約条件とし，他方の消費者の効用水準を最大化する。ここでは，消費者 A の効用水準を固定して，そのもとで消費者 B の効用水準の最大化を図る。

目的関数　$u_B = u_B(q_{B1}, q_{B2})$

制約条件　$u_A = u_A(q_{A1}, q_{A2})$

これは消費者 A の効用関数を制約条件に，目的関数の消費者 B の効用関数を最大化することを表している。ただし，制約条件に q_{B1}, q_{B2} が含まれていないが，

$$q_{A1} = q_1 - q_{B1}$$
$$q_{A2} = q_2 - q_{B2} \qquad (3-44)$$

であるから，結局制約条件も q_{B1}, q_{B2} の関数となる。ここで q_1, q_2 は供給量であるので所与である（定数扱い）。

＜手順＞

(1) 制約条件をゼロと変形する。

第3章 偏微分　123

$$u_A(q_{A1}, q_{A2}) - \bar{u}_A = 0 \tag{3-45}$$

ただし第2項の $\bar{u}_A$ は固定された定数扱いである。

(2) ラグランジュ関数をつくる。

$$\Lambda = u_B(q_{B1}, q_{B2}) + \lambda(u_A(q_{A1}, q_{A2}) - \bar{u}_A) \tag{3-46}$$

(3) Λ を q_{B1}, q_{B2}, λ について偏微分する。このとき注意すべきことは第2項の制約条件の $u_A(q_{A1}, q_{A2})$ は，

$$u_A(q_1 - q_{B1}, q_2 - q_{B2})$$

というように合成関数となっていることである。

Λ を q_{B1}, q_{B2} で偏微分する。

$$\frac{\partial \Lambda}{\partial q_{B1}} = \frac{\partial u_B}{\partial q_{B1}} + \lambda(u_A を q_{B1} で偏微分) \tag{3-47}$$

$$\frac{\partial \Lambda}{\partial q_{B2}} = \frac{\partial u_B}{\partial q_{B2}} + \lambda(uA を q_{B2} で偏微分) \tag{3-48}$$

両式の右辺第2項の括弧内を計算するのに第1節5(4)の合成関数の偏微分を拡張する。

これらを (3-47) 式に代入して，Λ の q_{B1} での偏微分を求める。それは，

$$\frac{\partial \Lambda}{\partial q_{B1}} = \frac{\partial u_B}{\partial q_{B1}} + \lambda\left(-\frac{\partial u_A}{\partial q_{A1}}\right)$$

となる。つまり，

$$\frac{\partial \Lambda}{\partial q_{B1}} = \frac{\partial u_B}{\partial q_{B1}} - \lambda \frac{\partial u_A}{\partial q_{A1}}$$

である。

同様に，Λ を q_{B2} で偏微分すると，

$$\frac{\partial \Lambda}{\partial q_{B2}} = \frac{\partial u_B}{\partial q_{B2}} + \lambda\left(-\frac{\partial u_A}{\partial q_{A2}}\right)$$

であるから，結局，

$$\frac{\partial \Lambda}{\partial q_{B2}} = \frac{\partial u_B}{\partial q_{B2}} - \frac{\partial u_A}{\partial q_{A2}}$$

を得る。また Λ を λ で偏微分すれば制約条件となる。

(4) いま得た Λ の偏導関数をゼロとおく（消費者 B の効用最大化）。

$$\frac{\partial u_B}{\partial q_{B1}} - \lambda \frac{\partial u_A}{\partial q_{A1}} = 0$$

$$\frac{\partial u_B}{\partial q_{B2}} - \lambda \frac{\partial u_A}{\partial q_{A2}} = 0$$

$$u_A(q_{A1},\ q_{A2}) - \bar{u}_A = 0$$

(5) 上の連立方程式を解く。特に，上2式を λ についてそろえて，λ を消去しよう。その際，各限界効用を次のように略しておく。

消費者 A の第1財の限界効用　u_{A1}　　第2財の限界効用　u_{A2}

消費者 B の第1財の限界効用　u_{B1}　　第2財の限界効用　u_{B2}

そのとき，

$$\lambda = \frac{u_{B1}}{u_{A1}}$$

$$\lambda = \frac{u_{B2}}{u_{A2}}$$

より，

$$\frac{u_{A2}}{u_{A1}} = \frac{u_{B2}}{u_{B1}} \tag{3-51}$$

を得る。

　この最後に得た関数は消費者 A の限界効用の比と消費者 B の限界効用の比が等しいことを示している。ところで同一無差別曲線上の条件から，限界効用の比は限界代替率に等しい[3]。よって上式は，

　　　　消費者 A の限界代替率＝消費者 B の限界代替率

を意味する。パレート最適な資源配分の状態では両者の限界代替率が等しい。したがって，図 3-17 の点 C のパレート最適点では，両者の無差別曲線が接している。完全競争のもとでは，消費者 A，B ともこの条件を満たした選択を行うので，完全競争ではパレート最適が達成されるといえる。

3　これは第4章の第1節2をみられたい。

第3章 偏微分 125

合成関数の偏微分の拡張

$$z=f(v, w)$$
$$v=v(x, y)$$
$$w=w(x, y) \qquad (3-49)$$

において,

$$\frac{\partial z}{\partial x}=\frac{\partial f}{\partial v}\frac{\partial v}{\partial x}+\frac{\partial f}{\partial w}\frac{\partial w}{\partial x}$$

$$\frac{\partial z}{\partial y}=\frac{\partial f}{\partial v}\frac{\partial v}{\partial y}+\frac{\partial f}{\partial w}\frac{\partial w}{\partial y} \qquad (3-50)$$

という法則が成り立つ。もとの関数が2つの関数から成り立っていれば,それぞれを v, w とおいて,それぞれ合成関数の偏微分法則を適用し,それらを足し合わせる。

---

u_A を q_{B1}, q_{B2} で偏微分

(3-47), (3-48)式の右辺第2項の括弧内の計算を行う。効用関数 $u_A(q_{A1}, q_{A2})$ のみをみると, q_{A1} が q_{B1} の関数であり, q_{A2} が q_{B2} の関数である。(3-49)式に対応させる。

$$u_A=u_A(q_{A1}, q_{A2})$$
$$q_{A1}=q_1-q_{B1}$$
$$q_{A2}=q_2-q_{B2}$$

とおくと

$$z=u_A$$
$$v=q_{A1}$$
$$w=q_{A2}$$
$$x=q_{B1}$$
$$y=q_{B2}$$

と考えればよい。これらを (3-50) 式に適用すれば,

$$\frac{\partial u_A}{\partial q_{B1}} = \frac{\partial u_A}{\partial q_{A1}} \frac{\partial q_{A1}}{\partial q_{B1}} + \frac{\partial u_A}{\partial q_{A2}} \frac{\partial q_{A2}}{\partial q_{B1}}$$

$$\frac{\partial u_A}{\partial q_{B2}} = \frac{\partial u_A}{\partial q_{A1}} \frac{\partial q_{A1}}{\partial q_{B2}} + \frac{\partial u_A}{\partial q_{A2}} \frac{\partial q_{A2}}{\partial q_{B2}}$$

となる。それぞれの構成要素を計算しておく。

$$\frac{\partial q_{A1}}{\partial q_{B1}} = -1$$

$$\frac{\partial q_{A2}}{\partial q_{B1}} = 0$$

$$\frac{\partial q_{A1}}{\partial q_{B2}} = 0$$

$$\frac{\partial q_{A2}}{\partial q_{B2}} = -1$$

よって,(3 - 47),(3 - 48)式の右辺第2項の括弧内は次のようになる。

$$\frac{\partial u_A}{\partial q_{B1}} = -\frac{\partial u_A}{\partial q_{A1}}$$

$$\frac{\partial u_A}{\partial q_{B2}} = -\frac{\partial u_A}{\partial q_{A2}}$$

＜練習の解答＞

1. $8x^4yw^3 - 9x^2y^2w^4 + 4y$

2. $0.5q_2^{0.5-1}$

3. $0.3AK^{-0.7}L^{0.7}$

4. $0.7AK^{0.3}L^{-0.3}$

5. $x - y - 14$

6. $10x + 4 + \lambda$

7. -84

8. 604

9. 50

10. $\dfrac{\partial f}{\partial K} - \lambda r$

第4章 経済学に利用される微分・偏微分の諸概念

第1節 全微分

1 全微分

3変数から構成される次の関数を考える。

$$z = f(x, y) \qquad (4-1)$$

xの増加の大きさをΔx，yの増加の大きさをΔyとする。両者が増加したとき，zはz_1となり，

$$z_1 = f(x+\Delta x, y+\Delta y) \qquad (4-2)$$

と書かれるようにしよう。そのとき，

$$\Delta z = z_1 - z \qquad (4-3)$$

というように，Δzはzの増加した大きさとして表される。したがって，

$$\Delta z = f(x+\Delta x, y+\Delta y) - f(x, y) \qquad (4-4)$$

と書かれる。ここで右辺に$f(x, y+\Delta y)$を加えて差し引く（結局0）という操作を行う。

$$\Delta z = \{f(x+\Delta x, y+\Delta y) - f(x, y+\Delta y)\} + \{f(x, y+\Delta y) - f(x, y)\} \qquad (4-5)$$

その上，右辺第1項にΔxを乗じてΔxで割り（結局1），右辺第2項にΔyを乗じてΔyで割る（結局1）。よって，

$$\Delta z = \frac{f(x+\Delta x, y+\Delta y) - f(x, y+\Delta y)}{\Delta x} \Delta x$$

$$+ \frac{f(x, y+\Delta y) - f(x, y)}{\Delta y} \Delta y \qquad (4-6)$$

を得る。ここでまず上式の右辺第1項の，

$$\frac{f(x+\Delta x, y+\Delta y) - f(x, y+\Delta y)}{\Delta x} \tag{4-7}$$

に注目する。特に，分子，

$$f(x+\Delta x, y+\Delta y) - f(x, y+\Delta y)$$

では，y の値は $y+\Delta y$ のまま前の項と後の項とで同じなので，これは，x が Δx だけ大きくなったときの f の増加した大きさを示している。すなわち，(4-7) 式は，y を固定したときの x の増加に応じた f の増加の割合を表している。その極限は f の x に関しての偏微分にほかならない。すなわち，

$$\frac{\partial f}{\partial x} = \lim_{\Delta x, \Delta y \to 0} \frac{f(x+\Delta x, y+\Delta y) - f(x, y+\Delta y)}{\Delta x} \tag{4-8}$$

である[1]。

他方，(4-6) 式右辺第 2 項の，

$$\frac{f(x, y+\Delta y) - f(x, y)}{\Delta y} \tag{4-9}$$

では，

$$f(x, y+\Delta y) - f(x, y)$$

において，x の値は x のまま変化していないので，分子は，x を固定した上での y の変化に応じた f の変化とみなせる。よって，分母に Δy のついた (4-9) 式は，(4-8) 式と同様の解釈が適用でき，その極限は f の y についての偏微分を意味する。

$$\frac{\partial f}{\partial y} = \lim_{\Delta y \to 0} \frac{f(x, y+\Delta y) - f(x, y)}{\Delta y} \tag{4-10}$$

それゆえ，(4-8) と (4-10) 式を (4-6) 式に代入し，近似することにより，

$$dz = \frac{\partial f}{\partial x} \Delta x + \frac{\partial f}{\partial y} \Delta y \tag{4-11}$$

1　前章の注記(1)の定義による。ただし，「$\Delta x, \Delta y \to 0$」は Δx および Δy ともにゼロに近づくという意味である。

という関係を得る[2]。ただし，dz は Δz の近似値である。ここで，Δ を微分 d に置き換えると，

$$dz = \frac{\partial f}{\partial x} dx + \frac{\partial f}{\partial y} dy$$

重要 (4－12)

という関係を得る。この式を z の**全微分**と呼ぶ。

3変数のケースの全微分は（4－12）式で表されたが，多変数のケースも同様に全微分が成り立つ。右辺の変数が $x_1, x_2, \ldots\ldots, x_n$ と n 個あるとしよう。そのとき関数は，

$$z = f(x_1, x_2, \ldots\ldots, x_n) \qquad (4-13)$$

と表される。このとき全微分は，

$$dz = \frac{\partial f}{\partial x_1} dx_1 + \frac{\partial f}{\partial x_2} dx_2 + \cdots\cdots + \frac{\partial f}{\partial x_n} dx_n \qquad (4-14)$$

と表すことができる。

2　全微分の経済学への応用(1)（ミクロ経済学の例）
——同一無差別曲線上にある条件 **重要**

財の数が2つのとき，消費者の効用は効用関数，

$$u = u(q_1, q_2) \qquad (4-15)$$

によって表された。そして同一効用の第1財の数量 q_1 と第2財の数量 q_2 の組

---

[2] 厳密には（4－8），（4－10）式について，

$$\lim_{\Delta x, \Delta y \to 0} \frac{f(x+\Delta x, y+\Delta y) - f(x, y+\Delta y)}{\Delta x} = \frac{\partial f}{\partial x} + \varepsilon_1$$

$$\lim_{\Delta y \to 0} \frac{f(x, y+\Delta y) - f(x, y)}{\Delta y} = \frac{\partial f}{\partial y} + \varepsilon_2$$

が成り立つ。ただし，$\lim_{\Delta x, \Delta y \to 0} \varepsilon_1 = 0$，$\lim_{\Delta y \to 0} \varepsilon_2 = 0$ である。よって，

$$\Delta z = \left(\frac{\partial f}{\partial x} + \varepsilon_1 \right) \Delta x + \left(\frac{\partial f}{\partial y} + \varepsilon_2 \right) \Delta y$$

$$= \underline{\frac{\partial f}{\partial x} \Delta x + \frac{\partial f}{\partial y} \Delta y} + \varepsilon_1 \Delta x + \varepsilon_2 \Delta y$$

と表すことができる。この下線部が dz にあたる。

合せは**図1−11**に示されている。ここではこの組合せが同一無差別曲線上にある条件を求める。

そこでまず効用関数 (4−15) を全微分する。

$$du = \frac{\partial u}{\partial q_1} dq_1 + \frac{\partial u}{\partial q_2} dq_2$$

同一無差別曲線上では効用は変化しないので，

$$du = 0$$

が成り立っている。これを上式に代入すれば，

$$\frac{\partial u}{\partial q_1} dq_1 + \frac{\partial u}{\partial q_2} dq_2 = 0$$

となる。また各限界効用を $u_1 (=\partial u/\partial q_1)$，$u_2 (=\partial u/\partial q_2)$ と表せば，上式は，

$$u_1 dq_1 + u_2 dq_2 = 0$$

と表せるから，これを変形して，

$$-\frac{dq_2}{dq_1} = \frac{u_1}{u_2} \qquad (4-16)$$

を得る。この左辺は限界代替率であり，同一無差別曲線上では常に，

$$限界代替率 = 限界効用の比 \qquad (4-16)'$$

が成立している。

ちなみに図を利用して第2章の第1節5で消費者の最適条件の1つを得ていたが，それにここで得た (4−16) 式を代入して限界代替率を消去すると，

$$\frac{p_1}{p_2} = \frac{u_1}{u_2} \qquad (4-17)$$

または，

$$\frac{u_1}{p_1} = \frac{u_2}{p_2} \qquad (4-17)'$$

を得る。これは第3章の第3節1で数式の展開から得た効用最大化条件と一致する。図の場合は，

(1) 同一無差別曲線上の条件
(2) 無差別曲線と予算線の各傾きが等しいこと

の2つ条件を組合せることにより，効用最大化条件を得ることができる。

3 全微分の経済学への応用(2)（ミクロ経済学の例）
　　——技術的限界代替率 　重要

2つの生産要素を q_1, q_2（投入量）とした[3]ときの生産関数，

$$Y = f(q_1, q_2) \tag{4-18}$$

を描いて，例えば Y^* のところで水平に切ってみよう（図4－1）。

図4－1　生産関数

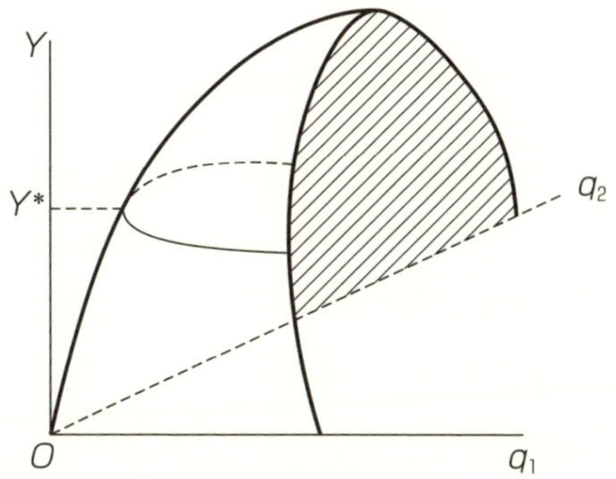

---
[3]　ここで生産関数を K, L とせずに q_1, q_2 とした。

図4－2　等産出量曲線

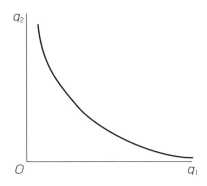

図4－3　生産量の増加と等産出曲線

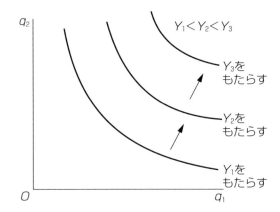

　図4－1を上からみて，縦軸にq_2，横軸にq_1をおいて平面にグラフを描くと図4－2となる。これは生産量Y^*をもたらすq_1とq_2の投入量の組合せを表している。これは**等産出量曲線**と呼ばれる。この曲線上の組合せならば，どれをとってもY^*の生産が可能なことを意味している[4]。この曲線の性格上，**図4－3**のように右上にいくに従って大きな生産をもたらす等産出量曲線となるいえる。

---

[4] この曲線上より右上の組合せはどれもY^*の生産が可能であるが，等産出量曲線上の組合せが最も効率的である。なぜならば，右上の組合せならばより多くの生産が可能になるからである。

この等産出量曲線の形状も限界代替率（生産者行動の理論において**技術的限界代替率**と呼ぶ）で表される。

$$\text{技術的限界代替率} = -\frac{dq_2}{dq_1} \qquad (4-19)$$

または，近似的に，

$$\text{技術的限界代替率} = -\frac{\Delta q_2}{\Delta q_1} \qquad (4-19)'$$

である[5]。これは，等産出量曲線の傾きにマイナスをつけたものである。各組合せが同一等産出量曲線上に存在する条件を求めよう。まず，生産関数を全微分する。

$$dY = \frac{\partial f}{\partial q_1} dq_1 + \frac{\partial f}{\partial q_2} dq_2 \qquad (4-20)$$

同一等産出量曲線上では Y は変化しないので，

$$dY = 0$$

を上式に代入すれば，

$$\frac{\partial f}{\partial q_1} dq_1 + \frac{\partial f}{\partial q_2} dq_2 = 0$$

となる。各限界生産力を，

$$\frac{\partial f}{\partial q_1} = f_1$$

$$\frac{\partial f}{\partial q_2} = f_2$$

とおいたうえで，上式を整理すれば，

$$-\frac{dq_2}{dq_1} = \frac{f_1}{f_2} \qquad (4-21)$$

---

[5] 正確には，

$$\text{技術的限界代替率} = \lim_{\Delta q_1 \to 0} \left(-\frac{\Delta q_2}{\Delta q_1} \right)$$

という定義である。

を得る。つまり同一等産出量曲線上では技術的限界代替率が限界生産力の比に等しい。

では次に考えるべき問題は，同一等産出量曲線の上のどの点を企業が選ぶかということである。企業の総費用関数を，

$$C = p_1 q_1 + p_2 q_2 \qquad (4-22)$$

とおく。完全競争の場合，生産要素価格 p_1 と p_2 は市場において決まるので企業にとって所与である。q_1 と q_2 の値によって総費用 C の値は変わってくる。q_1 と q_2 にいろいろな値をいれて，

$$C_1 < C_2 < C_3$$

のような3つの C の値を考える。図で示せば**図4－4**に描かれる。この中で生産量 Y^* をもたらすには当然費用が小さい方がよいが，C_1 よりも左下側では Y^* の生産が不可能になる。それゆえ，等産出量曲線と接する C_1 が一番よいことになる。C_2, C_3 ならばもっと右上の等産出量曲線との交わりが可能で，より多くの生産に対応しているので，それより小さい Y^* の生産では非効率となるからである。C_1 が点 A で等産出量曲線に接する条件は，

$$-\frac{dq_2}{dq_1} = \frac{p_1}{p_2} \qquad (4-23)$$

というように，等産出量曲線と費用曲線の双方の傾きが等しいことである（ただし，上式ではマイナスを左辺に移動してある）。つまり，

技術的限界代替率＝生産要素価格比

が成り立つ。

ところで，ここで前に得た同一等産出量曲線の条件（4－21）を代入すると，

$$\frac{f_1}{f_2} = \frac{p_1}{p_2} \qquad (4-24)$$

を得る。限界生産力の比が生産要素の価格比に等しい。これは第3章で得た生産者の合理的行動条件（3－35）式にほかならない。等産出量曲線と等費用曲線が接する費用最小化においても同一の結果につながったことに注意しよう。また，費用曲線の C が**図4－5**のように $C_1 < C_2 < C_3 < C_4$ と大きくなるにつれて，この条件を満たす点が右上に移動していく。点 A, B, D, E を結ぶ

図4-4 費用の変化と等産出量曲線

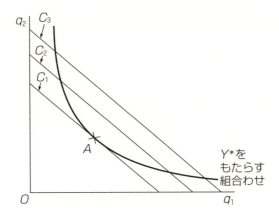

図4-5 拡張経路

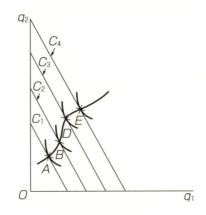

曲線がこれを表している。この軌跡を**拡張経路**と呼ぶ。

　この拡張経路は生産関数と費用関数 C の形状（傾き）によってさまざまなものになるが，もしどの拡張経路も原点から直線となるような生産関数があれば，その関数を相似拡大的な生産関数と呼ぶ。**図4-6**において，まず点 A と点 B をみていただきたい。

　　点 $A \to q_1^*, q_2^*$
　　点 $B \to 1.5q_1^*, 1.5q_2^*$

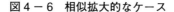

図4－6　相似拡大的なケース

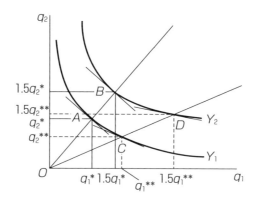

と各生産要素が1.5倍になって，生産量がY_1からY_2に増えている。次に，点Cと点Dをみると，

　　点$C \to q_1^{**}, q_2^{**}$
　　点$D \to 1.5q_1^{**}, 1.5q_2^{**}$

と各生産要素が1.5倍になって，生産量がY_1からY_2に増加している。この2つの拡張経路だけでなくすべての拡張経路にこのことがあてはまるとき，生産関数は「相似拡大的」であると呼ぶ。

　これは前述の同次関数があてはまる。

　　$Y = f(q_1, q_2)$

において，生産要素を双方とも1.5倍すると，つまり

　　$f(1.5q_1, 1.5q_2)$

であれば，Yは，$Y_2 - Y_1$が1.5^m倍だけ増加したのであれば，

　　$1.5^m Y = f(1.5q_1, 1.5q_2)$　　　　　　　　　　　　　　　　(4－25)

が成り立っている。このように，m次同次関数は相似拡大的である。

第4章 経済学に利用される微分・偏微分の諸概念　139

第2節　オイラーの定理

1　オイラーの定理

　いま，同次関数は相似拡大的であることを示した。ここでは中でも1次同次関数を取り上げ，オイラーの定理として知られる1次同次関数の性質をあげる。1次同次関数は（1-25）式で表したように，

$$\lambda Y = f(\lambda q_1, \lambda q_2) \qquad (4-26)$$

が成り立つ関数のことである。q_1 と q_2 を同時に λ 倍すれば Y も λ 倍になる。前節の例で，q_1 と q_2 とを1.5倍したら Y もちょうど1.5倍となる関係が成立するならば，生産関数は1次同次関数といえる。
（4-26）式の λ はゼロではない任意の正の数であるので，

$$\lambda = \frac{1}{q_1}$$

を上式に代入する。その結果，

$$\frac{1}{q_1} Y = f\left(1, \frac{q_2}{q_1}\right)$$

となるから，

$$g\left(\frac{q_2}{q_1}\right) = f\left(1, \frac{q_2}{q_1}\right)$$

と置き換えると，（4-26）式は，

$$Y = q_1 g\left(\frac{q_2}{q_1}\right)$$

と変形することができる。この関数を q_1 および q_2 について偏微分しよう。ここでは，
(1)　q_1 と $g(q_2/q_1)$ が乗じられているので積の法則を利用する
(2)　g は q_2/q_1 の関数なので合成関数の偏微分を利用する
ことになる。
　　　q_1：前の関数

$g\left(\dfrac{q_2}{q_1}\right)$：後の関数

としよう。よって,

$$\frac{\partial Y}{\partial q_1} = q_1 \times \frac{\partial g}{\partial q_1} + g\left(\frac{q_2}{q_1}\right) \times 1 \tag{4-27}$$

前は　　　後のみ　　　後は　　　前のみ
そのまま　偏微分　　そのまま　偏微分

$$\frac{\partial Y}{\partial q_2} = q_1 \times \frac{\partial g}{\partial q_2} + g\left(\frac{q_2}{q_1}\right) \times 0 \tag{4-28}$$

前は　　　後のみ　　　後は　　　前のみ
そのまま　偏微分　　そのまま　偏微分

となる。また,

$$\frac{\partial g}{\partial q_1},\ \frac{\partial g}{\partial q_2}$$

は合成関数の偏微分である。

$$g = g(v)$$

$$v = \frac{q_2}{q_1}$$

とおけば,

$$\frac{\partial g}{\partial q_1} = \frac{\partial g}{\partial v} \times \frac{\partial v}{\partial q_1}$$

$$= \frac{\partial g}{\partial v} \times (-1) q_2 q_1^{-2}$$

$$= -q_1^{-2} q_2 \frac{\partial g}{\partial v}$$

$$\frac{\partial g}{\partial q_2} = \frac{\partial g}{\partial v} \times \frac{\partial v}{\partial q_2}$$

$$= \frac{\partial g}{\partial v} \times \frac{1}{q_1} = \frac{1}{q_1} \frac{\partial g}{\partial v}$$

を得る。これらを (4-27), (4-28) 式に代入する。

$$\frac{\partial Y}{\partial q_1} = q_1 \left(-\frac{q_2}{q_1^2} \frac{\partial g}{\partial v} \right) + g$$

$$= -\frac{q_2}{q_1} \frac{\partial g}{\partial v} + g \qquad (4-29)$$

$$\frac{\partial Y}{\partial q_2} = q_1 \left(\frac{1}{q_1} \frac{\partial g}{\partial v} \right)$$

$$= \frac{\partial g}{\partial v} \qquad (4-30)$$

この (4-29) と (4-30) 式を，

$$q_1 \frac{\partial Y}{\partial q_1} + q_2 \frac{\partial Y}{\partial q_2}$$

という式に代入してみよう。

$$q_1 \frac{\partial Y}{\partial q_1} + q_2 \frac{\partial Y}{\partial q_2} = q_1 \times \left(-\frac{q_2}{q_1} \frac{\partial g}{\partial v} + g \right) + q_2 \frac{\partial g}{\partial v}$$

$$= -q_2 \frac{\partial g}{\partial v} + q_1 g + q_2 \frac{\partial g}{\partial v}$$

$$= q_1 g \;(\rightarrow Y \text{のこと})$$

$$= Y$$

つまり，

$$Y = q_1 \frac{\partial Y}{\partial q_1} + q_2 \frac{\partial Y}{\partial q_2}$$

重要 $(4-31)$

となる。これは1次同次関数のときに成立する関数であり，**オイラーの定理**と呼ばれる重要な式である。

2 オイラーの定理の経済学への応用
——コブ・ダグラス型生産関数

コブ・ダグラス型生産関数は (1-21) 式より，

$$Y = AK^a L^b$$

であった。この関数に 1 次同次を仮定する。

$$\frac{\partial Y}{\partial K}=aAK^{a-1}L^b$$

$$\frac{\partial Y}{\partial L}=bAK^aL^{b-1}$$

であるから，これらをオイラーの定理

$$Y=K\frac{\partial Y}{\partial K}+L\frac{\partial Y}{\partial L}$$

に代入すると，

$$Y=KaAK^{a-1}L^b+LbAK^aL^{b-1}$$
$$=a(AK^aL^b)+b(AK^aL^b)$$
$$=aY+bY$$

となる。両辺を Y で除せば，

$$a+b=1$$

を得る。これが (1 − 26) 式の 1 次同次のコブ・ダグラス型生産関数の条件となる。

3　m 次同次のオイラーの定理

生産関数

$$Y=f(q_1, q_2)$$

が m 次同次関数であるとしよう。つまり，

$$\lambda^m Y=f(\lambda q_1, \lambda q_2)$$

が成り立っている。この両辺を λ で偏微分すれば，

$$m\lambda^{m-1}Y=\frac{\partial f}{\partial(\lambda q_1)}q_1+\frac{\partial f}{\partial(\lambda q_2)}q_2$$

である[6]。$\lambda=1$ を代入すれば，

---

[6] 例えば右辺の第 1 項の偏微分は，
$$\frac{\partial f}{\partial(\lambda q_1)}\frac{\partial(\lambda q_1)}{\partial \lambda}=\frac{\partial f}{\partial(\lambda q_1)}q_1$$
となるからである。

$$mY = \frac{\partial f}{\partial q_1}q_1 + \frac{\partial f}{\partial q_2}q_2 \qquad (4-32)$$

を得る。これが m 次同次のときのオイラーの定理である[7]。

第3節　制約が複数のときのラグランジュ未定乗数法

1　制約が複数のケース

前章で述べたラグランジュ未定乗数法は制約が1つのケースであった。このラグランジュ未定乗数法は制約条件が複数のときでも成り立つ。制約条件を，

$$g = g(x, y)$$

に加えて，

$$h = h(x, y)$$

の2つのケースを考えよう。このときのラグランジュ関数は，

$$\Lambda = f(x, y) + \lambda_1(g - g(x, y)) + \lambda_2(h - h(x, y)) \qquad (4-33)$$

という形で表される。右辺に制約条件の項がもう1つ付加される。あとは前の説明と同様，Λ を x と y，それに λ_1 と λ_2 の4つの変数で偏微分し，最大，最小の条件としてそれぞれゼロとおく。その連立方程式を解けば，制約が2つのときの最大または最小の条件を得ることができる。

$$\frac{\partial \Lambda}{\partial x} = f_x + \lambda_1 g_x + \lambda_2 h_x = 0$$

$$\frac{\partial \Lambda}{\partial y} = f_y + \lambda_1 g_y + \lambda_2 h_y = 0$$

$$\frac{\partial \Lambda}{\partial \lambda_1} = g - g(x, y) = 0 \text{（制約条件）}$$

$$\frac{\partial \Lambda}{\partial \lambda_2} = h - h(x, y) = 0 \text{（制約条件）}$$

---

[7] この証明で，
　　$m=1$
　を代入すれば先の1次同次の条件は簡単に得られる。1次同次における証明は，積の法則と合成関数の偏微分の応用としてとらえていただきたい。

ここで f_x, f_y, g_x, g_y, h_x, h_y はそれぞれの関数を x または y で偏微分した偏導関数である。これらの連立方程式を解けば，最大・最小の条件が得られる。

2 複数の制約条件が付いたときのラグランジュ未定乗数法の経済学への応用（ミクロ経済学の例）
―――生産におけるパレート最適

ここでの例として生産におけるパレート最適条件を求める。2人の生産者がそれぞれ2つの生産物 z_1, z_2 を，2つの生産要素 x, y によって生産しているとしよう。そのときの生産関数を，

$z_1 = f_1(x_1, y_1)$　生産者1の生産関数

$z_2 = f_2(x_2, y_2)$　生産者2の生産関数

とする。ここで生産要素 x と y の量には限りがあるので，それぞれの総量を x, y とおけば，

$x = x_1 + x_2$

$y = y_1 + y_2$

この制約が発生する。

また，生産者1の生産量 z_1 の最大化を考えるときは，生産者2の生産量 z_2 は固定されて制約条件とする。したがって，この問題は次のようになる。

目的関数　$z_1 = f_1(x_1, y_1)$

制約条件　$z_2 = f_2(x_2, y_2)$　$x = x_1 + x_2$　$y = y_1 + y_2$

このように制約条件が3つとなっている。

＜手順＞

(1) 制約条件をゼロとおく。

$f_2(x_2, y_2) - z_2 = 0$

$x - x_1 - x_2 = 0$

$y - y_1 - y_2 = 0$

(2) ラグランジュ関数をつくる。

$\varLambda = f_1(x_1, y_1) + \lambda_1 (x - x_1 - x_2)$

$\qquad + \lambda_2 (y - y_1 - y_2) + \lambda_3 (f_2(x_2, y_2) - z_2)$

(3) ラグランジュ関数を x_1, x_2, y_1, y_2 で偏微分する。そしてそれらをゼロとおく。

$$\frac{\partial \Lambda}{\partial x_1} = \frac{\partial f_1}{\partial x_1} - \lambda_1 = 0$$

$$\frac{\partial \Lambda}{\partial x_2} = \lambda_3 \frac{\partial f_2}{\partial x_2} - \lambda_1 = 0$$

$$\frac{\partial \Lambda}{\partial y_1} = \frac{\partial f_1}{\partial y_1} - \lambda_2 = 0$$

$$\frac{\partial \Lambda}{\partial y_2} = \lambda_3 \frac{\partial f_2}{\partial y_2} - \lambda_2 = 0$$

これらの λ_1, λ_2, λ_3 を消去すると,

$$\frac{\frac{\partial f_1}{\partial y_1}}{\frac{\partial f_1}{\partial x_1}} = \frac{\frac{\partial f_2}{\partial y_2}}{\frac{\partial f_2}{\partial x_2}} \tag{4-34}$$

を得る。左辺は生産者1の限界生産力の比であり,右辺は生産者2の限界生産力の比である。限界生産力の比は技術的限界代替率に等しいので,パレート最適においては,生産者1と生産者2の技術的限界代替率が等しくなっている。つまり,両者の等産出量曲線の傾きが等しい。

これを図でみてみよう。**図4-7**は生産におけるエッジワース・ボックスである。消費者のパレート最適のときと同様に,生産者1については O_1 が原点,生産者2については O_2 が原点としてそれぞれの等産出量曲線が描かれる。生産要素の数量はそれぞれ全体で x, y と決まっているので,それをうまく配分しなければならない。

その効率的配分は点 A で表され,この点がパレート最適点である。ここでは,両者の等産出量曲線が接している。その両者の等産出量曲線の接点の軌跡を描いたのが**図4-8**であり,これは**生産の契約曲線**と呼ばれる。この契約曲線上の点では,他方の生産量を減少させることなく一方の生産量を増加させることはできない点であり,契約曲線はパレート最適点の軌跡を意味している。

図4-7 生産のパレート最適

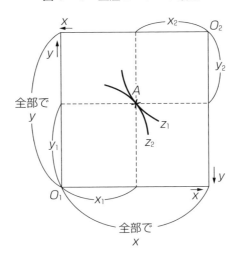

図4-8 生産の契約曲線

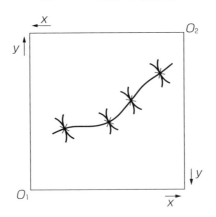

　図4-8の契約曲線上の生産者1と生産者2の生産量の組合せを，別のグラフをつくり描いてみよう。縦軸に生産者2の生産量，横軸に生産者1の生産量をとり，契約曲線上の生産量の組合せをとったのが図4-9である。この図4-9で描かれた曲線を生産可能曲線と呼ぶ。生産可能曲線の特徴はやはり傾きを利用して表される。図中にあるようにその傾きは，

図4－9　生産可能曲線

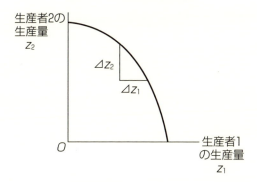

$$\text{生産可能曲線の傾き近似} = \frac{\Delta z_2}{\Delta z_1}$$

である。この傾きにマイナスをつけたものを限界変形率と呼ぶ。

$$\text{限界変形率} = -\frac{\Delta z_2}{\Delta z_1} \left(\text{または} -\frac{dz_2}{dz_1} \right)$$

これは生産者1が生産を増やしたときに生産者2が犠牲になった生産の減少分の割合を表す。

第5章 指数・対数

第1節 指　　数

1　指数

同じ数をかけるとき，例えば，

$$5 \times 5 \times 5$$

では，これを，

$$5^3$$

と表す。このとき肩の3を指数と呼ぶ。

変数についても同様に，

$$x \times x \times x \times x$$

なら，

$$x^4$$

と表すことができる。

2　指数の計算

指数の掛け算にはきまりがある。

$$x^3 \times x^2$$

の場合を見てみよう。

これは，

$$x \times x \times x \times x \times x$$

のことであるから，

$$x^3 \times x^2 = x^5$$

と計算できる。このとき左辺の指数をみてみると，3乗と2乗の掛け算になっており，ちょうどそれを加えると5乗になる。

すなわち，
$$x^3 \times x^2 = x^{3+2}$$
$$= x^5$$
と計算することができる。

また，
$$(x^3)^2$$
の計算をみてみよう。

これは，
$$x^3 \times x^3$$
のことであり，
$$x \times x \times x \times x \times x \times x = x^6$$
である。答えは x の6乗になるが，それは x の3乗の2乗 $(x^3)^2$ の指数，3と2を掛け合わせた数である。つまり，
$$(x^3)^2 = x^{3 \times 2}$$
$$= x^6$$
である。このケースでは指数を乗ずる。つまり，
$$(x^a)^b = x^{ab}$$
が成り立っている。

また，
$$(xy)^a$$
をみてみよう。例えば，
$$(5 \times 2)^2$$
であれば，
$$10^2 = 100$$
と，
$$5^2 \times 2^2 = 25 \times 4$$
$$= 100$$

は等しくなる。つまり，

$$(xy)^a = x^a y^a$$

が成り立っている。以上のことをまとめると次のようになる。

$$x^a \times x^b = x^{a+b} \tag{5-1}$$

$$(x^a)^b = x^{a \times b}$$
$$= x^{ab} \tag{5-2}$$

$$(xy)^a = x^a \times y^a = x^a y^a \tag{5-3}$$

3　x のゼロ乗

$$x^0$$

の値はいくつだろうか。x のゼロ乗に限らず，5^0，100^0，または $(-5)^0$ でもすべて同様に考えることができる。

ここでは，x^0 を例にとり，

$$x^0 \times x^5$$

を考えてみよう。

これは (5-1) 式より，

$$x^0 \times x^5 = x^{0+5}$$
$$= x^5$$

である。つまり，

$$x^0 \times x^5 = x^5$$

であるから，両辺を x^5 で割れば，

$$x^0 = 1 \tag{5-4}$$

ということである。これは 5^0，100^0，$(-5)^0$ とも 1 であることを示している。

4　いろいろな指数

(1) 分数の指数

2 の平方根 $\sqrt{2}$ は同じ数値，つまり $\sqrt{2}$ を 2 回掛けると 2 になるという意味である。(5-1) 式でいえば $x=2$，$b=a$ を代入し，かつ $a+b=1$ を代入すれば，

$$2^a \times 2^a = 2$$

という式が成り立つ。この 2^a が $\sqrt{2}$ のことである。このとき a については，

$$a+a=1$$

であるから，$a=0.5$ ということになる。

すなわち，

$$\sqrt{2}=2^{0.5}$$

と表されることがわかる。

このように指数を小数や分数で表すことができる。

$$2^{0.25}$$

であれば，これを4回掛ければ，

$$2^{0.25} \times 2^{0.25} \times 2^{0.25} \times 2^{0.25} = 2^{0.25+0.25+0.25+0.25}$$

$$=2$$

である。この $2^{0.25}$ を2の4乗根と呼び，$\sqrt[4]{2}$ で表す。他にも，

$$2^{0.1},\ 2^{0.3},\ 2^{0.96}$$

というように指数を小数で表した数字がある。

また，

$$\sqrt{x}=x^{0.5}$$

において，この指数 0.5 は $\dfrac{1}{2}$ でもよい。

$$\sqrt{x}=x^{\frac{1}{2}}$$

x の4乗根であれば，

$$\sqrt[4]{x}=x^{0.25}$$

または，

$$\sqrt[4]{x}=x^{\frac{1}{4}}$$

である。

その他にも，

$$x^{0.05},\ x^{0.47},\ x^{0.7}$$

というように指数を小数で表すことができ，これらの指数を分数で表すと

$$x^{\frac{1}{20}},\ x^{\frac{47}{100}},\ x^{\frac{7}{10}}$$

と書くことができる。

(2) マイナスの指数

指数がマイナスのときも考えることができる。例えば，

$$2^{-1}$$

がこの一例である。これを 2 と掛け合わせると，

$$2^{-1} \times 2 = 2^{-1+1} = 2^0 = 1$$

となる。

$$2^{-1} \times 2 = 1$$

であるから，

$$2^{-1} = \frac{1}{2}$$

ということである。このようにマイナスの指数の場合，逆数としてプラスの指数に変わる。例えば，

$$2^{-3} = \frac{1}{2^3}$$

$$2^{-0.5} = \frac{1}{2^{0.5}}$$

などである。以上のことをまとめると次のようになる。

$$x^{-1} = \frac{1}{x} \tag{5-5}$$

$$x^{-a} = \frac{1}{x^a} \tag{5-6}$$

指数がマイナスのときも，

$$x^5 \times x^{-8}$$

の計算はプラスの指数同士のときと同様で

$$x^5 \times x^{-8} = x^{5-8} = x^{-3}$$

と計算される。また，

$$x^0 \times x^{-5} = x^{0-5} = x^{-5}$$

$$x^{-3} \times x^{-4} = x^{-3-4} = x^{-7}$$

というように計算される。

(3) 指数を使った関数

x^2 や x^3 を使った関数

$$y=x^2$$
$$y=x^3$$

は，べき関数という。

一方，変数 x が指数の部分にある関数

$$y=a^x$$

を指数関数という。このとき a は 1 ではない正の定数であるとする。

5　指数の微分

第2章でみてきたように，べき関数，

$$y=x^2$$
$$y=x^3$$

の導関数はそれぞれ，

$$y'=2x$$
$$y'=3x^2$$

であった。一般に，a が有理数のとき，

$$(x^a)'=ax^{a-1}$$

となる[1]。

＜復習＞

次の関数を微分せよ。

(1) $y=2x^2+2$
(2) $y=\sqrt{x}$

＜解答＞

(1) 設問の右辺の第2項の2は定数である。c を定数とすると定数の導関数は

---

[1] べき関数の微分の詳細については，第2章を参照。

$(c)'=0$

である。したがって，この問題では

$$y'=2\cdot 2x^{2-1}+(2)'$$
$$=4x$$

(2) $\sqrt{}$ は指数になおそう。

$$y=\sqrt{x}$$
$$=x^{\frac{1}{2}}$$

よって，

$$y'=\frac{1}{2}x^{\frac{1}{2}-1}$$
$$=\frac{1}{2}x^{-\frac{1}{2}}$$

第2節 対　　数

1 対数

前節でみた指数の考え方を使って，次は対数について学んでみよう。指数関数を

$$y=a^x$$

とするとき，数 x は，

$$x=\log_a y$$

と表される。このとき a を底，y を真数，そして x は a を底とする真数 y の対数という。例えば $x=\log_2 7$ の場合は，2を底とする真数7の対数という。底と真数には条件があり，底 a は1ではない正の数（$a>0, a\neq 1$），真数 y は $y>0$ を満たさなければならない。特に $y>0$ を真数条件という。

なぜ $y=a^x$ を満たす x を $\log_a y$ と書くのか，少し説明しよう。まず2次関数として，

$$y = x^2 \quad (x \geq 0)$$

を考えよう。このとき，$y=16$ に対応する x の値は 4 であるが，$y=7$ に対応する x の値は整数では表せない。そこで，「2乗して7になる数」として

$$\sqrt{7}$$

と表す。

次に，指数関数

$$y = 2^x$$

についても同じように考えることができることをみてみよう。$y=4$ のとき，x の値は 2 である。なぜなら，$4=2^2$ であり 2 を 2 乗したら 4 になるからである。では，$y=7$ に対応する x はどうなるだろうか。やはり x は整数では表せないので，「2を何乗したら7になるのか」の答えとして，

$$x = \log_2 7$$

図5－1 指数関数と対数の関係

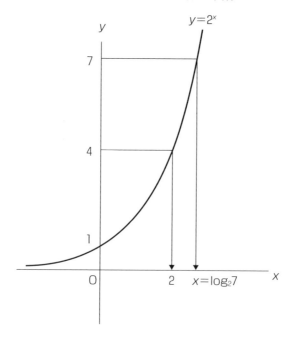

のように表す。ちなみに、log は対数 logarithm のことであり、$\log_2 7$ は「ログ2の7」と読む。指数関数と対数の関係は**図5－1**で表される。以上のことをまとめると次のようになる[2]。

$$a>0, a\neq 1, y>0 \text{のとき}, \quad y=a^x \Leftrightarrow x=\log_a y \qquad (5-7)$$

例）$8=2^3 \Leftrightarrow 3=\log_2 8$

2　対数の計算

対数も指数と同じように計算法則がある。まず、次の関係をみてみよう。

$$3=3^1 \Leftrightarrow 1=\log_3 3$$

3の1乗は3なので、これを対数にすると、$1=\log_3 3$ となる。3をある数 $a(a>0, a\neq 0)$ で表すと、

$$a=a^1 \Leftrightarrow 1=\log_a a$$

が成り立つ。

また、前節の指数で説明したように、ある数 a の0乗は1であった。この関係を対数にすると、

$$1=a^0 \Leftrightarrow 0=\log_a 1$$

となることがわかる。

続いて、次のような関係をみてみよう。

$$8=2^3 \Leftrightarrow 3=\log_2 8$$

右側の $\log_2 8$ が3であることは、$\log_a a=1$ を用いながら、次のように説明される。

$$\begin{aligned}\log_2 8 &= \log_2 2^3 \\ &= 3\log_2 2 \\ &= 3\end{aligned}$$

この中で示された、

$$\log_2 2^3 = 3\log_2 2$$

には、累乗を定数倍にする法則が使われている。このしくみを証明するために、指数関数 $y=a^x$ と x の対数 $x=\log_a y$ を用いよう。$x=\log_a y$ を指数関数 $y=a^x$ に代

2　以下の⇔は、必要十分という意味である。⇔の左側が成り立てば、右側も成り立つ。逆も成り立つ。

入すると，
$$y = a^{\log_a y}$$
両辺を k 乗すると，
$$y^k = (a^{\log_a y})^k$$
$$= a^{(\log_a y)k}$$
したがって，a を底とする y^k の対数は，
$$(\log_a y)k = \log_a y^k$$
となり，右辺の k 乗は左辺の k 倍に変換される。ふつうは括弧を外して下のように示される。
$$k \log_a y = \log_a y^k$$
次に，指数の掛け算
$$a^x \times a^y = a^{x+y}$$
から対数の計算法則を導いてみよう。$a^x = X$，$a^y = Y$ とおくと，
$$XY = a^{x+y}$$
となるので，これを対数にすると，
$$\log_a XY = \log_a a^{x+y}$$
$$= x + y$$
となる。

ここで，
$$a^x = X \Leftrightarrow x = \log_a X$$
$$a^y = Y \Leftrightarrow y = \log_a Y$$
なので，x と y に代入すると，
$$\log_a XY = \log_a X + \log_a Y$$
となり，したがって，積は和の形に変換することができる。

同様に，商は引き算の形にすることができる。先ほどと同じように，$a^x = X$，$a^y = Y$ とし，X を Y で割ったものを展開しよう。
$$\frac{X}{Y} = \frac{a^x}{a^y} = a^x \times a^{-y}$$
$$= a^{x-y}$$

底を a として対数をとると，

$$\log_a \frac{X}{Y} = \log_a a^{x-y}$$
$$= x-y$$

となる。x と y を代入すると，以下のように商は引き算に変換される。

$$\log_a \frac{X}{Y} = \log_a X - \log_a Y$$

最後に，対数の底を変える公式をみてみよう。たとえば，底を a から b に変えたいときは，下のように変換される。

$$\log_a X = \frac{\log_b X}{\log_b a}$$

このしくみをみるために，指数 $a^x = X$ を考えよう。これを対数になおせば次のようになる。

$$a^x = X \Leftrightarrow x = \log_a X$$

さてここで，指数 $a^x = X$ の両辺に対して，底が b の対数をとってみよう。

$$\log_b a^x = \log_b X$$

これは，指数 x をおろし，

$$x \log_b a = \log_b X$$

となる。

したがって，x は，

$$x = \frac{\log_b X}{\log_b a}$$

x は先に示したように，$x = \log_a X$ なので代入すると，

$$\log_a X = \frac{\log_b X}{\log_b a}$$

となる。

このように対数の底を変えるために用いる公式を底の変換公式という。以上のことをまとめると次のようになる。

$$\log_a a = 1 \tag{5-8}$$

$$\log_a 1 = 0 \tag{5-9}$$

$$\log_a XY = \log_a X + \log_a Y \tag{5-10}$$

$$\log_a \frac{X}{Y} = \log_a X - \log_a Y \tag{5-11}$$

$$\log_a X = \frac{\log_b X}{\log_b a} \tag{5-12}$$

3　常用対数と自然対数

10を底とする対数

$$\log_{10} x$$

を常用対数といい，e を底とする対数

$$\log_e x$$

を自然対数という。

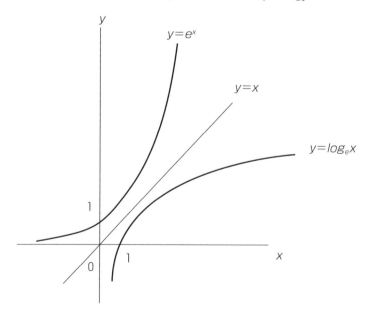

図5－2　指数関数 $y = e^x$ と対数関数 $y = \log_e x$

e はネイピア数あるいはオイラー数と呼ばれ,$e=2.71828\cdots$ となる無理数である。とくに,自然対数 $\log_e x$ は $\ln x$ と表記される。

指数関数 $y=e^x$ と対数関数 $y=\log_e x$ の関係は**図 5－2** のように表される。

4　対数関数の微分

対数関数 $y=\ln x$ の導関数は,次のように表される[3]。ただし,$\ln x$ は自然対数を表している。

$$(\ln x)' = \frac{1}{x}$$

次に,$y=\ln x^2$ を微分してみよう。上式のように微分したくなるが,この答えは $y'=\frac{1}{x^2}$ ではない。ここで合成関数の微分を思い出そう[4]。

$y=\ln x^2$ で $v=x^2$ とおくと,$y=\ln v$ となり,合成関数の微分法により,

$$y' = \frac{dy}{dv} \times \frac{dv}{dx}$$

$$= (\ln v)'(x^2)'$$

$$= \frac{1}{v} \times 2x$$

$$= \frac{2x}{x^2}$$

$$= \frac{2}{x}$$

となる。以上の関係を公式にすると,次のように表すことができる。

$$\{\ln f(x)\}' = \frac{1}{f(x)} \times f'(x)$$

---

[3] 対数関数 $y=\log x$ の導関数の証明については,本章末の補論を参照。
[4] 第 2 章の第 2 節 4 を参照。

＜練習問題＞

次の関数を微分せよ。

(1)　$y = \ln(x^2 - 2)$

(2)　$y = \ln\sqrt{x^2 - 2}$

＜解答＞

(1)　$y = \ln(x^2 - 2)$

微分すると，

$$y' = \frac{1}{x^2 - 2} \cdot (x^2 - 2)'$$

$$= \frac{1}{x^2 - 2} \cdot 2x$$

$$= \frac{2x}{x^2 - 2}$$

(2)　$\sqrt{}$ は指数になおすと解きやすいので，次のように展開しよう。

$$y = \ln\sqrt{x^2 - 2}$$

$$= \ln(x^2 - 2)^{\frac{1}{2}}$$

$$= \frac{1}{2}\ln(x^2 - 2)$$

微分すると，

$$y' = \frac{1}{2} \cdot \frac{1}{x^2 - 2} \cdot (x^2 - 2)'$$

$$= \frac{1}{2} \cdot \frac{1}{x^2 - 2} \cdot 2x$$

$$= \frac{x}{x^2 - 2}$$

以上のことをまとめると次のようになる。

$$(\ln x)' = \frac{1}{x} \tag{5-13}$$

$$\{\ln f(x)\}' = \frac{1}{f(x)} \times f'(x) \tag{5-14}$$

5 対数関数の経済学への応用(マクロ経済学の例)

(1) 消費関数

第1章でみたように,マクロ経済学に登場するケインズ型の消費関数は,C を消費,Yを所得として次のように表される。

$$C = a + bY$$

aは基礎消費,bは限界消費性向と呼ばれるものである[5]。消費関数を測るとき,しばしば両辺に自然対数 ln をとり,対数線形に直した消費関数を推定する。

$$\ln C = \ln a + b \ln Y$$

対数線形にすることで,bの値を変化率として求めることができる。この場合は,bは所得が1%変化したときに消費が何%変化するのかを表す所得弾力性にあたる。

なぜbが弾力性になるのか考えてみよう。対数線形にした消費関数の係数bは,

$$b = \frac{d \ln C}{d \ln Y}$$

となる。ここで,分母と分子は

$$\frac{d \ln C}{dC} = \frac{1}{C} \quad \Leftrightarrow \quad d \ln C = \frac{dC}{C}$$

$$\frac{d \ln Y}{dY} = \frac{1}{Y} \quad \Leftrightarrow \quad d \ln Y = \frac{dY}{Y}$$

と表せるので,元の式に代入すると,

---

[5] 第1章の第1節4を参照。

$$b = \frac{dC/C}{dY/Y}$$

dC/C は消費の変化率，dY/Y は所得の変化率を表すので，b は所得が変わったときに消費がどのくらい変わるのかを表す変化率，つまり弾力性となる。経済分析では影響の程度を変化率でみることが多い。関数型を対数線形にすると，パラメータを弾力性（変化率）として捉えることができるので，消費関数に限らず対数線形はよく用いられている。

(2) 生産関数

コブ・ダグラス型生産関数を用い，技術進歩率（全要素生産性の上昇率）を求めてみよう。コブ・ダグラス型生産関数を次のようにおく。

$$Y = AK^a L^b$$

上式の自然対数をとると，

$$\ln Y = \ln A + a \ln K + b \ln L$$

となり，これを時間 t で微分すると，

$$\frac{d \ln Y}{dt} = \frac{d \ln A}{dt} + a \frac{d \ln K}{dt} + \frac{d \ln L}{dt}$$

となる。

ここで，

$$d \ln Y = \frac{dY}{Y}$$

であることを用いると，

$$\frac{d \ln Y}{dt} = \frac{dY}{Y} \cdot \frac{1}{dt}$$

$$= \frac{dY}{dt} \cdot \frac{1}{Y} = \frac{\dot{Y}}{Y}$$

と表すことができる。ただし，

$$\dot{Y} = \frac{dY}{dt}$$

である。右辺の3つの項についても同じようにこの形で書き直すと，

$$\frac{\dot{Y}}{Y} = \frac{\dot{A}}{A} + a\frac{\dot{K}}{K} + b\frac{\dot{L}}{L}$$

となる。このとき,

$$\frac{\dot{A}}{A} = \frac{\dot{Y}}{Y} - \left(a\frac{\dot{K}}{K} + b\frac{\dot{L}}{L}\right)$$

なので, $\frac{\dot{A}}{A}$ は, 時間を通じた生産量の増加から資本の成長と労働の成長の寄与を差し引いた残りとなる。これを全要素生産性といい, 資本や労働以外で生産量の増加に寄与した部分, つまり技術進歩率と解釈することができる。

補論：対数の微分について[6]

まず, e は極限を用いて次のように定義される。

$$e = \lim_{k \to 0}(1+k)^{\frac{1}{k}}$$

このとき, $f(x) = \log x$ を微分してみよう。ただし, 底は e とする。

$$f'(x) = \lim_{h \to 0}\frac{\log(x+h) - \log x}{h}$$

$$= \lim_{h \to 0}\frac{1}{h}\log\frac{x+h}{x}$$

$$= \lim_{h \to 0}\frac{1}{h}\log\left(1 + \frac{h}{x}\right)$$

ここで, $k = \frac{h}{x}$ とおくと, $h = kx$ なので,

$$f'(x) = \lim_{k \to 0}\frac{1}{xk}\log(1+k)$$

$$= \frac{1}{x}\lim_{k \to 0}\frac{1}{k}\log(1+k)$$

---

[6] 極限についての詳細は, 第2章の第3節を参照。

$$=\frac{1}{x}\lim_{k\to 0}\log(1+k)^{\frac{1}{k}}$$

はじめに定義したように，$e=\lim_{k\to 0}(1+k)^{\frac{1}{k}}$なので，

$$f'(x)=\frac{1}{x}\log e=\frac{1}{x}$$

となる。

第6章 行　列

第1節　行　　列

1　行列とベクトルの定義

数値や変数等を長方形（含：正方形）に並べたものが**行列**である。例えば，

$$\begin{pmatrix} 2 & 3 & 4 \\ 7 & 8 & 9 \end{pmatrix}, \begin{pmatrix} 4 & 7 & 10 \\ 5 & 8 & 11 \\ 6 & 9 & 12 \\ 6 & 10 & 12 \end{pmatrix}$$

や，

$$\begin{pmatrix} x_1 & x_2 & x_3 \\ y_1 & y_2 & y_3 \end{pmatrix}, \begin{pmatrix} x_1 & y_1 \\ x_2 & y_2 \\ x_3 & y_3 \\ x_4 & y_4 \end{pmatrix}$$

が行列である。

$$\begin{pmatrix} 2 & 3 & 4 \\ 7 & 8 & 9 \end{pmatrix} \qquad (6-1)$$

において，

　　　2　3　4

および

　　　7　8　9

を**行**と呼ぶ。

$\quad$ 2 $\quad$ 3 $\quad$ 4

は第1行,

$\quad$ 7 $\quad$ 8 $\quad$ 9

は第2行と呼ばれる。また,

$\quad$ 2
$\quad$ 7

のように縦にとったものを**列**と呼び,

$\quad$ 2
$\quad$ 7

は第1列,

$\quad$ 3
$\quad$ 8

は第2列,

$\quad$ 4
$\quad$ 9

は第3列と呼ばれる。この行と列の数から行列（6 − 1）は次元 2 × 3 の行列といわれる。また中に含まれる数字は要素と呼ばれ,

$\quad$ 2：第1行, 1列の要素
$\quad$ 3：第1行, 2列の要素
$\quad$ 4：第1行, 3列の要素
$\quad$ 7：第2行, 1列の要素
$\quad$ 8：第2行, 2列の要素
$\quad$ 9：第2行, 3列の要素

といわれる。

$\quad$ 1行のみあるいは1列のみの行列はベクトルと呼ばれる。

$$\begin{pmatrix} 3 \\ 4 \\ 5 \end{pmatrix} : 列ベクトル$$

$\quad$ (3 $\quad$ 4 $\quad$ 5)：行ベクトル

2 正方行列

行と列が等しいとき（ただし2つ以上），その行列を**正方行列**という。例えば，

$$\begin{pmatrix} 2 & 3 \\ 4 & 5 \end{pmatrix} \quad (2 \times 2 \text{ の正方行列})$$

$$\begin{pmatrix} 2 & 3 & 4 \\ 5 & 6 & 7 \\ 8 & 9 & 10 \end{pmatrix} \quad (3 \times 3 \text{ の正方行列})$$

などである。一般に各要素を，

$$\begin{pmatrix} a_{11} & a_{12} \\ a_{21} & a_{22} \end{pmatrix} \tag{6-2}$$

や，

$$\begin{pmatrix} a_{11} & a_{12} & a_{13} \\ a_{21} & a_{22} & a_{23} \\ a_{31} & a_{32} & a_{33} \end{pmatrix} \tag{6-3}$$

と書くことができる。

　行と列を入れ換えた行列を**転置行列**と呼ぶ。肩のところにダッシュをつけて $(6-2)$，$(6-3)$ の転置行列を示すとそれぞれ次のようになる。

$$\begin{pmatrix} a_{11} & a_{12} \\ a_{21} & a_{22} \end{pmatrix}' = \begin{pmatrix} a_{11} & a_{21} \\ a_{12} & a_{22} \end{pmatrix} \tag{6-4}$$

$$\begin{pmatrix} a_{11} & a_{12} & a_{13} \\ a_{21} & a_{22} & a_{23} \\ a_{31} & a_{32} & a_{33} \end{pmatrix}' = \begin{pmatrix} a_{11} & a_{21} & a_{31} \\ a_{12} & a_{22} & a_{32} \\ a_{13} & a_{23} & a_{33} \end{pmatrix} \tag{6-5}$$

例えば前例の 2×2，3×3 の正方行列の転置行列は，

$$\begin{pmatrix} 2 & 3 \\ 4 & 5 \end{pmatrix}' = \begin{pmatrix} 2 & 4 \\ 3 & 5 \end{pmatrix}$$

$$\begin{pmatrix} 2 & 3 & 4 \\ 5 & 6 & 7 \\ 8 & 9 & 10 \end{pmatrix}' = \begin{pmatrix} 2 & 5 & 8 \\ 3 & 6 & 9 \\ 4 & 7 & 10 \end{pmatrix}$$

である。

3 単位行列

正方行列において対角要素（a_{11}, a_{22}, a_{33} など）が1で他の要素が0のとき単位行列と呼ばれる。通常 I という記号で表される。

$$I = \begin{pmatrix} 1 & 0 \\ 0 & 1 \end{pmatrix} \tag{6-6}$$

$$I = \begin{pmatrix} 1 & 0 & 0 \\ 0 & 1 & 0 \\ 0 & 0 & 1 \end{pmatrix} \tag{6-7}$$

単位行列は転置しても単位行列である。

$$I' = I \tag{6-8}$$

4 行列の加減

行列は，次元が同じ行列同士で足し算と引き算を行うことができる。正方行列の場合，

$$A = \begin{pmatrix} a_{11} & a_{12} & a_{13} \\ a_{21} & a_{22} & a_{23} \\ a_{31} & a_{32} & a_{33} \end{pmatrix}$$

$$B = \begin{pmatrix} b_{11} & b_{12} & b_{13} \\ b_{21} & b_{22} & b_{23} \\ b_{31} & b_{32} & b_{33} \end{pmatrix}$$

において，

$$\begin{aligned} A+B &= \begin{pmatrix} a_{11} & a_{12} & a_{13} \\ a_{21} & a_{22} & a_{23} \\ a_{31} & a_{32} & a_{33} \end{pmatrix} + \begin{pmatrix} b_{11} & b_{12} & b_{13} \\ b_{21} & b_{22} & b_{23} \\ b_{31} & b_{32} & b_{33} \end{pmatrix} \\ &= \begin{pmatrix} a_{11}+b_{11} & a_{12}+b_{12} & a_{13}+b_{13} \\ a_{21}+b_{21} & a_{22}+b_{22} & a_{23}+b_{23} \\ a_{31}+b_{31} & a_{32}+b_{32} & a_{33}+b_{33} \end{pmatrix} \end{aligned} \tag{6-9}$$

$$A - B = \begin{pmatrix} a_{11} & a_{12} & a_{13} \\ a_{21} & a_{22} & a_{23} \\ a_{31} & a_{32} & a_{33} \end{pmatrix} - \begin{pmatrix} b_{11} & b_{12} & b_{13} \\ b_{21} & b_{22} & b_{23} \\ b_{31} & b_{32} & b_{33} \end{pmatrix}$$

$$= \begin{pmatrix} a_{11}-b_{11} & a_{12}-b_{12} & a_{13}-b_{13} \\ a_{21}-b_{21} & a_{22}-b_{22} & a_{23}-b_{23} \\ a_{31}-b_{31} & a_{32}-b_{32} & a_{33}-b_{33} \end{pmatrix} \quad (6-10)$$

というように同位置の要素について加減を行う。

2×2 の行列の例で計算する。

$$A = \begin{pmatrix} 1 & 2 \\ 3 & 4 \end{pmatrix}$$

$$B = \begin{pmatrix} 2 & 1 \\ 5 & 3 \end{pmatrix}$$

のとき,

$$A + B = \begin{pmatrix} 1 & 2 \\ 3 & 4 \end{pmatrix} + \begin{pmatrix} 2 & 1 \\ 5 & 3 \end{pmatrix}$$

$$= \begin{pmatrix} 1+2 & 2+1 \\ 3+5 & 4+3 \end{pmatrix}$$

$$= \begin{pmatrix} 3 & 3 \\ 8 & 7 \end{pmatrix}$$

$$A - B = \begin{pmatrix} 1 & 2 \\ 3 & 4 \end{pmatrix} - \begin{pmatrix} 2 & 1 \\ 5 & 3 \end{pmatrix}$$

$$= \begin{pmatrix} 1-2 & 2-1 \\ 3-5 & 4-3 \end{pmatrix}$$

$$= \begin{pmatrix} -1 & 1 \\ -2 & 1 \end{pmatrix}$$

となる。

5　行列の積

行列においても積を定義することができる。ただし，かけあわせる行列 A と B の次元が，

A の次元　$2 \times \boxed{2}$
B の次元　$\boxed{2} \times 3$

というように最初の行列 A の列の数と，あとの行列 B の行の数が一致して，行列の積 AB が成立する。

$$\begin{pmatrix} 1 & 2 \\ 3 & 4 \end{pmatrix} \begin{pmatrix} 5 & 6 & 7 \\ 8 & 9 & 10 \end{pmatrix}$$
$\quad 2 \times \boxed{2} \quad\ \boxed{2} \times 3$
$\quad\ \ $行　列$\quad\ \ \ $行　列

というケースのみ積が可能となる。

実際の積の方法についてこの例を使ってみよう。まず前の行列の 1 行目と後の行列の 1 列目をとりだす。

$$\begin{bmatrix} 1 & 2 \end{bmatrix} \begin{bmatrix} 5 \\ 8 \end{bmatrix}$$

このうちのはじめの 1 と 5 を乗じて，

$1 \times 5 = 5$

とし，次に各 2 番目にある 2 と 8 を乗じて，

$2 \times 8 = 16$

とし，そのそれぞれを加える。

$(1 \times 5) + (2 \times 8) = 21$

これを 2 つの行列の積の第 1 行 1 列の要素とする。

次に，前の行列の 1 行目と後の行列の 2 列目をとりだす。

$$\begin{bmatrix} 1 & 2 \end{bmatrix} \begin{bmatrix} 6 \\ 9 \end{bmatrix}$$

同様の作業をし，

$(1 \times 6) + (2 \times 9) = 24$

を得る。これが 2 つの行列の積の第 1 行 2 列の要素である。前の行列の 1 行目と後の 3 列目をとりだす。

$$[1\ 2]\begin{bmatrix}7\\10\end{bmatrix}$$

同様に,
$$(1\times 7)+(2\times 10)=27$$
を得て,これを行列の積の第1行3列の要素とする。

次に前の行列の2行目と後の行列の1列目をとりだす。
$$[3\ 4]\begin{bmatrix}5\\8\end{bmatrix}$$

同様に,
$$(3\times 5)+(4\times 8)=47$$
を得て,これを行列の積の第2行1列の要素とする。そして前の行列の2行目と後の行列の2,3列目をそれぞれとりだす。
$$[3\ 4]\begin{bmatrix}6\\9\end{bmatrix},\ [3\ 4]\begin{bmatrix}7\\10\end{bmatrix}$$

同様に,
$$(3\times 6)+(4\times 9)=54$$
$$(3\times 7)+(4\times 10)=61$$
を計算し,それぞれを行列の積の第2行2列,第2行3列の要素とする。したがって,行列の積,
$$\begin{pmatrix}1&2\\3&4\end{pmatrix}\begin{pmatrix}5&6&7\\8&9&10\end{pmatrix}=\begin{pmatrix}21&24&27\\47&54&61\end{pmatrix}$$
を計算することができる。

2×2 の行列
$$A=\begin{pmatrix}a_{11}&a_{12}\\a_{21}&a_{22}\end{pmatrix}$$
$$B=\begin{pmatrix}b_{11}&b_{12}\\b_{21}&b_{22}\end{pmatrix}$$
で一般化すれば,

$$AB = \begin{pmatrix} a_{11} & a_{12} \\ a_{21} & a_{22} \end{pmatrix} \begin{pmatrix} b_{11} & b_{12} \\ b_{21} & b_{22} \end{pmatrix}$$

$$= \begin{pmatrix} a_{11}b_{11}+a_{12}b_{21} & a_{11}b_{12}+a_{12}b_{22} \\ a_{21}b_{11}+a_{22}b_{21} & a_{21}b_{12}+a_{22}b_{22} \end{pmatrix} \quad (6-11)$$

となる。これは上記の作業を下の□のものに対して行った。

第 1 行 1 列の要素

$$\begin{pmatrix} \boxed{a_{11} \ a_{12}} \\ a_{21} \ a_{22} \end{pmatrix} \begin{pmatrix} \boxed{b_{11}} \ b_{12} \\ \boxed{b_{21}} \ b_{22} \end{pmatrix}$$

第 1 行 2 列の要素

$$\begin{pmatrix} \boxed{a_{11} \ a_{12}} \\ a_{21} \ a_{22} \end{pmatrix} \begin{pmatrix} b_{11} \ \boxed{b_{12}} \\ b_{21} \ \boxed{b_{22}} \end{pmatrix}$$

第 2 行 1 列の要素

$$\begin{pmatrix} a_{11} \ a_{12} \\ \boxed{a_{21} \ a_{22}} \end{pmatrix} \begin{pmatrix} \boxed{b_{11}} \ b_{12} \\ \boxed{b_{21}} \ b_{22} \end{pmatrix}$$

第 2 行 2 列の要素

$$\begin{pmatrix} a_{11} \ a_{12} \\ \boxed{a_{21} \ a_{22}} \end{pmatrix} \begin{pmatrix} b_{11} \ \boxed{b_{12}} \\ b_{21} \ \boxed{b_{22}} \end{pmatrix}$$

次のケースなども同様である。

(1) 3×3 と 3×3

$$\begin{pmatrix} a_{11} & a_{12} & a_{13} \\ a_{21} & a_{22} & a_{23} \\ a_{31} & a_{32} & a_{33} \end{pmatrix} \begin{pmatrix} b_{11} & b_{12} & b_{13} \\ b_{21} & b_{22} & b_{23} \\ b_{31} & b_{32} & b_{33} \end{pmatrix}$$

$$= \begin{pmatrix} a_{11}b_{11}+a_{12}b_{21}+a_{13}b_{31} & a_{11}b_{12}+a_{12}b_{22}+a_{13}b_{32} & a_{11}b_{13}+a_{12}b_{23}+a_{13}b_{33} \\ a_{21}b_{11}+a_{22}b_{21}+a_{23}b_{31} & a_{21}b_{12}+a_{22}b_{22}+a_{23}b_{32} & a_{21}b_{13}+a_{22}b_{23}+a_{23}b_{33} \\ a_{31}b_{11}+a_{32}b_{21}+a_{33}b_{31} & a_{31}b_{12}+a_{32}b_{22}+a_{33}b_{32} & a_{31}b_{13}+a_{32}b_{23}+a_{33}b_{33} \end{pmatrix}$$

$$(6-12)$$

(2) 3×3 と 3×1

$$\begin{pmatrix} a_{11} & a_{12} & a_{13} \\ a_{21} & a_{22} & a_{23} \\ a_{31} & a_{32} & a_{33} \end{pmatrix} \begin{pmatrix} b_1 \\ b_2 \\ b_3 \end{pmatrix} = \begin{pmatrix} a_{11}b_1 + a_{12}b_2 + a_{13}b_3 \\ a_{21}b_1 + a_{22}b_2 + a_{23}b_3 \\ a_{31}b_1 + a_{32}b_2 + a_{33}b_3 \end{pmatrix} \qquad (6-13)$$

【例】

$$A = \begin{pmatrix} 1 & 2 \\ 3 & 4 \end{pmatrix} \quad B = \begin{pmatrix} 2 & 1 \\ 5 & 3 \end{pmatrix}$$

$$AB = \begin{pmatrix} 1 \times 2 + 2 \times 5 & 1 \times 1 + 2 \times 3 \\ 3 \times 2 + 4 \times 5 & 3 \times 1 + 4 \times 3 \end{pmatrix}$$

$$= \begin{pmatrix} 12 & 7 \\ 26 & 15 \end{pmatrix}$$

また行列同士ではなく,ある数と行列を乗じた場合を考える。その数を**スカラー**と呼び,k とおく。

$$kA = k \begin{pmatrix} a_{11} & a_{12} \\ a_{21} & a_{22} \end{pmatrix}$$

$$= \begin{pmatrix} ka_{11} & ka_{12} \\ ka_{21} & ka_{22} \end{pmatrix} \qquad (6-14)$$

このように,スカラーと行列の積は行列の各要素にスカラーを乗じてなされる。

最後にある行列に単位行列を乗じた場合を示しておく。それはもとの行列に等しい。

$$AI = A \qquad (6-15)$$

第2節　行列式

1 行列式

正方行列

$$A = \begin{pmatrix} 1 & 2 \\ 3 & 4 \end{pmatrix}$$

において**行列式**$|A|$が定義される。行列式$|A|$は，

$$|A| = 1 \times 4 - 3 \times 2 = -2$$

というように，行列Aの左上から右下への対角線の積

$$A = \begin{pmatrix} \boxed{1} & 2 \\ 3 & \boxed{4} \end{pmatrix}$$

から左下から右下への対角線の積

$$A = \begin{pmatrix} 1 & \boxed{2} \\ \boxed{3} & 4 \end{pmatrix}$$

を引いて定義される。一般に 2×2 の

$$A = \begin{pmatrix} a_{11} & a_{12} \\ a_{21} & a_{22} \end{pmatrix}$$

において，行列式$|A|$は次のように定義される。

$$|A| = a_{11}a_{22} - a_{12}a_{21} \qquad (6-16)$$

これも，

$$\begin{pmatrix} a_{11} & a_{12} \\ a_{21} & a_{22} \end{pmatrix}$$

の積から，

$$\begin{pmatrix} a_{11} & a_{12} \\ a_{21} & a_{22} \end{pmatrix}$$

の積を引いて定義される。

第6章 行　　列

【練習】

問題　次の行列の行列式を求めよ。
$$A = \begin{pmatrix} 2 & 1 \\ 5 & 3 \end{pmatrix}$$

＜解答＞
$$|A| = (2 \times 3) - (5 \times 1)$$
$$= 6 - 5$$
$$= 1$$

2　特異行列と非特異行列

いま行列,
$$B = \begin{pmatrix} 8 & 12 \\ 4 & 6 \end{pmatrix}$$

の行列式 $|B|$ を求めよう。行列式 $|B|$ は,

$$|B| = (8 \times 6) - (12 \times 4)$$
$$= 0$$

となる。このように, 行列式の値が0となる行列 B を**特異行列**という。それに対して, 行列式の値が0ではない行列を**非特異行列**という。次の行列 C も特異行列である。

$$C = \begin{pmatrix} 10 & 50 \\ 2 & 10 \end{pmatrix}$$

$$|C| = (10 \times 10) - (50 \times 2)$$
$$= 0$$

次元 2×2 の行列 B と C に共通していえることは, それぞれ行または列に比率が同じ組合せがあることである。

＜ B の場合＞

行において,
$$[8 \quad 12] \text{ は } 2:3$$

$\begin{bmatrix} 4 & 6 \end{bmatrix}$ は 2：3

列において，

$\begin{bmatrix} 8 \\ 4 \end{bmatrix}$ は 2：1

$\begin{bmatrix} 12 \\ 6 \end{bmatrix}$ は 2：1

＜ C の場合＞

行において，

$\begin{bmatrix} 10 & 50 \end{bmatrix}$ は 1：5

$\begin{bmatrix} 2 & 10 \end{bmatrix}$ は 1：5

列において，

$\begin{bmatrix} 10 \\ 2 \end{bmatrix}$ は 5：1

$\begin{bmatrix} 50 \\ 10 \end{bmatrix}$ は 5：1

このように，行と列においていずれも並んでいる数字の比率が等しい。行（または列）の並んでいる数字の比率が等しいとき，次元2×2の行列の行列式は0となる。行（または列）の並んだ数字が従属していると解釈し，特異行列のケースを**1次従属**と呼ぶ。これに対して，行（または列）の並んだ数字の他の行（または列）の並んだ数字が比例していないとき相互に独立であると解釈し，それを**1次独立**と呼ぶ。非特異行列が1次独立である。

3　次元3×3の行列の行列式

3×3の行列の行列式を求める方法には2つある。結局原理は同じであるが，皆さんが3×3の行列式を求める際にはいずれかを用いればよい。第1はダイレクトに求める方法である。第2はラプラス展開を利用する方法である。

<方法1>

3×3 の行列,

$$A = \begin{pmatrix} a_{11} & a_{12} & a_{13} \\ a_{21} & a_{22} & a_{23} \\ a_{31} & a_{32} & a_{33} \end{pmatrix}$$

の行列式 $|A|$ を求めよう。まず左上から右下への次の3つのかけ算を用意する。

$$\begin{pmatrix} a_{11} & a_{12} & a_{13} \\ a_{21} & a_{22} & a_{23} \\ a_{31} & a_{32} & a_{33} \end{pmatrix} \Rightarrow a_{11}a_{22}a_{33} \tag{1}$$

$$\begin{pmatrix} a_{11} & a_{12} & a_{13} \\ a_{21} & a_{22} & a_{23} \\ a_{31} & a_{32} & a_{33} \end{pmatrix} \Rightarrow a_{13}a_{21}a_{32} \tag{2}$$

$$\begin{pmatrix} a_{11} & a_{12} & a_{13} \\ a_{21} & a_{22} & a_{23} \\ a_{31} & a_{32} & a_{33} \end{pmatrix} \Rightarrow a_{12}a_{23}a_{31} \tag{3}$$

そして左下から右下への3つのかけ算を用意する。

$$\begin{pmatrix} a_{11} & a_{12} & a_{13} \\ a_{21} & a_{22} & a_{23} \\ a_{31} & a_{32} & a_{33} \end{pmatrix} \Rightarrow a_{13}a_{22}a_{31} \tag{4}$$

$$\begin{pmatrix} a_{11} & a_{12} & a_{13} \\ a_{21} & a_{22} & a_{23} \\ a_{31} & a_{32} & a_{33} \end{pmatrix} \Rightarrow a_{11}a_{23}a_{32} \tag{5}$$

$$\begin{pmatrix} a_{11} & a_{12} & a_{13} \\ a_{21} & a_{22} & a_{23} \\ a_{31} & a_{32} & a_{33} \end{pmatrix} \Rightarrow a_{12}a_{21}a_{33} \tag{6}$$

このとき行列式 $|A|$ は前者 (1), (2), (3) の3つを加えてそこから後者の (4), (5), (6) を引くことによって求められる。

$$|A| = (1) + (2) + (3) - (4) - (5) - (6)$$

すなわち,

$$|A| = a_{11}a_{22}a_{33} + a_{13}a_{21}a_{32} + a_{12}a_{23}a_{31} - a_{13}a_{22}a_{31} - a_{11}a_{23}a_{32} - a_{12}a_{21}a_{33} \quad (6-17)$$

【練習】

問題 次の行列の行列式を求めよ。

$$A = \begin{pmatrix} 5 & 6 & 3 \\ 4 & 3 & 8 \\ 2 & 5 & 7 \end{pmatrix}$$

＜解答＞

$$|A| = (5 \times 3 \times 7) + (3 \times 4 \times 5) + (6 \times 8 \times 2)$$
$$- (3 \times 3 \times 2) - (5 \times 8 \times 5) - (6 \times 4 \times 7)$$
$$= -125$$

＜方法2＞

$$A = \begin{pmatrix} a_{11} & a_{12} & a_{13} \\ a_{21} & a_{22} & a_{23} \\ a_{31} & a_{32} & a_{33} \end{pmatrix}$$

においてまず**余因子**を定義しよう。余因子には次の2つの約束が必要となる。

(1) a_{11} の余因子の基本

a_{11} を含む行と列を除いた行列式，つまり，

$$\begin{pmatrix} \cancel{a_{11}} & \cancel{a_{12}} & \cancel{a_{13}} \\ \cancel{a_{21}} & a_{22} & a_{23} \\ \cancel{a_{31}} & a_{32} & a_{33} \end{pmatrix}$$

の，

$$\begin{vmatrix} a_{22} & a_{23} \\ a_{32} & a_{33} \end{vmatrix}$$

を求める。

(2) 符号

a_{11} は第1行1列の要素。この行の番号と列の番号を足す。

　　足して偶数のとき「プラス」

　　　　足して奇数のとき「マイナス」
ここでは,
　　　1+1=2
なのでプラス。この符号を上記の行列式に付ける[1]。
よって a_{11} の余因子は,

$$a_{11} \text{ の余因子} = + \begin{vmatrix} a_{22} & a_{23} \\ a_{32} & a_{33} \end{vmatrix} \quad (6-18)$$

(参考) a_{12} の余因子

(1) a_{12} の行と列を除いた行列式

$$\begin{pmatrix} \cancel{a_{11}} & \cancel{a_{12}} & \cancel{a_{13}} \\ a_{21} & \cancel{a_{22}} & a_{23} \\ a_{31} & \cancel{a_{32}} & a_{33} \end{pmatrix}$$

より

$$\begin{vmatrix} a_{21} & a_{23} \\ a_{31} & a_{33} \end{vmatrix}$$

(2) 行の番号1と列の番号2を足す
　　1+2=3 ⇒ 奇数なのでマイナス
したがって,

$$a_{12} \text{ の余因子} = - \begin{vmatrix} a_{21} & a_{23} \\ a_{31} & a_{33} \end{vmatrix}$$

この余因子を利用して3×3の行列式が求められる[2]。

$$|A| = a_{11} \times (a_{11} \text{ の余因子}) + a_{12} \times (a_{12} \text{ の余因子})$$
$$+ a_{13} \times (a_{13} \text{ の余因子}) \quad (6-20)$$

このようにいずれかの行の要素をとりだして, それぞれ余因子を乗じてすべて

1　正確には第 i 行 j 列の場合 $(-1)^{i+j}$ を上記の行列式に乗ずるという。
2　下記の計算でもよい。
　　$|A| = a_{21} \times (a_{21}$ の余因子$) + a_{22} \times (a_{22}$ の余因子$) + a_{23} \times (a_{23}$ の余因子$)$
　　$|A| = a_{31} \times (a_{31}$ の余因子$) + a_{32} \times (a_{32}$ の余因子$) + a_{33} \times (a_{33}$ の余因子$)$

を合計することにより求まる。

例えば前出の例で行列式を求める。

$$A = \begin{pmatrix} 5 & 6 & 3 \\ 4 & 3 & 8 \\ 2 & 5 & 7 \end{pmatrix}$$

(1) a_{11} の余因子

符号は1+1=2で偶数なのでプラス。よって，

$$\begin{pmatrix} \cancel{5} & \cancel{6} & \cancel{3} \\ \cancel{4} & 3 & 8 \\ \cancel{2} & 5 & 7 \end{pmatrix}$$

より，

$$a_{11} \text{の余因子} = + \begin{vmatrix} 3 & 8 \\ 5 & 7 \end{vmatrix}$$
$$= (3 \times 7) - (8 \times 5)$$
$$= -19$$

(2) a_{12} の余因子

符号は1+2=3で奇数なのでマイナス。よって，

$$\begin{pmatrix} \cancel{5} & \cancel{6} & \cancel{3} \\ 4 & \cancel{3} & 8 \\ 2 & \cancel{5} & 7 \end{pmatrix}$$

より，

$$a_{12} \text{の余因子} = - \begin{vmatrix} 4 & 8 \\ 2 & 7 \end{vmatrix}$$
$$= -(4 \times 7 - 8 \times 2)$$
$$= -12$$

(3) a_{13} の余因子

符号は1+3=4で偶数なのでプラス。よって，

$$\begin{pmatrix} 5 & 6 & 3 \\ 4 & 3 & 8 \\ 2 & 5 & 7 \end{pmatrix}$$

より,

$$a_{13} \text{の余因子} = + \begin{vmatrix} 4 & 3 \\ 2 & 5 \end{vmatrix}$$

$$= (4 \times 5) - (3 \times 2)$$

$$= 14$$

以上,各余因子が準備できたので A の行列式 $|A|$ が求まる.

$$|A| = 5 \times (-19) \times + 6 \times (-12) + 3 \times 14$$

$$= -125$$

このように余因子を利用して (6-20) 式のように行列式を求めることを**ラプラス展開**という.これは次元のより高い正方行列の行列式を求めるときにも適用できる.例えば,

$$A = \begin{pmatrix} a_{11} & a_{12} & a_{13} & a_{14} \\ a_{21} & a_{22} & a_{23} & a_{24} \\ a_{31} & a_{32} & a_{33} & a_{34} \\ a_{41} & a_{42} & a_{43} & a_{44} \end{pmatrix}$$

では,

$$|A| = a_{11} \times (a_{11} \text{の余因子}) + a_{12} \times (a_{12} \text{の余因子})$$
$$+ a_{13} \times (a_{13} \text{の余因子}) + a_{14} \times (a_{14} \text{の余因子}) \quad (6-21)$$

となる.このように 4×4 でも行列式が求められる.

4　次元 3×3 の行列の特異性

次元 3×3 の行列で,行列式の値がゼロになれば特異行列,ゼロでなければ非特異行列である.ここでもやはり1次従属と1次独立の区別となる.

$$A = \begin{pmatrix} a_{11} & a_{12} & a_{13} \\ a_{21} & a_{22} & a_{23} \\ a_{31} & a_{32} & a_{33} \end{pmatrix}$$

において,

$$\alpha \begin{pmatrix} a_{11} \\ a_{21} \\ a_{31} \end{pmatrix} + \beta \begin{pmatrix} a_{12} \\ a_{22} \\ a_{32} \end{pmatrix} + \gamma \begin{pmatrix} a_{13} \\ a_{23} \\ a_{33} \end{pmatrix} = \begin{pmatrix} 0 \\ 0 \\ 0 \end{pmatrix} \qquad (6-22)$$

を成り立たせるのに[3],

　1次独立：スカラー α, β, γ がすべてゼロでなければならないとき

　1次従属：スカラー α, β, γ がすべてゼロでなくても成り立つ α, β, γ があるとき

で区分される。

　単位行列,

$$I = \begin{pmatrix} 1 & 0 & 0 \\ 0 & 1 & 0 \\ 0 & 0 & 1 \end{pmatrix}$$

は1次独立である。(6－22) 式に代入すると,

$\alpha = 0$

$\beta = 0$

$\gamma = 0$

となる。このときのみ (6－22) 式が成り立つからである。

　また,

$$B = \begin{pmatrix} 4 & -3 & -5 \\ 0 & -1 & 1 \\ 1 & 5 & -7 \end{pmatrix}$$

---

[3] ベクトルをはずすと (6－22) 式は次のようになる。
$\alpha a_{11} + \beta a_{12} + \gamma a_{13} = 0$
$\alpha a_{21} + \beta a_{22} + \gamma a_{23} = 0$
$\alpha a_{31} + \beta a_{32} + \gamma a_{33} = 0$

は一次従属である。なぜなら $\alpha=2,\ \beta=1,\ \gamma=1$ を (6 − 22) 式に代入すれば

$$2 \times \begin{pmatrix} 4 \\ 0 \\ 1 \end{pmatrix} + 1 \times \begin{pmatrix} -3 \\ -1 \\ 5 \end{pmatrix} + 1 \times \begin{pmatrix} -5 \\ 1 \\ -7 \end{pmatrix} = \begin{pmatrix} 0 \\ 0 \\ 0 \end{pmatrix}$$

が成り立つからである。

　このように，例にあげた単位行列は1次独立で，行列式の値がゼロでなく，非特異行列，行列 B は1次従属で，行列式の値がゼロとなり，特異行列となる。一般に，2×2の行列の場合は前述のように比率で判断できるが，3×3次元以上の行列では1次従属か否かは計算してみなければわかりにくいといえよう。

第3節　逆行列と連立方程式

1　逆行列

I を単位行列としたとき正方行列 A において，

$$AA^{-1}=I \tag{6-23}$$

が成り立つような行列 A^{-1} を A の逆行列と呼ぶ。逆行列は2×2および3×3次元の行列について次のように求められる。

＜2×2次元のとき＞

$$A = \begin{pmatrix} a_{11} & a_{12} \\ a_{21} & a_{22} \end{pmatrix}$$

$$A^{-1} = \frac{1}{|A|} \begin{pmatrix} a_{11}\text{の余因子} & a_{21}\text{の余因子} \\ a_{12}\text{の余因子} & a_{22}\text{の余因子} \end{pmatrix}$$

$$= \frac{1}{|A|} \begin{pmatrix} a_{22} & -a_{12} \\ -a_{21} & a_{11} \end{pmatrix} \tag{6-24}$$

ここで余因子の並び方に注意しよう。

【練習】

問題 次の行列の逆行列を求めよ。

$$A = \begin{pmatrix} 2 & 1 \\ 5 & 3 \end{pmatrix}$$

<解答>

前に解いたように(第6章の第2節1),$|A|=1$ であるから

$$A^{-1} = \frac{1}{1}\begin{pmatrix} 3 & -1 \\ -5 & 2 \end{pmatrix}$$

$$= \begin{pmatrix} 3 & -1 \\ -5 & 2 \end{pmatrix}$$

<3×3次元のとき>

$$A = \begin{pmatrix} a_{11} & a_{12} & a_{13} \\ a_{21} & a_{22} & a_{23} \\ a_{31} & a_{32} & a_{33} \end{pmatrix}$$

において逆行列 A^{-1} は次のようになる。

$$A^{-1} = \frac{1}{|A|}\begin{pmatrix} a_{11}\text{の余因子} & a_{21}\text{の余因子} & a_{31}\text{の余因子} \\ a_{12}\text{の余因子} & a_{22}\text{の余因子} & a_{32}\text{の余因子} \\ a_{13}\text{の余因子} & a_{23}\text{の余因子} & a_{33}\text{の余因子} \end{pmatrix} \quad (6-25)$$

ここで,括弧内の余因子の並び方に注意しよう。これは,

$$\begin{pmatrix} a_{11}\text{の余因子} & a_{12}\text{の余因子} & a_{13}\text{の余因子} \\ a_{21}\text{の余因子} & a_{22}\text{の余因子} & a_{23}\text{の余因子} \\ a_{31}\text{の余因子} & a_{32}\text{の余因子} & a_{33}\text{の余因子} \end{pmatrix}$$

を転置したもので,**余因子行列**と呼ばれる。余因子行列は通常,

$$AdjA = \begin{pmatrix} a_{11}\text{の余因子} & a_{21}\text{の余因子} & a_{31}\text{の余因子} \\ a_{12}\text{の余因子} & a_{22}\text{の余因子} & a_{32}\text{の余因子} \\ a_{13}\text{の余因子} & a_{23}\text{の余因子} & a_{33}\text{の余因子} \end{pmatrix}$$

という記号で表される。逆行列 A^{-1} の (6-24) 式は,

$$A^{-1} = \frac{1}{|A|} AdjA \qquad (6-26)$$

と書かれる。

【練習】

問題 次の行列の逆行列を求めよ。

$$A = \begin{pmatrix} 5 & 6 & 3 \\ 4 & 3 & 8 \\ 2 & 5 & 7 \end{pmatrix}$$

<解答>

この行列式 $|A|$ は第6章の第2節3（P.183）より，

$$|A| = -125$$

である。また各余因子も第6章の第2節3（P.181 – 183）で求まっている。残りの余因子のみを求める。

a_{21} の余因子 $= -27$

a_{22} の余因子 $= 29$

a_{23} の余因子 $= -13$

a_{31} の余因子 $= 39$

a_{32} の余因子 $= -28$

a_{33} の余因子 $= -9$

したがって逆行列 A^{-1} は次のようになる。

$$A^{-1} = -\frac{1}{125} \begin{pmatrix} -19 & -27 & 39 \\ -12 & 29 & -28 \\ 14 & -13 & -9 \end{pmatrix}$$

$$= \begin{pmatrix} 0.152 & 0.216 & -0.312 \\ 0.096 & -0.232 & 0.224 \\ -0.112 & 0.104 & 0.072 \end{pmatrix}$$

逆行列の計算方法 (6-24), (6-25) 式をみると, 分母に行列式が含まれる。したがって, 逆行列が成立するためには, 分母がゼロであってはならない。つまり, 逆行列の計算は行列が特異行列であると不可能となる。逆行列が存在する条件は行列が非特異行列であることである。

2 連立方程式表示

変数 x_1, x_2, x_3 の3つからなる連立方程式,

$$5x_1+6x_2+3x_3=50$$
$$4x_1+3x_2+8x_3=40$$
$$2x_1+5x_2+7x_3=-60$$

を行列とベクトルを使って表してみる。係数行列を A とすれば,

$$A=\begin{pmatrix} 5 & 6 & 3 \\ 4 & 3 & 8 \\ 2 & 5 & 7 \end{pmatrix}$$

となる。変数 x_1, x_2, x_3 からなる変数ベクトルを,

$$x=\begin{pmatrix} x_1 \\ x_2 \\ x_3 \end{pmatrix}$$

とする。また, 右辺の定数項ベクトルを,

$$b=\begin{pmatrix} 50 \\ 40 \\ -60 \end{pmatrix}$$

とする。その結果, 上記の連立方程式は,

$$\begin{pmatrix} 5 & 6 & 3 \\ 4 & 3 & 8 \\ 2 & 5 & 7 \end{pmatrix}\begin{pmatrix} x_1 \\ x_2 \\ x_3 \end{pmatrix}=\begin{pmatrix} 50 \\ 40 \\ -60 \end{pmatrix}$$

つまり,

$$Ax=b$$

と書くことができる。一般には,

第6章　行　　列　189

$$a_{11}x_1 + a_{12}x_2 + a_{13}x_3 = b_1$$
$$a_{21}x_1 + a_{22}x_2 + a_{23}x_3 = b_2$$
$$a_{31}x_1 + a_{32}x_2 + a_{33}x_3 = b_3 \qquad (6-27)$$

において係数行列を,

$$A = \begin{pmatrix} a_{11} & a_{12} & a_{13} \\ a_{21} & a_{22} & a_{23} \\ a_{31} & a_{32} & a_{33} \end{pmatrix}$$

定数項ベクトルを,

$$b = \begin{pmatrix} b_1 \\ b_2 \\ b_3 \end{pmatrix}$$

とすれば, これを,

$$Ax = b \qquad (6-28)$$

で表現できる。

3　連立方程式の解法(1)

いま行列とベクトルを利用して連立方程式を未知変数 x_1, x_2, x_3 について解く。(6-28) 式をベクトル x について解けばよい。両辺の前から A の逆行列を乗じると,

$$A^{-1}Ax = A^{-1}b$$

となる。$A^{-1}A = I$ より,

$$x = A^{-1}b \qquad (6-29)$$

となる。これが x_1, x_2, x_3 の解である。

前出の例で実際に解いてみよう。前出の例を (6-29) 式にあてはめれば,

$$\begin{pmatrix} x_1 \\ x_2 \\ x_3 \end{pmatrix} = \begin{pmatrix} 5 & 6 & 3 \\ 4 & 3 & 8 \\ 2 & 5 & 7 \end{pmatrix}^{-1} \begin{pmatrix} 50 \\ 40 \\ -60 \end{pmatrix}$$

となる。このとき A^{-1} は第6章の第3節1 (P.187) で解かれている。それをあてはめると,

$$\begin{pmatrix} x_1 \\ x_2 \\ x_3 \end{pmatrix} = \begin{pmatrix} 0.152 & 0.216 & -0.312 \\ 0.096 & -0.232 & 0.224 \\ -0.112 & 0.104 & 0.072 \end{pmatrix} \begin{pmatrix} 50 \\ 40 \\ -60 \end{pmatrix}$$

$$= \begin{pmatrix} 0.152 \times 50 + 0.216 \times 40 + (-0.312) \times (-60) \\ 0.096 \times 50 + (-0.232) \times 40 + 0.224 \times (-60) \\ (-0.112) \times 50 + 0.104 \times 40 + 0.072 \times (-60) \end{pmatrix}$$

$$= \begin{pmatrix} 34.96 \\ -17.92 \\ -5.76 \end{pmatrix}$$

となる。つまり, 解は,

$x_1 = 34.96$

$x_2 = -17.92$

$x_3 = -5.76$

である。

【練習】

問題 次の x_1 と x_2 を求めよ。

$2x_1 + x_2 = 8$

$5x_1 + 3x_2 = 5$

＜解答＞

行列表示すると,

$$\begin{pmatrix} 2 & 1 \\ 5 & 3 \end{pmatrix} \begin{pmatrix} x_1 \\ x_2 \end{pmatrix} = \begin{pmatrix} 8 \\ 5 \end{pmatrix}$$

である。解を求めると,

$$\begin{pmatrix} x_1 \\ x_2 \end{pmatrix} = \begin{pmatrix} 2 & 1 \\ 5 & 3 \end{pmatrix}^{-1} \begin{pmatrix} 8 \\ 5 \end{pmatrix}$$

$$= \begin{pmatrix} 3 & -1 \\ -5 & 2 \end{pmatrix} \begin{pmatrix} 8 \\ 5 \end{pmatrix}$$

$$= \begin{pmatrix} 3 \times 8 - 1 \times 5 \\ -5 \times 8 + 2 \times 5 \end{pmatrix}$$

$$= \begin{pmatrix} 19 \\ -30 \end{pmatrix}$$

【例】 ミクロ経済学の例

完全競争において，ある財の価格を p としよう。その財の需要曲線が $D=20-p$，供給曲線が $S=4p$ で表される場合，市場均衡が成立するときの生産量と価格はそれぞれいくらか求めよ。

<解答>

問題文の2式に市場均衡式 $D=S$ を加えて，変数が左辺にくるように書き換えると次のようになる。

$D-S=0$

$D+p=20$

$S-4p=0$

これを行列表示すれば

$$\begin{pmatrix} 1 & -1 & 0 \\ 1 & 0 & 1 \\ 0 & 1 & -4 \end{pmatrix} \begin{pmatrix} D \\ S \\ P \end{pmatrix} = \begin{pmatrix} 0 \\ 20 \\ 0 \end{pmatrix}$$

となる。これは，

$$\begin{pmatrix} D \\ S \\ P \end{pmatrix} = \begin{pmatrix} 1 & -1 & 0 \\ 1 & 0 & 1 \\ 0 & 1 & -4 \end{pmatrix}^{-1} \begin{pmatrix} 0 \\ 20 \\ 0 \end{pmatrix}$$

である。

$$A = \begin{pmatrix} 1 & -1 & 0 \\ 1 & 0 & 1 \\ 0 & 1 & -4 \end{pmatrix}$$

として，各余因子を次の記号でおく．それを計算すると

$$a_{11}=\begin{vmatrix} 0 & 1 \\ 1 & -4 \end{vmatrix}=-1 \quad a_{12}=-\begin{vmatrix} 1 & 1 \\ 0 & -4 \end{vmatrix}=4 \quad a_{13}=\begin{vmatrix} 1 & 0 \\ 0 & 1 \end{vmatrix}=1$$

$$a_{21}=-\begin{vmatrix} -1 & 0 \\ 1 & -4 \end{vmatrix}=-4 \quad a_{22}=\begin{vmatrix} 1 & 0 \\ 0 & -4 \end{vmatrix}=-4 \quad a_{23}=-\begin{vmatrix} 1 & -1 \\ 0 & 1 \end{vmatrix}=-1$$

$$a_{31}=\begin{vmatrix} -1 & 0 \\ 0 & 1 \end{vmatrix}=-1 \quad a_{32}=-\begin{vmatrix} 1 & 0 \\ 1 & 1 \end{vmatrix}=-1 \quad a_{33}=\begin{vmatrix} 1 & -1 \\ 1 & 0 \end{vmatrix}=1$$

である．1行目で行列式を計算すれば

$$|A|=1\times(-1)+(-1)\times 4+0\times 1=-5$$

である．よって，

$$A^{-1}=-\frac{1}{5}\begin{pmatrix} -1 & -4 & -1 \\ 4 & -4 & -1 \\ 1 & -1 & 1 \end{pmatrix}$$

である．したがって，

$$\begin{pmatrix} D \\ S \\ P \end{pmatrix}=-\frac{1}{5}\begin{pmatrix} -1 & -4 & -1 \\ 4 & -4 & -1 \\ 1 & -1 & 1 \end{pmatrix}\begin{pmatrix} 0 \\ 20 \\ 0 \end{pmatrix}=\begin{pmatrix} 16 \\ 16 \\ 4 \end{pmatrix}$$

を得る．よって，需要量＝生産量＝16，価格＝4である．

4　連立方程式の解法(2)

連立方程式の解法の1つに**クラーメルの公式**がある．例えば (6 - 27) 式を解くことを考えよう．このとき係数行列 A の1列を定数項ベクトルで置き換えた行列を作成する．

・x_1 の係数の列を定数項ベクトルで置き換えた行列

$$A_1=\begin{pmatrix} b_1 & a_{12} & a_{13} \\ b_2 & a_{22} & a_{23} \\ b_3 & a_{32} & a_{33} \end{pmatrix}$$

・x_2 の係数の列を定数項ベクトルで置き換えた行列

$$A_2 = \begin{pmatrix} a_{11} & b_1 & a_{13} \\ a_{21} & b_2 & a_{23} \\ a_{31} & b_3 & a_{33} \end{pmatrix}$$

・x_3 の係数の列を定数項ベクトルで置き換えた行列

$$A_3 = \begin{pmatrix} a_{11} & a_{12} & b_1 \\ a_{21} & a_{22} & b_2 \\ a_{31} & a_{32} & b_3 \end{pmatrix}$$

このときクラーメルの公式により x_1, x_2, x_3 について次の関係が成り立つ。

$$x_1 = \frac{|A_1|}{|A|}$$

$$x_2 = \frac{|A_2|}{|A|}$$

$$x_3 = \frac{|A_3|}{|A|} \tag{6-30}$$

これらがそれぞれの解となる。

例えば前出の例で（第6章の第3節3（P.180［練習］））係数行列 A は，

$$A = \begin{pmatrix} 5 & 6 & 3 \\ 4 & 3 & 8 \\ 2 & 5 & 7 \end{pmatrix}$$

であるから，定数項ベクトルを

$$b = \begin{pmatrix} 50 \\ 40 \\ -60 \end{pmatrix}$$

として各列を置き換えた A_1, A_2, A_3 を求めると，次のようになる。

$$A_1 = \begin{pmatrix} 50 & 6 & 3 \\ 40 & 3 & 8 \\ -60 & 5 & 7 \end{pmatrix}$$

$$A_2 = \begin{pmatrix} 5 & 50 & 3 \\ 4 & 40 & 8 \\ 2 & -60 & 7 \end{pmatrix}$$

$$A_3 = \begin{pmatrix} 5 & 6 & 50 \\ 4 & 3 & 40 \\ 2 & 5 & -60 \end{pmatrix}$$

$|A|$ はすでに解いてあり -125 であるので,(6 − 30) 式の計算に必要な $|A_1|$, $|A_2|$, $|A_3|$ を求める。

$$|A_1| = 50 \begin{vmatrix} 3 & 8 \\ 5 & 7 \end{vmatrix} + (-1) \times 6 \begin{vmatrix} 40 & 8 \\ -60 & 7 \end{vmatrix} + 3 \begin{vmatrix} 40 & 3 \\ -60 & 5 \end{vmatrix}$$

$$= -4,370$$

$$|A_2| = 5 \begin{vmatrix} 40 & 8 \\ -60 & 7 \end{vmatrix} + (-1) \times 50 \begin{vmatrix} 4 & 8 \\ 2 & 7 \end{vmatrix} + 3 \begin{vmatrix} 4 & 40 \\ 2 & -60 \end{vmatrix}$$

$$= 2,240$$

$$|A_3| = 5 \begin{vmatrix} 3 & 40 \\ 5 & -60 \end{vmatrix} + (-1) \times 6 \begin{vmatrix} 4 & 40 \\ 2 & -60 \end{vmatrix} + 50 \begin{vmatrix} 4 & 3 \\ 2 & 5 \end{vmatrix}$$

$$= 720$$

これらを (6 − 30) 式に代入すれば,求める x_1, x_2, x_3 が計算される。

$$x_1 = \frac{-4370}{-125} = 34.96$$

$$x_2 = \frac{2240}{-125} = -17.92$$

$$x_3 = \frac{720}{-125} = -5.76$$

【練習】

問題 次の x_1 と x_2 をクラーメルの公式で求めよ。

$2x_1 + x_2 = 8$

$5x_1+3x_2=5$

<解答>

$$A=\begin{pmatrix} 2 & 1 \\ 5 & 3 \end{pmatrix}$$

より

$$A_1=\begin{pmatrix} 8 & 1 \\ 5 & 3 \end{pmatrix}$$

$$A_2=\begin{pmatrix} 2 & 8 \\ 5 & 5 \end{pmatrix}$$

となり,

$|A_1|=19$

$|A_2|=-30$

である。$|A|=1$ であるから,

$x_1=19$

$x_2=-30$

となる。

5 クラーメルの公式の経済学への応用（ミクロ経済学の例）
── スルツキー方程式の導出　少し難しい

前出の消費の2財のケースで所得制約のついた場合を考えよう。その効用最大化は,

$$\Lambda=u(q_1,q_2)+\lambda(y-p_1q_1-p_2q_2)$$

を, q_1, q_2, λ について偏微分し, ゼロとおくことであった。つまり,

$u_1-\lambda p_1=0$

$u_2-\lambda p_2=0$

$y-p_1q_1-p_2q_2=0$ 　　　　　　　　　　　　　　(6-31)

である。ここで, 第1財の価格 p_1 が変化したときの各財の需要への効果をみることにしよう。第2財の価格 p_2 は変化しないものとする（定数扱い）。(6-31) の式を p_1, y, q_1, q_2, λ について全微分する。2階の偏微分を $u_{11}(=$

$\partial^2 u/\partial q_1^2$), $u_{12}(=\partial^2 u/\partial q_2 \partial q_1^2)$ とおけば,一番上の式は,

$$\underbrace{u_{11}dq_1+u_{12}dq_2}_{\text{第1項目}}-\underbrace{(p_1d\lambda+\lambda dp_1)}_{\text{第2項目}}=0$$

となり,次のように書き換えかれる。

$$u_{11}dq_1+u_{12}dq_2-p_1d\lambda=\lambda dp_1 \tag{6-32}$$

2番目,3番目も同様に,

$$u_{21}dq_1+u_{22}dq_2-p_2d\lambda=0 \tag{6-33}$$

$$-p_1dq_1-p_2dq_2=-dy+q_1dp_1 \tag{6-34}$$

となる。この3つの式を dq_1, dq_2 および $d\lambda$ についての連立方程式とおく。行列表示すれば次のようになる。

$$\begin{pmatrix} u_{11} & u_{12} & -p_1 \\ u_{21} & u_{22} & -p_2 \\ -p_1 & -p_2 & 0 \end{pmatrix} \begin{pmatrix} dq_1 \\ dq_2 \\ d\lambda \end{pmatrix} = \begin{pmatrix} \lambda dp_1 \\ 0 \\ -dy+q_1dp_1 \end{pmatrix} \tag{6-35}$$

そこで係数行列を,

$$A=\begin{pmatrix} u_{11} & u_{12} & -p_1 \\ u_{21} & u_{22} & -p_2 \\ -p_1 & -p_2 & 0 \end{pmatrix} \tag{6-36}$$

とし,各列を定数項ベクトルで置き換えた行列を A_1, A_2 とする。

$$A_1=\begin{pmatrix} \lambda dp_1 & u_{12} & -p_1 \\ 0 & u_{22} & -p_2 \\ -dy+q_1dp_1 & -p_2 & 0 \end{pmatrix}$$

$$A_2=\begin{pmatrix} u_{11} & \lambda dp_1 & -p_1 \\ u_{21} & 0 & -p_2 \\ -p_1 & -dy+q_1dp_1 & 0 \end{pmatrix}$$

各行列式は次のようになる。

$$|A_1|=(p_1q_1u_{22}-p_2q_1u_{12}-\lambda p_2^2)dp_1+(-p_1u_{22}+p_2u_{12})dy \tag{6-37}$$

$$|A_2|=(-p_1q_1u_{21}+p_2q_1u_{11}+\lambda p_1p_2)dp_1+(p_1u_{21}-p_2u_{11})dy \tag{6-38}$$

dq_1 および dq_2 はクラーメルの公式より

$$dq_1 = \frac{|A_1|}{|A|} \qquad (6-39)$$

$$dq_2 = \frac{|A_2|}{|A|} \qquad (6-40)$$

である。すなわち，

$$dq_1 = \frac{(p_1 q_1 u_{22} - p_2 q_1 u_{12} - \lambda p_2^2)dp_1 + (-p_1 u_{22} + p_2 u_{12})dy}{|A|} \qquad (6-39)'$$

$$dq_2 = \frac{(-p_1 q_1 u_{21} + p_2 q_1 u_{11} + \lambda p_1 p_2)dp_1 + (p_1 u_{21} - p_2 u_{11})dy}{|A|} \qquad (6-40)'$$

となる。

　ここでは第1財の価格下落が第1財と第2財の需要へどのような効果を及ぼすのか，その効果の内容を分析する[4]。つまり，

「第1財変化の需要への総効果」

を，

「効用を一定とした代替効果」

「価格を一定とした所得効果」

に分解する。これはちょうど付録1の図 A1 − 17 にあたる。名目所得 y を一定としたとき，第1財の価格変化の総効果は，

第1財

　　総効果＝　Δq_1　　＋　　$\overline{\Delta q_1}$
　　　　　　代替効果　　　　所得効果

第2財

　　総効果＝　▲q_2　　＋　　$\overline{\Delta q_2}$
　　　　　　代替効果　　　　所得効果

で表される。ただし，ここでの所得効果は第1財の価格変化による実質所得の変化の効果である。Δ はプラスの増加，▲はマイナスの減少を表す。ここでの試みは，これを数式の形で説明しようというものである。

＜手順1＞　総効果

---

[4] ここでの説明を理解するには付録1の第1節9を参照するのが望ましい。

分析の前提はいま述べたように所得を一定としたときの第 1 財の価格変化の効果である。そこで，所得一定を表す，

$$dy=0$$

を (6 - 39)′,(6 - 40)′式に代入し，両辺を dp_1 で除す。その結果[5]，

$$\frac{\partial q_1}{\partial p_1} = -\frac{\lambda p_2^2}{|A|} - q_1 \frac{p_2 u_{12} - p_1 u_{22}}{|A|} \qquad (6-41)$$

$$\frac{\partial q_2}{\partial p_1} = \frac{\lambda p_1 p_2}{|A|} - q_1 \frac{p_1 u_{21} - p_2 u_{11}}{|A|} \qquad (6-42)$$

を得る。(6 - 41) 式が，第 1 財価格変化の第 1 財の需要への総効果を，(6 - 42) 式が，第 1 財価格変化の第 2 財の需要への総効果を表している。

＜手順 2 ＞　所得効果

いま総効果を得たが，価格を一定とした実質所得変化の効果を表すためには，ここまでに変数扱いとなっていた価格 p_1 を一定とみなさなければならない。つまり，

$$dp_1=0$$

とおく。これを (6 - 39)′と (6 - 40)′式に代入して両辺を dy で除す。

$$\left(\frac{\partial q_1}{\partial y}\right)_{価格一定} = \frac{p_2 u_{12} - p_1 u_{22}}{|A|} \qquad (6-43)$$

$$\left(\frac{\partial q_2}{\partial y}\right)_{価格一定} = \frac{p_1 u_{21} - p_2 u_{11}}{|A|} \qquad (6-44)$$

これらが所得効果を表す式である。

＜手順 3 ＞　代替効果

代替効果は，同一無差別曲線上の変化を意味する。同一無差別曲線上の条件は効用関数の全微分式に $du=0$ を代入することであった。

$$u_1 dq_1 + u_2 dq_2 = 0$$

これに効用最大化条件

---

[5] 左辺は，他変数を一定と扱っているので微分ではなく，偏微分の記号で表す。

第6章 行　　列　199

$$\frac{u_2}{u_1} = \frac{p_2}{p_1}$$

を代入すると，

$$p_1 dq_1 + p_2 dq_2 = 0$$

となる。これを (6-34) 式に代入すると，

$$-dy + q_1 dp_1 = 0$$

を得る。これを (6-39)′, (6-40)′ 式に代入し，両辺を dp_1 で除す。

$$\left(\frac{\partial q_1}{\partial p_1}\right)_{\text{効用一定}} = -\frac{\lambda p_2^2}{|A|} \tag{6-45}$$

$$\left(\frac{\partial q_2}{\partial p_1}\right)_{\text{効用一定}} = \frac{\lambda p_1 p_2}{|A|} \tag{6-46}$$

　これが効用を一定としたときの第1財価格変化の各財需要への効果である。すなわちこれらは代替効果を表している。

<手順4>

　先に得た総効果の式 (6-41), (6-42) にこれまでに得た所得効果の式 (6-43), (6-44) および代替効果の式 (6-45), (6-46) を代入する。その結果，

$$\left(\frac{\partial q_1}{\partial p_1}\right)_{(\text{総効果})} = \left(\frac{\partial q_1}{\partial p_1}\right)_{\text{効用一定}} - q_1 \left(\frac{\partial q_1}{\partial y}\right)_{\text{価格一定}} = (\text{代替効果}) + (\text{所得効果})$$

$$\tag{6-47}$$

$$\left(\frac{\partial q_2}{\partial p_1}\right)_{(\text{総効果})} = \left(\frac{\partial q_2}{\partial p_1}\right)_{\text{効用一定}} - q_1 \left(\frac{\partial q_2}{\partial y}\right)_{\text{価格一定}} = (\text{代替効果}) + (\text{所得効果})$$

$$\tag{6-48}$$

を得る。このように，第1財価格下落の総効果が，右辺において，代替効果と所得効果に分解されて説明されている。これらの式を**スルツキー方程式**と呼ぶ。

第4節　ヘッセ行列式

1　首座小行列式

次の正方行列，

$$A = \begin{pmatrix} a_{11} & a_{12} & a_{13} & a_{14} \\ a_{21} & a_{22} & a_{23} & a_{24} \\ a_{31} & a_{32} & a_{33} & a_{34} \\ a_{41} & a_{42} & a_{43} & a_{44} \end{pmatrix}$$

において，

$$A_{(1)} = a_{11}$$

$$A_{(2)} = \begin{pmatrix} a_{11} & a_{12} \\ a_{21} & a_{22} \end{pmatrix}$$

$$A_{(3)} = \begin{pmatrix} a_{11} & a_{12} & a_{13} \\ a_{21} & a_{22} & a_{23} \\ a_{31} & a_{32} & a_{33} \end{pmatrix}$$

$$A_{(4)} = A$$

というように，第1行1列の要素をやはり第1行1列の要素に据えて正方行列を作っていったとき，それらの行列式を，

$$|A_{(1)}| = a_{11}$$

$$|A_{(2)}| = \begin{vmatrix} a_{11} & a_{12} \\ a_{21} & a_{22} \end{vmatrix}$$

$$|A_{(3)}| = \begin{vmatrix} a_{11} & a_{12} & a_{13} \\ a_{21} & a_{22} & a_{23} \\ a_{31} & a_{32} & a_{33} \end{vmatrix}$$

$$|A_{(4)}| = |A|$$

と定義する。これらの行列式を**首座小行列式**と呼ぶ[6]。

---

[6] 首座小行列 A_1, A_2, ……，と記してよいのだが，前にそれらの記号を利用しているので，ここでは $A_{(1)}$, $A_{(2)}$, ……，とした。

$|A_{(1)}|$：1次の首座小行列式
$|A_{(2)}|$：2次の首座小行列式
$|A_{(3)}|$：3次の首座小行列式

2 ヘッセ行列式

　これまでの議論では，関数を偏微分してゼロとおいたときの最大か最小かは関数の性質または2階の条件から判断していた。ここでは，行列を利用して2階の条件の判定基準を示す。そのために**ヘッセ行列**と**ヘッセ行列式**を準備する。3つの説明変数 q_1, q_2, q_3 から構成される関数を，

$$y = f(q_1, q_2, q_3) \tag{6-49}$$

としよう。そして，

$$f_1 = \frac{\partial f}{\partial q_1}, \quad f_2 = \frac{\partial f}{\partial q_2}, \quad f_3 = \frac{\partial f}{\partial q_3}$$

というように1階の偏微分の記号を決める。そして，それぞれをもう1度 q_1, q_2, q_3 で偏微分し，

$$f_{11} = \frac{\partial^2 f}{\partial q_1^2}, \quad f_{12} = \frac{\partial^2 f}{\partial q_2 \partial q_1}, \quad f_{13} = \frac{\partial^2 f}{\partial q_3 \partial q_1}$$

$$f_{21} = \frac{\partial^2 f}{\partial q_1 \partial q_2}, \quad f_{22} = \frac{\partial^2 f}{\partial q_2^2}, \quad f_{23} = \frac{\partial^2 f}{\partial q_3 \partial q_2}$$

$$f_{31} = \frac{\partial^2 f}{\partial q_1 \partial q_3}, \quad f_{32} = \frac{\partial^2 f}{\partial q_2 \partial q_3}, \quad f_{33} = \frac{\partial^2 f}{\partial q_3^2}$$

という記号を準備する。

　このとき，この2階の偏導関数を要素として構成される行列 H を作成する。

$$H = \begin{pmatrix} f_{11} & f_{12} & f_{13} \\ f_{21} & f_{22} & f_{23} \\ f_{31} & f_{32} & f_{33} \end{pmatrix} \tag{6-50}$$

この行列 H をヘッセ行列と呼ぶ。そして，この行列式,

$$H = \begin{vmatrix} f_{11} & f_{12} & f_{13} \\ f_{21} & f_{22} & f_{23} \\ f_{31} & f_{32} & f_{33} \end{vmatrix} \tag{6-51}$$

をヘッセ行列式と呼ぶ。

(1) **最小条件**

関数(6-49)が最小(正確には極小)となる条件を示す。それは次のようになる。

ヘッセ行列の1次首座小行列式

$|H_{(1)}| > 0$

2次首座小行列式

$|H_{(2)}| > 0$

3次首座小行列式

$|H_{(3)}| > 0$

このように,すべての首座小行列式が正値であるとき,(6-49)式は最小となる。このことを正値定符号という。次元が4×4以上の正方行列でも同様である。

(2) **最大条件**

関数(6-49)の最大条件(正確には極大条件)は以下のようである。

1次首座小行列式

$|H_{(1)}| < 0$

2次首座小行列式

$|H_{(2)}| > 0$

3次首座小行列式

$|H_{(3)}| < 0$

このように,1次首座小行列式から2次,3次にかけて,負,正,負というように交互に負と正の値になる(奇数番目が負,偶数番目が正)。これを負値定符号と呼ぶ。次元が4×4以上のヘッセ行列式でも同様に負,正,負,正,……が交互に続く。

3　縁付ヘッセ行列

最大・最小問題に制約が付加された場合，ラグランジュ関数を作らなければならない。

$$\Lambda = f(q_1, q_2, q_3) + \lambda(g(q_1, q_2, q_3) - g)$$

ここで $g = g(q_1, q_2, q_3)$ を制約条件とする。このときは次のような縁付ヘッセ行列式を用意する。

$$|H'| = \begin{vmatrix} f_{11} & f_{12} & f_{13} & g_1 \\ f_{21} & f_{22} & f_{23} & g_2 \\ f_{31} & f_{32} & f_{33} & g_3 \\ g_1 & g_2 & g_3 & 0 \end{vmatrix}$$

縁についている制約条件の偏導関数 g_1, g_2, g_3 は，

$$g_1 = \frac{\partial g}{\partial q_1}, \quad g_2 = \frac{\partial g}{\partial q_2}, \quad g_3 = \frac{\partial g}{\partial q_3}$$

である。

(1)　最小条件

制約条件付のときの最小条件は以下のとおりである。

2次首座小行列式
$$|H'_{(2)}| < 0$$

3次首座小行列式
$$|H'_{(3)}| < 0$$

4次首座小行列式
$$|H'_{(4)}| = |H'| < 0$$

このように，2次以降の首座小行列式の値がすべて負となっている。このときも，これを正値定符号と呼ぶ。

(2)　最大条件

制約条件付の最大条件は次のとおりである。

2次首座小行列式
$$|H'_{(2)}| > 0$$

3次首座小行列式
$$|H'_{(3)}| < 0$$
4次首座小行列式
$$|H'_{(4)}| = H' > 0$$

このように，2次，3次，4次の首座小行列式の値が正，負，正というように交互に符号がかわっている。これも負値定符号という。条件付最大・最小問題についても最小か最大かのこれらの2階の条件は次元が3×3以上になっても成立する。

付録 1　ミクロ経済学

この付録 1 では，前章までに記されていなかったミクロ経済学の主要理論をまとめ，本文中の例と組合わせてミクロ経済学の主要理論を体系立てる。前章までに説明のあるものは説明部分を指示しておく。ミクロ経済学を中心に学びたい者はこの付録 1 を中心に，そして，指示の本文部分を参照するという勉強の仕方をすすめてほしい。

第1節　市場機構

1　完全競争と不完全競争

　財・サービスが取引される市場は**完全競争市場**と**不完全競争市場**の形態に区分される。完全競争の条件については，第 2 章の第 1 節 7（56 ページ）「完全競争」で記したが，正確にはそれに追加して次の条件をあげなければならない。

- **同質性**
  供給される財・サービスがすべて同質（質に差がない）であること
- **無記名性**
  ブランド品等が存在せず，売り手・買い手がその名で差別されないこと
- **情報の完全性**
  財・サービスについての情報がすべての売り手と買い手にいきわたること
- **潜在的競争者の存在**
  市場への参入・退出が自由であること

　これに対して不完全競争は売り手・買い手の数により分類される。本文中では売り手側の数によって形態分けしたが，買い手側の数によっても分類される。それをまとめたのが表 A1 － 1 である。

表 A1 − 1

売り手の数＼買い手の数	1	2	少　　数	多　　数
1	双方独占	×	×	(供給)独占
2	×	双方複占	×	(供給)複占
少　数	×	×	双方寡占	(供給)寡占
多　数	需要独占	需要複占	需要寡占	完全競争

2　需要曲線と供給曲線

完全競争下で，ある財・サービスの市場において買い手側の状態を表したものが需要曲線，売り手側の状態を表したものが供給曲線である。需要曲線は，価格が高ければ買わない，低ければ買うという状態を表す（需要の法則）。**図A1−1**のように縦軸に価格，横軸に数量をとればそれは通常右下がりである。また供給曲線は，価格が低ければ生産量を減らし，高ければ増やすという状態（供給の法則）から通常右上がりである。**図A1−1**はある個人の需要曲線，**図A1−2**はある生産者の供給曲線を表している。

市場の需要曲線と供給曲線を求める場合には，こうした個人の需要曲線，供給曲線をそれぞれ市場の構成員全体について加えればよい。**図A1−3**は，市

図 A1 − 1　需要曲線

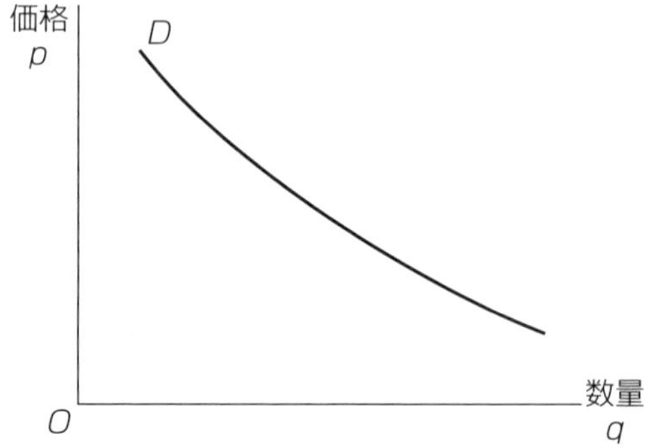

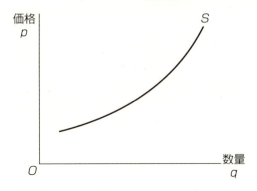

図A1－2　供給曲線

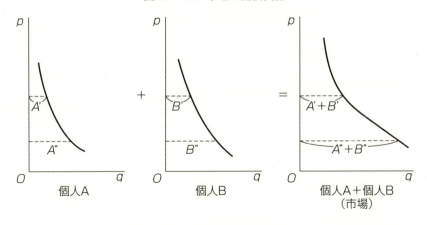

図A1－3　市場の需要曲線

場の買い手が2人だけのときの市場の需要曲線の求め方を示したものである。個人Aと個人Bのそれぞれの需要曲線を横に加えると，市場の需要曲線が求まる。供給曲線も各生産者E，Fの供給曲線を横に加えると，市場の供給曲線が求まる（**図A1－4**）。個人にしろ市場にしろ，需要曲線や供給曲線の形状は弾力性という概念で特徴づけられる。需要の価格弾力性の場合，

第2章の第1節4(48ページ)
のように需要曲線の形が変わってくることがわかる。

　市場の需要曲線と供給曲線が交わったところで市場での取引数量と取引価格

図 A1 − 4　市場の供給曲線

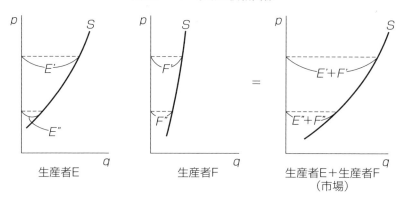

図 A1 − 5　市場均衡

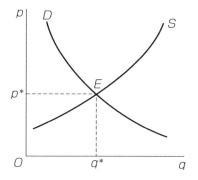

が決まる(市場均衡)。それは**図 A1 − 5** の点 E にあたる。点 E は**均衡点**と呼ばれる。そして,そのときの数量 q^* は**均衡数量**,p^* は**均衡価格**と呼ばれる。

3　需要曲線と供給曲線のシフト

いま述べた需要曲線と供給曲線の市場均衡は,ある時点の一定の条件下のものであった。条件が変化したら均衡は変化する。もし国全体の買い手がこの財を好むような条件変化が起きれば(天候の変化など),需要曲線は右上にシフトし,取引数量が増加し価格が上がる。しかし逆に好まなくなったならば(財

図A1-6 需要曲線のシフト

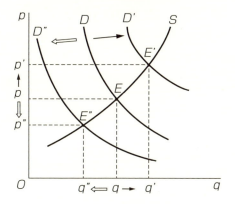

図A1-7 供給曲線のシフト

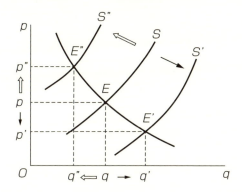

に関しての悪い情報が流れるなど），需要曲線は左下にシフトし，取引数量が減少し価格は下がる。このことを示したのが**図A1-6**である。前者のケースがD'へのシフトで，そして後者のケースがD''へのシフトで表される。

供給側についても，条件変化はシフトで表される。国全体でこの財の供給が増えるような条件変化（輸入が解禁されるなど）があれば，供給曲線は右下にシフトする。**図A1-7**では取引数量が増え，価格が下がる（S'）。ところが，供給が減るような条件変化（台風で原材料の生産が大幅ダウンなど）が起これば，供給曲線は左上にシフトし，取引数量が減り，価格が上がる（S''）。

第2節　消費者行動の理論

ここでは消費者の経済行動を分析する。分析の基本に効用関数を据えるが，分析用具は無差別曲線と予算線である。そして，それを利用して消費者の最適計画を明らかにする。

1　効用と効用関数
効用は消費者の心理的満足の度合いを表す。これについては，
　　第1章の第1節5，11ページを参照せよ。

2　無差別曲線
効用関数にかわって序数的効用でも利用可能となる分析道具が無差別曲線である。
　　第1章の第2節3，22ページを参照せよ。

3　予算制約
　　第1章の第2節2，21ページを参照せよ。
　　第1章の第2節3，22ページを参照せよ。

4　限界効用
　　第1章の第1節5，11ページを参照せよ。
　　第3章の第2節2，101ページを参照せよ。

5　限界代替率
　　第2章の第1節5，52ページを参照せよ。

6　最適消費計画（効用最大化）――図による説明
　　第1章の第2節3，22ページを参照せよ。
　　第2章の第1節5，52ページを参照せよ。

第4章の第1節2，131ページを参照せよ。

7　最適消費計画（効用最大化）— 数式による説明

第3章の第3節1，110ページを参照せよ。

8　所得の変化と最適消費

最適消費計画点は，予算線と無差別曲線が接する点であった。次に所得の変化が発生したときに，この最適消費点がどのように変化するかをみてみよう。まず，所得の変化を図で示してみよう。第1財と第2財の価格が変化することなく，所得のみが変化するとしよう。

$$q_2 = -\frac{p_1}{p_2}q_1 + \frac{y}{p_2}$$

において y のみ増加したときを考える。

縦軸との切片　$\dfrac{y}{p_2}$

横軸との切片　$\dfrac{y}{p_1}$

の分子がともに大きくなるので，y の増加は，予算線の右上への平行移動としてとらえられる。**図A1－8**には当初 y' の所得が y'' に増加したときが描かれている。傾きは両者とも変化せず $-p_1/p_2$ である。

これを最適消費の変化に適用する。**図A1－9**で，当初，所得 y' に対する最適消費点が点 A であったのが，所得が y' が y'' に増加することにより，y'' の予算線と無差別曲線との接点 B に移った。これが新しい最適消費点である。所得 y' が y'' に増加することにより第1財の数量は q'_1 から q''_1 へ Δq_1 だけ増加し，第2財の数量は q'_2 から q''_2 へ Δq_2 だけ増加した。このように所得の増加に伴う最適消費点の軌跡を表すと通常右上がりとなる。それを表す図が**図A1－10**であり，この曲線を**所得―消費曲線**と呼ぶ。

また，所得の変化と一方の財の数量の変化（ここでは第1財の数量の変化）を表すと，これも通常右上がりとなる。それを表す図が**図A1－11**であり，

図A1－8　所得の変化

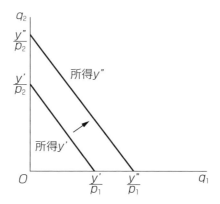

図A1－9　所得の変化と最適消費点の変化

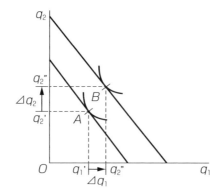

この曲線をエンゲル曲線と呼ぶ。

　ところが，この所得−消費曲線，エンゲル曲線とも常に右上がりとは限らない。ここまでの例では，所得が増加すれば，当然のごとく第1財，第2財とも消費数量が増加するとみなしていた。しかし，所得が増加することによって，これまで利用していた低級食材から中級（または高級）食材へと消費内容が変わることがある。このとき，低級食材は所得が増加したことにより，消費量が減少したことになる。第1財をこのような財であると仮定し，所得変化による

図A1－10 所得－消費曲線

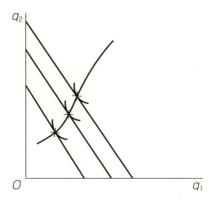

図A1－11 エンゲル曲線

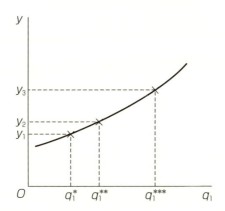

影響を調べてみる。**図A1－12**がこの関係を表している。所得がy'がy''に増加したときに，最適消費点が点Aから右上に移るのではなく，左上の点Bに移ったケースである。第2財はq_2'からq_2''へΔq_2だけ増加しているが，第1財はq_1'からq_1''へ$\blacktriangleleft q_1$だけ移動し，その分減少している。このように，所得が増加すると需要量が減少する財を**下級財**（劣等財）と呼ぶ。この場合，所得－消費曲線は左上がり（右下がり），エンゲル曲線は右下がりとなる。下級財に対して，この両曲線とも右上がりになる通常の財は**正常財**（上級財）と呼ばれる。

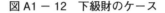

図A1－12　下級財のケース

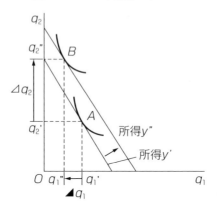

正常財は所得が増加すると需要が増加する財である。

9　価格の変化と最適消費

次に，価格の変化による最適消費点の変化をみてみよう。価格の変化といっても，第1財，第2財の両方の価格の同時の変化ではなく，一方の財のみの価格，ここでは第1財の価格の変化を考える。第1財の価格のみが下落したとしよう。このとき，予算線では縦軸の切片 y/p_2 が不変であり，横軸との切片 y/p_1 のみが変化する。**図A1－13**において当初，y/p'_1 であった横軸の切片が，第1財の価格が p'_1 から p''_1 へ下落することにより右方の y/p''_1 に変化する。p'_1 より p''_1 の方が小さい値なので，y/p'_1 より y/p''_1 が大きくなるからである。例えば所得100,000円で p'_1 が10,000円，p''_1 が5,000円ならば，

$$\left(\frac{y}{p'_1}=\frac{100{,}000}{10{,}000}=10\right)<\left(\frac{y}{p''_1}=\frac{100{,}000}{5{,}000}=20\right)$$

だからである。

したがって，**図A1－14**のように，当初の最適消費点は，p'_1 に対応した予算線と無差別曲線との接点 A であったのに対して，第1財の価格が p''_1 へ下落した後には，それが価格 p''_1 に対応した予算線と無差別曲線との接点 B に移る。第1財の数量は価格下落に伴って点 A の q'_1 から点 B の q''_1 へ $\varDelta q_1$ だけ増加したが，

図A1 − 13 第1財価格下落に伴う予算線の変化

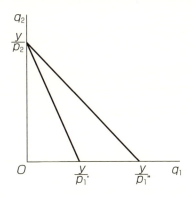

図A1 − 14 第1財価格下落による最適消費点の変化

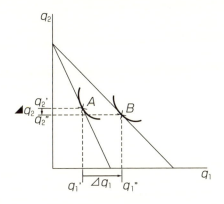

第2財の数量は，第2財の価格が割高になったことにより，点Aのq_2'から点Bのq_2''へ▲q_2だけ減少した。このように第1財の価格の下落に伴う最適消費点の変化の軌跡を表してみると，**図A1 − 15**のように通常右下がりとなる。この軌跡のことを**価格−消費曲線**と呼ぶ。また，第1財の価格p_1とその数量q_1の関係をとりだして，縦軸に価格，横軸に数量をとって図にすると，**図A1 − 16**のように通常右下がりの曲線となる。この曲線が，第1財の需要曲線である。

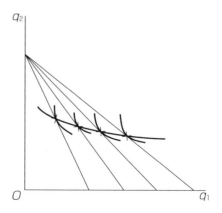

図A1 − 15 価格−消費曲線

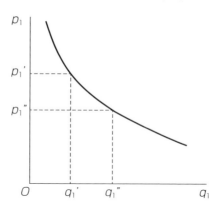

図A1 − 16 需要曲線を描く

　経済学では，第1財の価格下落の効果を2つに分けて分析する。1つ目は，価格自体の変化により，第2財から第1財に好みが移った効果である。第1財の価格の方が割安になったので，第2財よりも第1財の消費を多くしようとする消費者心理である。これを**代替効果**と呼ぶ。2つ目は，第1財の価格が下落したので，その分全体的に多くの数量を購入することができる。例えば，一方をりんごとし，消費量を100個，他方をみかんとし消費量を100個としたとき，りんごの価格が2分の1に下落したとすれば，みかんの消費量100個を変えな

いとすればりんごが200個も買える。購入できる総量が増えたわけである。これは，第1財の価格下落により実質所得が増加したことを意味する。実質所得の増加により第1財と第2財の消費量が変化する効果を**所得効果**と呼ぶ。

　これらの効果を図で説明するために**図A1－17**を準備した。第1財の価格が下落して最適消費点が点Aから点Cに移動したとしよう。代替効果と所得効果を説明するために，補助線beを引く。これは，新しい予算線afに平行で，かつ最初の点Aと同一の効用水準I_1の無差別曲線に接する直線である。まず，代替効果は，点Aから，この補助線と無差別曲線との接点Bへの移動ととらえる。点Bでは消費内容の構成が変わっている。第1財の価格が下落し，第2財より第1財が割安になったため，第1財に消費者の目が向いていることを表している。これは同一効用水準における消費内容の変化を表す。これが代替効果である。本来ならafとなる所得を，当初の効用水準に保つためにbeに減少させたことを，所得を「補整」したという。代替効果は，補整した所得の予算線に応じた消費の組合わせまでの動きを意味する。第1財において，この大きさは**図A1－17**のΔq_1，第2財においてはΔq_2で表されている。

　もう1つの所得効果は，この補整された予算線と無差別曲線I_1との接点Bから，本来の予算線と無差別曲線I_2との接点Cへの変化を表す。この部分が所得効果である。実質所得が増加することによって第1財も第2財も消費数量が増加する。**図A1－17**において，第1財の所得効果は$\overline{\Delta q_1}$であり，第2財の所得効果は$\overline{\Delta q_2}$である。よって，第1財と第2財の総効果は次のようになる。

$$\text{第1財の総効果} = \underset{\text{(代替効果)}}{\Delta q_1} + \underset{\text{(所得効果)}}{\overline{\Delta q_1}} \tag{A1－1}$$

$$\text{第2財の総効果} = \underset{\text{(代替効果)}}{\Delta q_2} + \underset{\text{(所得効果)}}{\overline{\Delta q_2}} \tag{A1－2}$$

　第1財の場合は両効果ともプラスだが，第2財の場合，第1財が割安になったため代替効果がマイナスとなっている。これを数式化すれば第6章（119ページ）の（6-47），（6-48）式のスルツキー方程式にあたる。

　ところで，（A1－1）式をみると，いまの例では両者がプラスであったが，前出の下級財の場合，所得が増大すると需要が減少するので，所得効果が$\overline{\Delta q_1}$

図A1 – 17 代替効果と所得効果

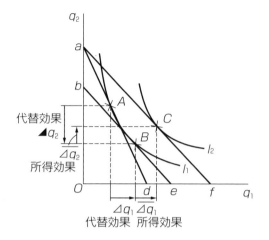

図A1 – 18 ギッフェン財

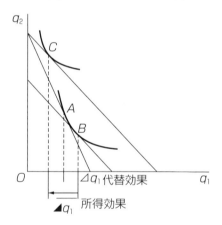

がマイナスともなりうる。もし代替効果 Δq_1 よりも所得効果 $\overline{\Delta q_1}$ の効果の方が大きければ，第1財の価格下落によって，

$$\Delta q_1 + \overline{\Delta q_1} < 0$$

というように，第1財の数量が減少することも考えられる。このような財をギッフェン財と呼ぶ。図A1 – 18は，第1財が下級財であり，かつマイナスの

所得効果$\overline{\blacktriangleleft q_1}$の方が代替効果$\Delta q_1$よりも大きいケースである。代替効果で$\Delta q_1$だけ第1財の需要が増加しても（$A \to B$），所得効果$\overline{\blacktriangleleft q_1}$がそれを打ち消してしまい（$B \to C$），トータルで結局点$A$から点$C$へ第1財は減少してしまう。価格下落とともに需要が減少するので，ギッフェン財の需要曲線は右上がりである。

10 消費者余剰

図A1－19は前出の社会的需要曲線と社会的供給曲線を描いてある。市場

図A1－19 消費者余剰

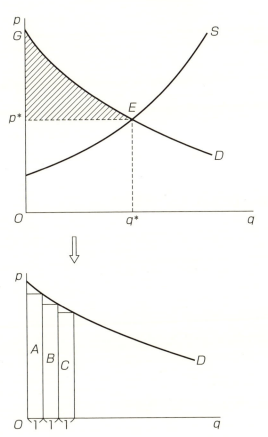

均衡が点 E であるとしよう。下図において，

A の面積：最初の 1 単位に対して支払ってもよい金額（$1 \times$（最初の 1 単位に支払ってよい価格））

B の面積：次の 1 単位に対して支払ってもよい金額（$1 \times$（次の 1 単位に支払ってよい価格））

C の面積：その次の 1 単位に対して支払ってもよい金額（$1 \times$（その次の 1 単位に支払ってよい価格））

と解釈できるので，結局上図の□ GEq^*0 の面積は，消費者がこの財の購入に支払ってもよい金額の合計と解釈することができる。ところが，消費者が実際に支払ったのは□ p^*Eq^*0（$=p^* \times q^*$）であるから，□ GEq^*0 から□ p^*Eq^*0 を引いた面積 GEp^* は，消費者が支払わなくて済んだ金額である。この斜線部分 GEp^* を**消費者余剰**と呼ぶ。

第3節 生産者行動の理論(1)──完全競争──

「生産者行動の理論」では経済主体の 1 つである企業の経済行動の分析を行う。企業が合理的行動をとった場合，企業をもっとも利する条件を求めていく。

1 生産関数
   第 1 章の第 1 節 5，11 ページを参照せよ。

2 限界生産力
   第 3 章の第 2 節 3，104 ページを参照せよ。

3 総費用曲線
   第 2 章の第 1 節 7，56 ページを参照せよ。

4 平均費用と限界費用
   第 2 章の第 1 節 7，56 ページを参照せよ。

5 短期生産計画（利潤最大化）

第2章の第1節7。56ページを参照せよ。

6 固定費用と可変費用
―― 損益分岐点と操業停止点

総費用を固定費用と可変費用に分けることができる。固定費用とは生産を行わなくても設備維持にかかる費用をさす。**図A1－20**の上図では，縦軸の a が生産量とかかわりなく固定的な費用となっている。この横軸に水平な曲線を**固定費用曲線**と呼ぶ。それに対して，生産が増えるに従ってかかってくる費用が可変費用である。**図A1－20**の上図では，それは，総費用曲線から固定費用曲線を差し引いて下方へシフトした曲線となる。これを**可変費用曲線**と呼ぶ。

この両者ともに平均費用が導ける。特に後者の可変費用についてその平均費用曲線を描いてみよう（平均可変費用曲線）。それが**図A1－20**の下図である。これは下へ凸の曲線となる。原点から可変費用曲線に接線を引いた接点 Q が平均可変費用の最小点 S となり，限界可変費用曲線もこの点 S を通る。ちなみに，限界可変費用曲線と限界費用曲線については，総費用曲線のすべての傾きと可変費用曲線のすべての傾きが等しいことから，両者は一致する。それゆえ，平均可変費用曲線の最小点 S を限界費用曲線 MC が通る。

完全競争市場において価格 p は所与であるので，**図A1－21**のように所与の価格が p^* のとき生産量は q^* で決定される。図中において，面積□ p^*Aq^*O が総収入（$p^* \times q^*$），面積□ DBq^*O が総費用（$C/q^* \times q^*=C$）であるから前者から後者を引いた斜線部分の面積□ p^*ABD が利潤となる。

しかし，**図A1－22**のように市場での価格 p^* がちょうど平均費用の最小値と同水準だったとしよう。このとき，いま述べた利潤はゼロとなってしまい，これよりも価格が下がると総費用の方が総収入を上回ってしまう。つまり，損失（マイナスの利潤）が発生する。したがって，**図A1－22**の点 E を**損益分岐点**と呼ぶ。

損失が発生したからといって，企業は，生産を停止するわけではない。**図A1－23**をみられたい。損益分岐点 E を価格 p^* が下回ったケースで，

図A1－20　各費用曲線

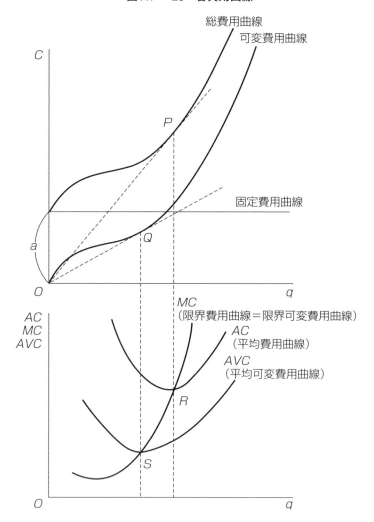

図 A1－21　利潤

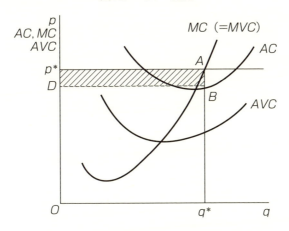

図 A1－22　損益分岐点

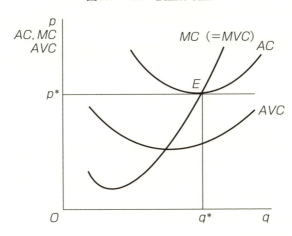

　　面積□ $FEHp^*$：損失
　　面積□ $FEIJ$：固定費用
　　　　（∵総費用□ FEq^*O －可変費用 JIq^*O）

であるから，このときでも固定費用より損失の方が少ない。つまり，操業を停止すると，損失よりも大きな固定費用のみを支払わなければならない。したがって，企業は操業を停止しない。ところが，価格 p^* が平均可変費用最小点 K

図A1－23 操業停止点

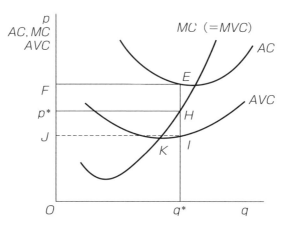

に達すると損失と固定費用が等しくなる。価格がそれ以下になると損失が固定費用を上回ってしまう。生産すれば生産するほど支出がふくらんでいく。よって，企業は点Kまで価格が下落した時点で，操業を停止する。この点を**操業停止点**という。

【例】

完全競争市場において，ある企業の総収入曲線と総費用曲線が次のように表されているとする。

総収入 $R=10q$

総費用 $C=12+6q-2q^2+q^3$

（q：生産量）

このとき，この企業の操業停止点における生産量はいくらになるか求めよ。

<解答>

操業停止点は，限界費用MC＝平均可変費用AVCのときである。MCはCをqで微分して得られる。

$MC=6-4q+3q^2$

また，可変費用は，C から固定費用 12 を除いて

$$可変費用(VC)=6q-2q^2+q^3$$

となることから，平均可変費用 AVC はその平均として

$$AVC=\frac{可変費用}{q}$$
$$=6-2q+q^2$$

となる。よって

$$MC=AVC$$

は

$$6-4q+3q^2=6-2q+q^2$$

より

$$2q^2-2q=0$$
$$2q(q-1)=0$$
$$q=1 \, (q>0)$$

を得る。これが操業停止点の生産量である。

7 供給曲線と生産者余剰

完全競争においては，価格=限界費用となる生産量を企業は選択する。価格に応じて，限界費用に等しい生産量が決定される。価格と生産量の対応関係をみてみると，本文中にあるように，それがまさに供給曲線を表していることがわかる。つまり，限界費用曲線が供給曲線である。ただし，**図 A1－23** でみたように，操業停止点 K より左方では企業は生産を中止するので，操業停止点よりも右方の限界費用曲線の右上がりの部分が，この企業の供給曲線となる。**図 A1－24** において実線部分が供給曲線である。価格が K よりも下の部分では，供給曲線は縦軸（生産量がゼロ）と重なる（縦軸の太線部分）。

社会全体の供給曲線は個々の企業の供給曲線を合算して，やはり右上がりの曲線で表される。企業が多数存在するので，その形状は**図 A1－25** のようになろう。**図 A1－25** の下図において，

A の面積：最初の１単位に要する費用（１×生産費）

図A1 − 24　企業の供給曲線

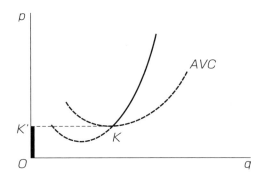

B の面積：次の 1 単位に要する費用（1 × 生産費）

C の面積：その次の 1 単位に要する費用（1 × 生産費）

と解釈できるので，結局上図の FEq^*O の面積は総費用と解釈できる。また □p^*Eq^*O は総収入であるから，そこから総費用にあたる FEq^*O を引いた斜線部分 p^*EF は利潤と解釈できる。この p^*EF を**生産者余剰**と呼ぶ。前述の消費者余剰の GEp^* と合わせた GEF を**社会的余剰**と呼ぶ。これは完全競争時の社会全体の余剰を表す。

図A1－25　生産者余剰

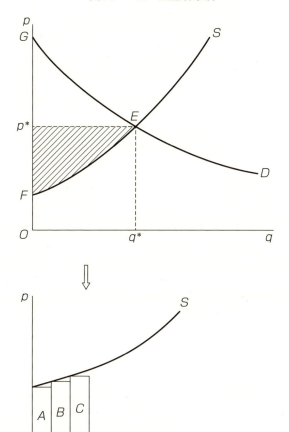

【例】

市場需要関数が $p=100-q$，市場供給関数が $p=20+q$ で与えられている。市場需要関数と市場供給関数が交わる点で市場の均衡が成立しているとき，消費者余剰と生産者余剰の大きさを求めよ。

＜解答＞

両式を図で描くと図【A】のようになる。

図【A】

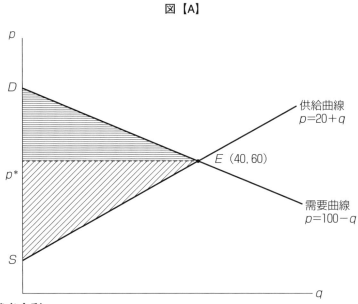

消費者余剰

図 A1 − 19 より ΔDp^*E の面積である。

ΔDp^*E = 底辺 × 高さ ÷ 2

　　　 = $p^*E \times Dp^*$ ÷ 2

　　　 = 40 × 40 ÷ 2

　　　 = 800

消費者余剰は 800 である。

生産者余剰

図 A1 − 25 より ΔSp^*E の面積である。

ΔSp^*E = 40 × 40 ÷ 2

　　　 = 800

生産者余剰は 800 である。

8　長期における生産活動

短期と長期の分析の違いは，

　　短期：資本（設備等）の生産要素の量が固定される→固定された設備を利用して利潤を最大化する

　　長期：すべての生産要素が可変→設備も増減する

というものである。ここでは，長期における最適生産計画（生産量の決定）について論じる。そのために，大，中，小3つの設備規模に対応した短期の費用曲線を準備する。**図A1－26**において，小規模設備に対応するものが短期費用曲線1，中規模設備に対応するものが短期費用曲線2，大規模設備に対応するものが短期費用曲線3である。例えば生産量q_1に対し，この3つの費用を比較すると，短期費用曲線1がもっともそれが小さい。よって，**長期費用曲線**はここで短期費用曲線1を通る。生産量q_2では，短期費用曲線2が一番費用が小さいので長期費用曲線はそこを通り，そして生産量q_3では，同様に，短期費用曲線3を通る。このように長期費用曲線は，各短期費用曲線と接した点の軌跡であり，すべての生産量に対してそれらに対応する短期費用曲線と接する。すなわち，長期費用曲線は短期費用曲線の包絡線である。

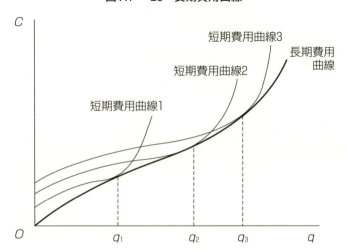

図A1－26　長期費用曲線

また，短期費用曲線1，2，3と生産量 q_1, q_2, q_3 に応じて**図A1－27**のように長期の平均費用曲線と限界費用曲線を描くことができる。わかりやすいように，下段の図に q_1 のケースの拡大図を描いた。短期費用曲線に対応した短期の平均費用曲線が AC_1，限界費用曲線が MC_1 である。前出の生産量 q_1 のとき，長期の平均費用曲線が AC_1 と接する。そして，そのときの q_1 に対する限界費用 MC_1 の点を長期限界費用曲線が通る。短期費用曲線2，3についても同様であり，結局，長期平均費用曲線は短期費用曲線の包絡線であり，長期限界費用曲線はこの長期平均費用曲線の最小点を通る曲線として描かれる。

k を小規模設備なら1，中規模設備なら2，大規模設備なら3というように規模を表す変数とし，規模をより細分化し，k が連続変数であるとしよう。このとき短期費用曲線は，

$$C = C(q, k) \tag{A1-3}$$

となる。ここで，

$$\text{利潤} = pq - C(q, k) \tag{A1-4}$$

を q および k で偏微分してゼロとおくと，

$$p - \frac{\partial C}{\partial q} = 0 \tag{A1-5}$$

$$-\frac{\partial C}{\partial k} = 0 \tag{A1-6}$$

を得る。上式は短期の利潤最大化を表す。（A1－3）式と（A1－6）式を連立させて k を消去すれば，k を含まない費用関数，

$$C = C(q) \tag{A1-7}$$

を得る。これが長期の費用関数である。そこで，

$$\text{長期利潤} = pq - C(q)$$

を q で微分してゼロとおくと，

$$\frac{dC}{dq} = p$$

という関係を得る。左辺は長期限界費用であり，右辺は生産物の価格である。すなわち，長期においても，

図A1－27　長期の平均費用曲線と限界費用曲線

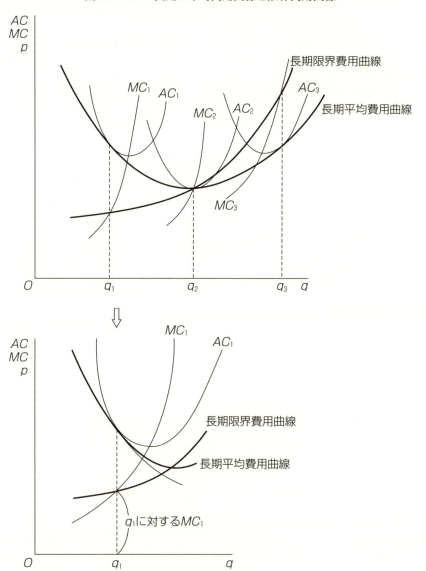

図A1 − 28　長期における利潤最大化

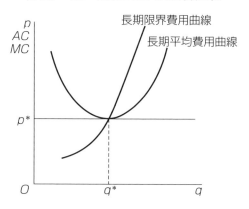

$$\text{長期限界費用} = \text{価格} \qquad (A1-8)$$

が成り立つ。図A1 − 28では市場価格をp^*とすればこの条件を満たす生産量はq^*である。つまり，長期的利潤を最大化するためには，生産者は，この生産量q^*を最小費用で生産できる規模を選択すればよい。

9　生産要素の需要(1) ─ 等産出量曲線
第4章の第1節3，133ページを参照せよ。

10　生産要素の需要(2) ─ 費用最小化における生産要素の投入量の決定
第4章の第1節3，133ページを参照せよ。

第4節　生産者行動の理論(2) ─不完全競争─

前節では完全競争を前提とした生産者行動の理論を扱った。市場の形態には完全競争市場だけでなく不完全競争市場もあり，前出の第1節で述べたように，不完全競争市場においては，売り手，買い手の数に応じていくつかの種類に分けられる。ここではその基本となるべき，独占，複占，寡占，独占的競争を取り上げ，企業の経済行動の分析を行う。

1 独　占

第2章の第2節5，71ページを参照せよ。

2 複占 — クールノー均衡のケース

複占は，2企業が存在し，同じ（または類似の）生産物を供給する市場をさす。複占の分析にはいくつかの代表的な方法がある。ここですべてをあげるわけにはいかないので，「両者が協力しないケース」と「両者が協力するケース」のうち，前者の簡単なモデルを取り上げ紹介する。

企業1と企業2が存在しているとする。企業1の費用曲線が，

$$C_1 = 4q_1$$

とする。

また企業2の費用曲線が，

$$C_2 = 4q_2$$

とする。

このときの各企業の生産量はどうなるのか。市場の需要曲線が

$$p = 10 - 2(q_1 + q_2)$$

であるとしよう。そのとき，企業1の利潤は，

$$\pi_1 = (10 - 2(q_1 + q_2))q_1 - 4q_1$$

企業2の利潤は，

$$\pi_2 = (10 - 2(q_1 + q_2))q_2 - 4q_2$$

である。

企業1の利潤最大化の条件は利潤 π_1 を q_1 で微分してゼロとおくことである。企業1が，企業2は生産量 q_2 を動かさないと想定すれば（これをクールノーの仮定という），q_2 は定数扱いとなり，$dq_2/dq_1 = 0$ となる。よって，π_1 を q_1 で微分すると，

$$\frac{d\pi_1}{dq_1} = 6 - 4q_1 - 2q_2 = 0$$

を得る。これを整理すれば，

$$2q_1 + q_2 = 3 \tag{A1-9}$$

を得る。これが企業1の利潤最大化条件である。そして，企業2の利潤最大化は，

$$\frac{d\pi_2}{dq_2}=6-2q_1-4q_2=0$$

が成立する。これより，

$$q_1+2q_2=3 \tag{A1－10}$$

を得る。これが企業2の利潤最大化条件である。(A1－9)，(A1－10)式を反応関数と呼ぶ。相手企業の生産量に応じて生産量を決定する。この両者を連立させて，q_1，q_2について解くと，

$$q_1=1$$
$$q_2=1$$

を得る。これを

$$p=10-2(q_1+q_2)$$

に代入すると，

$$p=6$$

を得る。両者がこの数量を維持すれば，均衡が保たれる。この生産量と価格をクールノー均衡と呼ぶ。

3 寡　占

第2章の第3節3，81ページを参照せよ。

4　独占的競争

独占的競争とは，

- 類似の製品を作る企業が多数存在する（完全競争的側面）
- 各企業は独自の需要曲線をもつ。つまり価格を変化させても買い手がただちに他の企業の製品に向かわない（独占的側面）

を合わせもった市場をさす。例えばレストランは一例である。レストランの数は多数あるが，どのレストランも顧客をもっており，少しばかりメニューの値段を上げたからといって顧客がただちに他のレストランに移ってしまうわけで

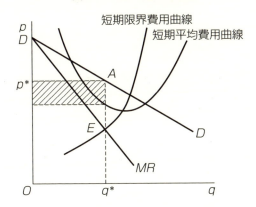

図 A1 − 29 独占的競争

はない。そのレストランを気に入っているからこそ皆通うのである。このような例は，美容院，パチンコ屋，映画館等にもあてはまるだろう。

図 A1 − 29 をみられたい。独占的競争下にある 1 企業の需要曲線，短期の平均費用曲線，限界費用曲線，および限界収入曲線が描かれている。需要曲線は D である。

その需要曲線 D に対応した限界収入曲線が MR である。最初の状態では $MC = MR$ の生産量 q^* がこの企業の利潤の最大化をもたらし，このときの価格が p^* であるとしよう。この企業の利潤は**図 A1 − 29** の矩形の斜線部分の面積である。

例えば，この企業が甲地区で営業を行っているラーメン屋「乙」であった場合を考えよう。この点 A がラーメン屋「乙」の均衡点である。斜線部分の利潤が大きいとみて，ラーメン屋を開業したいと思っている人々が，移転，脱サラ等を行って，この甲地区にラーメン屋を次々に開業したとしよう。お客が集まっており，利潤があげられるからだ。これがいわゆる新規参入である。市場の規模は変化しないのでラーメン屋「乙」に対する需要は他店に顧客をとられることにより減少する[1]。それは需要曲線 D の下方へのシフトで表される。しかし，**図 A1 − 29** で，需要曲線 D が下方へシフトしたら点 A が短期平均費用曲線上まで下がると利潤がゼロとなり，この市場に魅力がなくなるので，甲地

---

[1] 実際には，ラーメン屋の数が増加すると広告効果もあり，市場規模が拡大するが，ここでは便宜上規模は不変とする。

図 A1 − 30　独占的競争の長期均衡

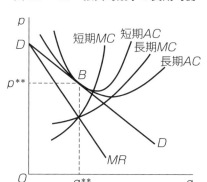

区でラーメン屋を開業しようというインセンティブはなくなる。よって参入が止まる。この状態が**図 A1 − 30**に表されている。このときの生産量はq^{**}であり，価格はp^{**}となる。これが長期における独占的競争の均衡である。このとき，点Bに接している短期ACが短期の平均費用曲線であり，規模を表している。長期平均費用曲線は点Bで接する長期ACで描かれている。点Bはラーメン屋「乙」の長期均衡点である。

第5節　経済厚生

1　パレート最適

(1)　消費（分配）

第3章の第3節4，119ページを参照せよ。

(2)　生産

第4章の第3節2，144ページを参照せよ。

(3)　生産と分配　　少し難しい

これまでは消費と生産を分けて資源の効率的配分問題を扱ってきたが，ここでは両者を同時に考慮していく。そこで，4つの財が存在するとしよう。

第1財：消費財

　　　第3財，第4財によって生産される

第2財：消費財

付録1 ミクロ経済学　237

表A1－2　各変数の記号

	第1財 （消費財）	第2財 （消費財）	第3財 （消費財，生産要素）	第4財 （消費財，生産要素）
消費者1	消費　q_1	消費　q_2	消費　q_3	消費　q_4
消費者2	消費　$\overline{q_1}$	消費　$\overline{q_2}$	消費　$\overline{q_3}$	消費　$\overline{q_4}$
生産者1	(4) 生産 $q_1+\overline{q_1}$ $=f(q_3', q_4')$		第1財の生産へ q_3'	第1財の生産へ q_4'
生産者2		(3) 生産 $q_2+\overline{q_2}$ $=g(q_3'', q_4'')$	第2財の生産へ q_3''	第2財の生産へ q_4''
			(1) 合計 $q_3+\overline{q_3}+q_3'+q_3''$	(2) 合計 $q_4+\overline{q_4}+q_4'+q_4''$

　　　　第3財，第4財によって生産される
　第3財：消費財と生産財をかねる
　　　　消費される分と第1財，第2財の生産に利用される分とに分かれる
　第4財：消費財と生産財をかねる
　　　　消費される分と第1財，第2財の生産に利用される分とに分かれる
そして消費者1，消費者2は第1財から第4財までを消費し，生産者1は第3財，第4財を利用して消費財1（第1財）を，生産者2は第3財，第4財を利用して消費財2（第2財）をそれぞれ生産する。各変数の記号を**表A1－2**のように決める。
　消費者1，2の効用関数は次のとおりである。
　　　消費者1　$u=u(q_1, q_2, q_3, q_4)$
　　　消費者2　$\overline{u}=\overline{u}(\overline{q_1}, \overline{q_2}, \overline{q_3}, \overline{q_4})$
ここで，消費者2の効用が所与のもとで，および表中 (1)，(2)，(3)，(4) の制約のもとで，消費者1の効用水準を最大化する問題を考える。
　このときのラグランジュ関数は次のようになる。
　　　$\Lambda = u(q_1, q_2, q_3, q_4) + \lambda_1 (\overline{u}(\overline{q_1}, \overline{q_2}, \overline{q_3}, \overline{q_4}) - \overline{u})$

$$+\lambda_2(Q_3-q_3-\overline{q}_3-q_3'-q_3'')$$
$$+\lambda_3(Q_4-q_4-\overline{q}_4-q_4'-q_4'')$$
$$+\lambda_4(f(q_3', q_4')-q_1-\overline{q}_1)+\lambda_5(g(q_3'', q_4'')-q_2-\overline{q}_2)$$

<最大化問題>

目的関数
$$u=u(q_1, q_2, q_3, q_4)$$

制約条件

$\overline{u}=\overline{u}(\overline{q}_1, \overline{q}_2, \overline{q}_3, \overline{q}_4)$　　消費者2の効用関数

$Q_3=q_3+\overline{q}_3+q_3'+q_3''$　　第3財の合計

$Q_4=q_4+\overline{q}_4+q_4'+q_4''$　　第4財の合計

$q_1+\overline{q}_1=f(q_3', q_4')$　　第1財の生産関数

$q_2+\overline{q}_2=g(q_3'', q_4'')$　　第2財の生産関数

これを各変数で偏微分し，ゼロとおくことによって，下の関係を得る。

[1] 「消費者1の限界効用の比＝消費者2の限界効用の比」

上式の展開より次の関係を得る。

$$\frac{\partial u}{\partial q_i} \bigg/ \frac{\partial u}{\partial q_1} = \frac{\partial \overline{u}}{\partial \overline{q}_i} \bigg/ \frac{\partial \overline{u}}{\partial \overline{q}_1}$$

$$\frac{\partial u}{\partial q_i} \bigg/ \frac{\partial u}{\partial q_2} = \frac{\partial \overline{u}}{\partial \overline{q}_i} \bigg/ \frac{\partial \overline{u}}{\partial \overline{q}_2}$$

$$\frac{\partial u}{\partial q_i} \bigg/ \frac{\partial u}{\partial q_3} = \frac{\partial \overline{u}}{\partial \overline{q}_i} \bigg/ \frac{\partial \overline{u}}{\partial \overline{q}_3} \quad \quad (\text{A1}-11)$$

$$\frac{\partial u}{\partial q_i} \bigg/ \frac{\partial u}{\partial q_4} = \frac{\partial \overline{u}}{\partial \overline{q}_i} \bigg/ \frac{\partial \overline{u}}{\partial \overline{q}_4}$$

$(i=1, 2, 3, 4)$

[2] 「生産者1の限界生産力比＝生産者2の限界生産力比」

ラグランジュ関数を偏微分してゼロとおくと次の4つの式を得る。

$$\frac{\partial f}{\partial q_3'} = \frac{\partial u}{\partial q_3} \bigg/ \frac{\partial u}{\partial q_1} \quad \cdots \quad (a)$$

$$\frac{\partial f}{\partial q_4'} = \frac{\partial u}{\partial q_4} \bigg/ \frac{\partial u}{\partial q_1} \quad \cdots \quad (b) \qquad (A1-12)$$

$$\frac{\partial g}{\partial q_3''} = \frac{\partial u}{\partial q_3} \bigg/ \frac{\partial u}{\partial q_2} \quad \cdots \quad (c)$$

$$\underbrace{\frac{\partial g}{\partial q_4''}}_{(限界生産力)} = \underbrace{\frac{\partial u}{\partial q_4} \bigg/ \frac{\partial u}{\partial q_2}}_{(限界効用比)} \quad \cdots \quad (d)$$

ここで $(a)/(b)$ と $(c)/(d)$ を計算すると,

$$\underbrace{\frac{\partial f}{\partial q_3'} \bigg/ \frac{\partial f}{\partial q_4'}}_{(生産者1の限界生産力比)} = \underbrace{\frac{\partial g}{\partial q_3''} \bigg/ \frac{\partial g}{\partial q_4''}}_{(生産者2の限界生産力比)} \qquad (A1-13)$$

という関係が成り立つ。完全競争下では均衡において,

  限界効用比＝価格比

  限界生産力比＝価格比   (A1-14)

が成り立つ。[1] では,

  消費者1の限界効用の比＝消費者2の限界効用の比   (A1-15)

であり,両辺とも完全競争下では価格比に等しかったので,パレート最適は完全競争下の均衡条件に一致する。つまり完全競争下では消費者はパレート最適な資源配分がなされている。

また,[2] では,

  生産者1の限界生産力比＝生産者2の限界生産力比   (A1-16)

であり,両辺とも完全競争下では生産要素価格比に等しかったので,パレート最適の結果は,完全競争下の均衡条件に一致する。したがって,完全競争下では生産はパレート最適な配分がなされている。

2 市場の失敗

完全競争市場を想定すればパレート最適な資源配分がなされている。ところ

が，経済を市場に任せておくと，すべてにおいてパレート最適の資源配分が常に実行されているとは限らない．その原因には4つのものがあげられている．

(1) 不完全競争市場的要因
(2) 費用逓減産業の存在
(3) 外部経済・不経済の存在
(4) 公共財

そこで，ここではこの4つのケースについて簡単にふれておく．

(1) 不完全競争市場的要因

さまざまな不完全競争の形態があるが独占企業の例で説明しよう．完全競争をもとにした本節の1(3)の生産と分配において第1財を生産する企業1が独占企業であるとしよう．それ以外の企業2，消費者1，消費者2は完全競争的な行動をとるとしよう．このとき第1財の価格は所与でなくなり，需要曲線に応じて企業1が決定する．つまり，

$$p_1 = p_1(q_1 + \overline{q_1}) \tag{A1-17}$$

ただし，

$$q_1 + \overline{q_1} = f(q_3^1, q_4^1)$$

なので，

$$p_1 = p_1(q_3^1, q_4^1) \tag{A1-18}$$

と書ける．このときの企業1の利潤は，

$$\pi_1 = p_1(q_3^1, q_4^1) f(q_3^1, q_4^1) - p_3 q_3^1 - p_4 q_4^1$$

と表される．ここで，p_3，p_4 はそれぞれ第3財，第4財の価格である．これを最大化するために q_3^1，q_4^1 でそれぞれ偏微分しゼロとおく．その結果，

$$\left(1 - \frac{1}{\varepsilon}\right)\frac{\partial f}{\partial q_3^1} = \frac{p_3}{p_1}$$

$$\left(1 - \frac{1}{\varepsilon}\right)\frac{\partial f}{\partial q_4^1} = \frac{p_4}{p_1} \tag{A1-19}$$

を得る．ただし $1/\varepsilon$ はラーナーの独占度であり，

$$\frac{1}{\varepsilon} = -\frac{f}{p_1} \bigg/ \frac{dp_1}{df} \quad (\text{需要の価格弾力性の逆数}) \tag{A1-20}$$

である。効用最大化条件より (A1 - 19) 式の右辺は限界効用比であるから (A1 - 19) 式の2つの式は，

　　(1-ラーナーの独占度)×限界生産力＝限界効用比　　　(A1 - 21)

という関係を表している。

ところで，この (A1 - 21) 式と前に得たパレート最適条件 (A1 - 12) 式とを比較する。(A1 - 21) 式は左辺に (1-ラーナーの独占度) が乗じられている。ラーナーの独占度がゼロのときのみ (A1 - 21) 式は (A1 - 12) 式となり，パレート最適が成立する。すなわち，ラーナーの独占度がゼロになる完全競争においてのみパレート最適が成立する。独占市場ではパレート最適が成立しない。

(2) 費用逓減産業（限界費用価格形成原理のケース）

経常費用は大きくないが，固定費用が膨大な産業が費用逓減産業である。鉄道，水道，ガス，電気等の産業がこの例である。いずれも非常に大きな設備を必要とする産業である。このような産業は固定費用が大きいため，生産規模が大きくならない限り損失が発生してしまう。市場の原理では立ち上がらない産業である。

図 A1 - 31 を見られたい。この産業の企業の需要曲線を D とすれば

図 A1 - 31　費用逓減産業

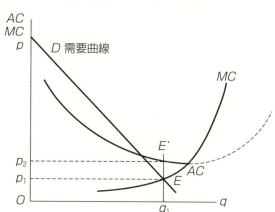

需要＝供給（MC）
の点でも平均費用曲線 AC が下がり続けている。このときの価格は点 E の p_1 である。しかし，その状況ではこの企業の採算がとれず，放っておくと倒産してしまう。それでは鉄道，電力産業などの企業が発展段階だった場合，経済全体が発展しなくなってしまう。

そこで政府が手助けする必要が出てくる。損失分は平均費用曲線上の点 E' とこの需給が等しい点 E の差から生じる□p_2p_1EE' であるから政府が補助金等で p_1p_2 分を補填する。

(3) 外部経済・不経済

経済主体が市場の取引を通さずに，他の経済主体に影響を与えることを**外部効果**と呼ぶ。それが好ましいものであれば**外部経済**と呼ぶ。例えば，ニューヨークのマンハッタンでは，各企業がオフィスを有効に建設した結果，その摩天楼がすばらしい景観となった。逆に，受け手に好ましくないものであれば**外部不経済**と呼ぶ。例えば，公害は企業が生産活動を行って大気を汚染したり，廃棄物をそのまま棄てたりした結果生じる。

外部不経済を例にとり，図に示してみよう。いまある生産物を生産する産業の需要曲線 D と供給曲線 S が**図 A1－32**のようになるとしよう。市場において均衡点 E で取引数量は $\bar{q}$，価格は $\bar{p}$ となっている。ところが，この産業が大

図 A1－32 外部不経済

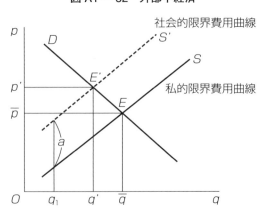

気汚染に対して何の処置もせず,大気を汚染し続けているとしよう。生産量に応じて他者は大気汚染の被害を受ける。例えば,図中の生産量 q_1 では,この産業以外のものが被る被害の大きさが生産物1つあたり a 円だとしよう。これは,大気汚染が原因で病気となり,治療のためにかかった医療費であり,被害者全員の医療費を生産量で除して得た,1単位あたりの費用(医療費)であると考えられる。この a 円が外部不経済の大きさである。私的限界費用曲線である市場の供給曲線に医療費 a 円(外部不経済)を加えたものが,社会的限界費用曲線であり,図中の S' の曲線である。

社会的限界費用曲線と需要曲線との交点 E' は社会的に望ましい生産量 q' を表している。これは市場にまかせて決定される生産量 $\bar{q}$ と異なっている。つまり,市場は失敗しているわけである。この場合,市場にまかせておくだけでは外部不経済が放置されるので,政府は産業に対して課税を行ったり,補助金を設けたりして処置を講じなければならない。社会的費用曲線 S' と私的費用曲線 S との差だけ課税を行えば,税金分 a 円が費用となり,S は a 円分上にシフトし(S'),均衡点は E' となり,生産量は q' となる。また,1単位の減産に対して S' と S との差 a 円に等しいだけの減産分の補助金をこの産業に支払えば,生産量を増やすと私的費用がかさむ企業にとって,生産量を減らす方が有利となる。補助金を「生産を増やしたら失う機会費用」とみなせば,

　　　産業の限界費用＝私的限界費用＋補助金(機会費用)

となるので,生産量は需要曲線とその産業の限界費用曲線が交わる q' となる。課税および補助金のいずれにせよ,政府が介入すれば生産量は社会的に望ましい水準に落ち着く。

(4) 公共財

市場の失敗の1つに**公共財**がある。これは,市場にまかせておいては供給されない財である。高速道路は別として,すべての一般道路に料金を設定し,徴収するわけにはいかない。日本中のあらゆる道路に料金所を設置できない。自己申告で収めるにしても収める者もいれば,収めない者(フリーライダー)もいる。私企業にとって一般道路の経営は不可能である。政府が公共財として道路を提供しなければならない。

このような公共財には共通な性質が2つある。

(a) 非競合性

この性質は，公共財を利用して誰かが満足したとしても他の人の満足が減ってしまわないことを指す。例えば，警察は住民に安全という安心感を与える。消費者はお互いライバルではなく，公平に警察という公共財（サービス）の恩恵を受けることができる。

(b) 非排除性

非排除性とは，特定の消費者を排除できないことを指す。警察という公共のサービスであれば，住民全員に安心感を提供している。住民である限り，これから除かれることはない。

【例】政府の市場介入

P.227の問題で生産物に対して供給1単位あたり40の従量税が課されるとしよう。以下の各設問に答えよ。

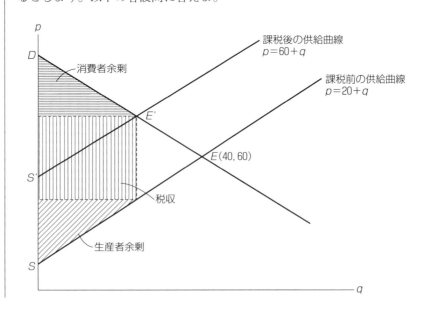

(1) 課税後の消費者余剰を求めよ。
(2) 課税後の生産者余剰を求めよ。
(3) 税収の大きさを求めよ。
(4) 死荷重（失われた余剰分）の大きさを求めよ。

＜解答＞

課税前の供給曲線

$$p = 20 + q \quad \cdots (a)$$

に対して，40 だけ課税すれば課税後の供給曲線は上に 40 だけシフトし

$$p = 60 + q \quad \cdots (b)$$

となる。新しい均衡点は図中の E' である。
点 E' の座標は (b) 式と需要曲線

$$p = 100 - q$$

を連立させると，

$$(20, 80)$$

として得られる。

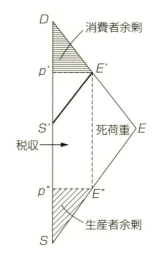

(1) 課税後の消費者余剰

新しい均衡点により，$\Delta Dp'E'$ の面積である。

$$\Delta Dp'E' = p'E' \times Dp' \div 2 = 20 \times 20 \div 2 = 200$$

課税後の消費者余剰は 200 である。

(2) 課税後の生産者余剰

新しい均衡点により，$\Delta Sp''E''$ の面積である。

$$\Delta Sp''E'' = 20 \times 20 \div 2 = 200$$

課税後の生産者余剰は 200 である。

(3) 税収

右図の面積＝たて×よこ＝$p'p'' \times p'E'$

$p'p'' = 80 - 40 = 40$

$p'E' = E'$ の q の座標＝20

よって

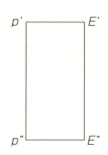

税収=40 × 20＝800　（答え）

である。

(4) 死荷重（失われた余剰分）

$\quad\quad ΔEE'E''$＝底辺×高さ÷2

$\quad\quad\quad\quad\quad =E'E'' × EF ÷ 2$

$\quad\quad E'E''=p'p''=40$

$\quad\quad EF=40-E'$ の q の座標

$\quad\quad\quad\quad =40-20=20$

よって

$\quad\quad ΔEE'E''=40 × 20 ÷ 2$

$\quad\quad\quad\quad\quad =400$ 　（答え）

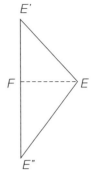

付録 2　マクロ経済学

　第1章から第6章までの本文では，経済学に利用する数学を中心に構成されているが，そこに用いられる経済学の例は，ミクロ経済学を中心としたものであった。この付録2では，本文中でいくつかの適用例で示した，もうひとつの経済理論であるマクロ経済学の基本的体系を与える。マクロ経済学を体系立てることにより，本書を通じて経済学に用いられる数学とマクロ経済学の理論の基礎を身につけられるようにする。マクロ経済学を中心に学びたい者はこの付録2を中心に勉強をすすめてほしい。

第1節　経済のしくみ

1　古典派経済学とケインズ経済学

　経済学の大きな流れとして古典派と呼ばれる経済学とケインズの考えに基づく経済学とがある。前者は1930年代以前の経済学の考え方に立脚し，そしてその後も新しい古典派の考え方が次々に登場している。後者は1930年代のケインズが唱えた理論とそれをケインズ派（ケインジアン）が継承して発展させた経済学である。

　古典派経済学とケインズ経済学の大きな違いは，前者が自由放任の市場原理の経済学であるのに対して後者が政府介入の経済学である。古典派は市場を自由放任しておけば完全雇用が達成されると考えていた。それに対してケインズ派は市場にまかせておくと完全雇用が達成されず失業者が発生してしまうと考えた。

　この違いをみるのはいま出てきた「完全雇用」について2つの考え方を労働市場でみてみることが一番わかりやすい。

図A2－1　古典派の労働市場

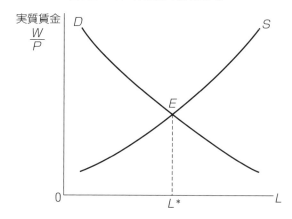

　まず古典派であるが，それが考える労働市場は**図A2－1**のようになる。縦軸に実質賃金 $\left(\dfrac{W}{P}\right)$，横軸に雇用量 L をとる。そのとき，右下がりの曲線が労働の需要曲線 D である。企業にとって，賃金が高ければ雇用量は少なくなるし，賃金が低ければ雇用量は多くなるからである。また，右上がりの曲線が労働の供給曲線 S である。賃金が高ければ働こうと思う人が多いし，賃金が低ければ働きたいと思う人は少なくなるからである。この場合，その両者の交点 E が均衡点となり，このときの雇用量 L^* が均衡雇用量となる。これはこの賃金で働きたいと思う人々がすべて雇用される状態なので完全雇用量を意味する。

　他方，ケインズ派の考え方でも労働の需要側は古典派と同様右下がりの曲線で表される。これに対して供給曲線側が異なる。**図A2－2**のように横軸は雇用量 L で**図A2－1**と同様だが縦軸の方は実質賃金ではなく名目賃金となる。労働者は物価水準 P の上昇など機敏に反応することはないので，それで調整される実質賃金ではなく，目の前の名目賃金にのみ反応すると考えられるからである。このときの労働の供給曲線は図中にあるように水平となる。名目賃金は一度決まると下げようとしても労働組合の反対で下げられない。そこで働きたいと思う人たちの気持ちを表す供給曲線は一定水準となり，水平な直線となる。ただし，完全雇用水準 L に達するとそこからは賃金が上がると新たに働

図 A2－2　ケインズ派の労働市場

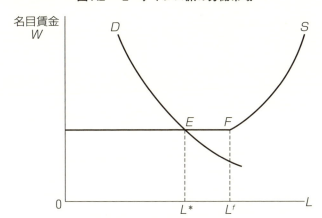

きたいという人がでてくる状態になり，古典派の供給曲線と同じになる。ケインズ派の場合，労働の需要曲線と供給曲線が交わる点 E が均衡点となり，そのときの雇用量 L^* が均衡雇用量となる。図を見て明らかなように，完全雇用は L^f なのでそれに達しない線分 EF つまり $L^f - L^*$ 分が失業者にあたる。

ケインズ派の考え方の下では，失業者が発生していても経済が均衡する。もし失業者を減らそうと政府が考えるならば，経済の需要を増加させ，労働の需要曲線 D を右方にシフトさせるような経済政策をとらなければならない。

このように古典派経済学とケインズ経済学との違いは市場原理にまかせておけば完全雇用が達成されるという考え方と，それでは完全雇用が達成されず，そのためには政府が経済に手を貸すべきだという考え方の違いである。

2　経済のしくみ

このような考え方の違いに基づいて資本主義の経済のしくみを考えるとき，まずケインズの考え方でみてみるのが便利である。

第1章の第1節2, 2ページを参照せよ。

3　経済モデル

第1章の第1節2で経済のしくみについて変数を使って図1－2のように

表した。いま図で表した経済のしくみを今度は式で表すことにする。

簡素化のために (1 − 3) において外国の存在を除いて総支出を表してみよう。総支出は消費 C, 投資 I, 政府支出 G の合計である。つまり,

$$C+I+G \tag{A2-1}$$

この総支出が (1 − 2) のように総生産 (国民所得) Y に等しくなっている。(1 − 2) を式で表せば,

$$Y=C+I+G \tag{A2-2}$$

となる。

次に消費については, 第1章第1節4で示した (1 − 8) 式で表される。また, 投資は第1章第2節4で,

$$I \leftarrow r$$

ということを説明したが, ここでは簡素化のために投資水準 I は所与の大きさであると考える。そのようにほかから与えられた大きさを上にバーをつけて表せば,

$$I=\bar{I} \tag{A2-3}$$

と表すことができる。

最後に政府支出 G も政府が与える大きさなので上にバーをつけた $\bar{G}$ で与えられるとしよう。すなわち,

$$G=\bar{G} \tag{A2-4}$$

と表す。

以上の (A2 − 2), (1 − 8), (A2 − 3), (A2 − 4) 式をまとめて書くと経済のしくみを式で表した体系が成立する。

$$Y=C+I+G$$
$$C=a+bY$$
$$I=\bar{I}$$
$$G=\bar{G} \tag{A2-5}$$

これが**図1 − 2**を数式化したものである。このように経済を数式で表したものを経済モデルと呼ぶ。ここでの (A2 − 5) 式は経済のしくみを表した経済モデルである。

第2節　マクロ経済理論の基礎

1　有効需要の原理

前述した経済のしくみ，経済モデルに基づいて実際の国民所得の大きさがどのような水準に決定されるかがわかる。

$(A2-5)$ 式で表された経済モデルを国民所得 Y について解く，つまり，Y を $\overline{I}$ と $\overline{G}$ との式で表すと，

$$Y = \frac{a}{1-b} + \frac{1}{1-b}\overline{I} + \frac{1}{1-b}\overline{G} \qquad (A2-6)$$

と書くことができる。

経済モデルを作ったときの前提として「総需要＝総供給」（$(1-1)$ 式）とおいた。すなわち，この式は需要と供給が均衡しているときに成立している式である。したがって，ここで解いた Y を均衡国民所得と呼ぶ。

また，その Y は右辺の需要 $\overline{I}$ と $\overline{G}$ との大きさによって決まる。投資額 $\overline{I}$ と政府支出 $\overline{G}$ は支出を伴った需要の大きさなので有効需要と呼ぶ。国民所得はその有効需要の大きさによって決まる。均衡国民所得 Y が有効需要によって決まるこの理論を**有効需要の原理**と呼ぶ。

2　乗数効果

第1章の第3節2，33ページを参照せよ。

【例】
　マクロ経済が以下のように与えられ，そのとき投資が50増加したとき，均衡国民所得はどれだけ増加するか，また，そのときの投資乗数はいくつか求めよ。

　　$Y = C + I + G$
　　$C = 20 + 0.8Y$
　　$I = 20$
　　$G = 10$

<解答>

投資が50増加する前の均衡国民所得は,

$$Y = \frac{20}{1-b} + \frac{1}{1-b}I + \frac{1}{1-b}G$$

$$= \frac{20}{0.2} + \frac{1}{0.2} \times 20 + \frac{1}{0.2} \times 10$$

$$= 20 \times 5 + 20 \times 5 + 10 \times 5$$

$$= 250$$

投資が50増加した後の均衡国民所得は,$I=70$になるので,

$$Y = \frac{20}{1-b} + \frac{1}{1-b}I + \frac{1}{1-b}G$$

$$= \frac{20}{0.2} + \frac{1}{0.2} \times 70 + \frac{1}{0.2} \times 10$$

$$= 20 \times 5 + 70 \times 5 + 10 \times 5$$

$$= 500$$

均衡国民所得の増加は,

$$\Delta Y = 500 - 250 = 250 \quad (答え)$$

また,そのときの投資乗数は

$$\frac{1}{1-b} = \frac{1}{0.2} = 5 \quad (答え)$$

3　ケインズの投資関数

経済のしくみの図で,

投資(I)←利子率(r)

の部分を説明したのがケインズの投資関数である。

　　　第1章の第2節4, 26ページを参照せよ。

4　流動性選好説

経済のしくみにおいて (1-5) で示したところの

利子率←貨幣供給量

の部分であり，この部分は貨幣市場である。ここでは貨幣市場を分析する。

　貨幣の需要の動機は3つあるといわれる（ここでいう貨幣の需要動機とは手元にお金をおいておきたい動機である）。

(a) 取引動機
通常の買い物などのために手元においておかなければならない。

(b) 予備的動機
不意な出費が必要なときのためにある程度お金を手元においておかなければならない。

(c) 投機的動機
利子率が高いと債券を買えば多くの利息が得られる。しかし，利子率が低いとそれは少ない。したがって，利子率が高いと人々は債券を買うため手元におくお金は少なくなるが，利子率が低いと将来利子率が上がるのを期待して，債券を買わないため，手元におくお金が多くなる。このように，債券への投機の気持ちによって手元におくお金の量が変わってくる。

　以上の3つの動機のうち，(a) と (b) の動機による貨幣需要量は国民所得の大きさによって決まる。なぜなら双方とも所得が大きければ買い物のためおよび予備的に持っているお金も大きくなるからである。(c) の動機による貨幣需要量は利子率の大きさによって決まる。

　このとき例えば，国民所得が10（$Y=10$）の下で利子率 r と貨幣需要 L の式が次のように表されているとする。

$$r = \frac{1}{2.5L-10} + 0.01$$

投機的動機により，利子率と貨幣需要は一方が大きくなると他方が小さくなるという関係になっている。

　他方，貨幣供給量 M は通貨当局によって決められるとし，それが14（$M=14$）であるとする。ただしここでは物価水準 P を1としている。これを図で示したのが図 A2－3 である。この供給曲線は図中でも示されているように垂直になっている。

図A2－3　貨幣市場の均衡

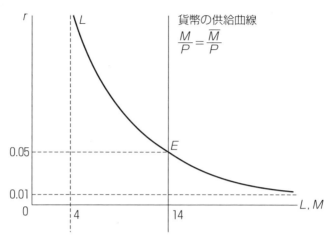

貨幣市場の均衡は,

$L=M$

$r=\dfrac{1}{2.5L-10}+0.01$

$M=14$

を利子率について解くと

$r=0.05$

が得られる。この市場は貨幣量が14, 利子率が5パーセントで均衡していることになる。

上式において, 国民所得が$Y=10$から$Y=15$に増加すれば, 利子率は0.06, また, 国民所得が$Y=10$から$Y=5$に減少すれば利子率は近似値で0.04となる。ここで一般化すると, 貨幣の総需要関数と総供給関数は次式で与えられる。

総需要関数

$L=L(Y, r)$ 　　　　　　　　　　　　　　　　(A2－7)

総供給関数

$M=\overline{M}$ 　　　　　　　　　　　　　　　　(A2－8)

ただし，L, Y, r は実質値であるが，貨幣供給量 M は名目値のため物価水準 P で除す必要がある。したがって貨幣市場の均衡は，

$$L=L(Y, r)=\frac{M}{P} \qquad (A2-9)$$

で表される。

5　インフレ・ギャップとデフレ・ギャップ

次に，インフレ・ギャップとデフレ・ギャップに触れておく。経済の状態が常に完全雇用水準に一致しているわけではない。現実の国民所得が完全雇用のときの国民所得よりも大きいときもあれば小さいときもある。

現実の国民所得 Y^* が完全雇用のときの国民所得 Y^f よりも大きいというのはどのような意味だろうか。**図A2-4** を見てみよう。完全雇用の国民所得 Y^f よりも現実の Y^* が右側にある。この差は，物価上昇による名目的な増加にすぎない。つまりインフレーションが発生している状態である。完全雇用の国民所得は点 B までの高さだが，それに応じた総需要は点 A までの高さと想定される。このとき，

　　AB の大きさ：インフレ・ギャップ

図A2-4　インフレ・ギャップ

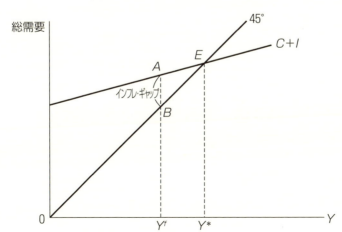

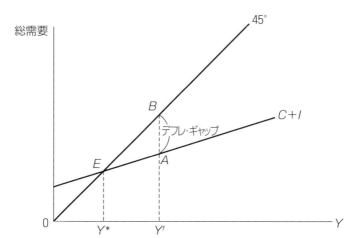

図A2－5 デフレ・ギャップ

という。インフレ・ギャップが生じているときは，景気が加熱しているときなので，$C+I$を下方にシフトさせるような政策が導入される。

他方，現実の国民所得 Y が完全雇用の国民所得 Y^f よりも小さいとき，**図A2－5**のように Y^* は Y^f の左側にある。このときはデフレーションの状態にある。完全雇用のために必要な総需要は点 B の高さであるにもかかわらず，点 A までしか至る力がない。その不足分を

　　BA の大きさ：デフレ・ギャップ

という。デフレ・ギャップが生じているときは，景気が停滞しているときなので，$C+I$を上方にシフトさせるような政策が導入される。

第3節　消費関数と投資関数

経済モデルでは消費関数は，

$$C = a + bY \tag{A2-10}$$

投資関数は

$$I = \bar{I} \tag{A2-11}$$

または利子率が投資を決定するという意味で，

$$I=I(r) \tag{A2-13}$$

とおくことができた。しかし，消費関数も投資関数もそれぞれを説明する要因がもっと複雑であることが考えられる。いくつかの理論を紹介する。

1　消費関数
(1)　絶対所得仮説
これはケインズによるもっともシンプルな形の消費関数である（A2 - 10）式を指す。

第1章の第1節4, 8ページを参照せよ。

(2)　恒常所得仮説
恒常所得仮説は，所得と消費がそれぞれ恒常的な部分（いつも入ってくる収入，いつも行っている消費）と臨時的な部分（臨時的に入ってくる収入，臨時的に行っている消費）とに分けられるとする理論である。

変数を次のように定める。

　　＜恒常的な部分＞
　　　恒常所得：Y_P
　　　恒常消費：C_P
　　＜臨時的な部分＞
　　　変動所得：Y_T
　　　変動消費：C_T

このとき，

$$\text{所得 } Y=Y_P+Y_T \tag{A2-13}$$

$$\text{消費 } C=C_P+C_T \tag{A2-14}$$

となる。

ところで，恒常消費 C_P は恒常所得 Y_P に基づいて決まっているはずなので，

$$C_P=bY_P \tag{A2-15}$$

という関係が成り立っている。これを（A2 - 14）式に代入すれば，

$$C=bY_P+C_T \tag{A2-16}$$

という関係が得られる。

もし，長期的に見るならば，臨時的な消費 C_T は，突然増えてプラスになることもあれば，当初買おうと考えていたものが値下がりし，その分をマイナスとカウントすることもあるので，C_T の（時間的な）平均はそれらが相殺されてゼロと考えられる[1]。

$$E(C_T)=0$$

したがって，(A2－16) 式は長期的には，

$$C=bY_P \quad (\text{A2}-17)$$

という式になる。消費は恒常所得の大きさによって決まってくるものとなる。

(3) 相対所得仮説

相対所得仮説では，消費関数について次のように考える。人々は過去の最高所得のときの消費の満足の気持ちが影響し，そのときついた習慣を身につけてしまっているというものである。そのとき平均消費性向 C/Y を次のように考える。

$$\frac{C}{Y}=a-b\frac{Y-Y^*}{Y} \quad (\text{A2}-18)$$

ここで Y^* は過去の最高所得水準を指す。いま所得のうちどれだけ消費するかの割合は，現在の所得と過去の最高所得の差の割合によって決まってくる。過去の最高所得が現在に比べて大きければ大きいほどこの C/Y は大きくなる。

上の式を書き換えると

$$\frac{C}{Y}=(a-b)+b\frac{Y^*}{Y} \quad (\text{A2}-19)$$

を得る。この平均消費性向の大きさの変化により景気循環内の消費の役割について論じることができる。

まず景気を次の3つの局面に分けてみよう。

---

[1] 1997年から2016年までの平均を考えると次のようになる

$$\frac{C_{T,97}+C_{T,98}+\cdots\cdots+C_{T,16}}{20}=0$$

＜好況期＞

　毎年国民所得が更新されるので今年の所得が過去の最高水準となる。このとき，

$$Y = Y^*$$

となる。この関係を（A2 − 19）式に代入すると，

$$\frac{C}{Y} = (a-b) + b\frac{Y^*}{Y^*}$$

すなわち，

$$\frac{C}{Y} = a - b + b$$

$$\therefore \frac{C}{Y} = a \tag{A2 − 20}$$

となる。これは，

$$C = aY \tag{A2 − 21}$$

とも書くことができる。

＜景気後退期＞

　景気後退期は，一度達成された所得水準（最高水準）から所得が減少し続ける状態を指す。3年前が最高水準であるとすればそれを $Y^*(=Y_{t-3})$ で表すと，2年前 Y_{t-2}，1年前 Y_{t-1}，今年 Y が全て Y^* を下回り

$$Y^* > Y_{t-2} > Y_{t-1} > Y$$

という関係が成り立つ。

　このとき，（A2 − 19）式において，

$$\frac{Y^*}{Y}$$

の部分が，

$$\frac{Y^*}{Y_{t-2}} < \frac{Y^*}{Y_{t-1}} < \frac{Y^*}{Y}$$

という関係になっている。パラメータ b が正なので（A2 − 19）式より平均消

費性向 C/Y は段々大きくなっていく。

＜景気回復期＞

所得は毎年増加しつづけるが，いずれも過去達成した最高の所得水準には達していないことを指す。3年前が最高所得 Y^* だとすれば，

$$Y_{t-2} < Y_{t-1} < Y$$

ではあるが，

$$Y^* > Y$$

という状況である。

このとき（A2 − 19）式で，

$$\frac{Y^*}{Y}$$

の値は，

$$\frac{Y^*}{Y_{t-2}} > \frac{Y^*}{Y_{t-1}} > \frac{Y^*}{Y}$$

という関係になる。この結果（A2 − 19）式の平均消費性向は次第に減少していくことになる。

以上，(1)，(2)，(3) の3つの局面を図に書き入れて消費関数を描いてみる。そのために（A2 − 19）式を次のように消費関数として書き換える。

$$C = bY^* + (a-b)Y \tag{A2 − 22}$$

この式を**図 A2 − 6** に書き入れると同時に好況期の $Y = Y^*$ を代入した

$$C = aY \tag{A2 − 23}$$

もそこに描いてみる。

まず経済の状態が点 A にあったとしよう。好況で所得が次々に更新されてそれとともに消費も増加し，消費と所得が点 A から点 B に向かうとする（(a)）。ところが点 B から景気後退期に入ると所得の減少とともに消費関数は $C = bY^* + (a-b)Y$ 上の点 D の方向に消費が減少する（(b)）。しかし，前述したように景気後退期に平均消費性向は上昇していく。つまり，消費が景気後退の歯止めとなり（**歯止め効果**または**ラチェット効果**），点 D において経済は景気回復期

図A2-6 短期消費関数と長期消費関数

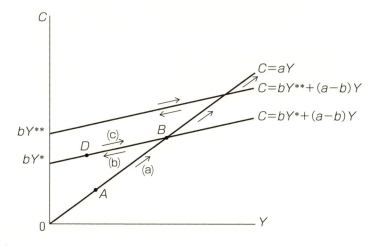

に入る。その結果，消費は点Dから点Bに向かう（(c)）。そして点Bに至ると過去の最高所得が更新され，再び$C=aY$上を上昇していくことになる。これが次の

$$C=bY^{**}+(a-b)Y$$

で再び繰り返される，ただしY^{**}は次の過去の最高水準である。

この結果，

$$C=aY$$

が長期消費関数，

$$C=bY^*+(a-b)Y$$

が短期消費関数に当たることがわかる。特に短期消費関数は過去の最高所得が更新されると定数項が

$$bY^* \to bY^{**}$$

というように変化し，消費関数がシフトすることがわかる。

(4) ライフ・サイクル仮説

ライフ・サイクル仮説はモジリアーニやブルンバーグらによって提唱された消費関数の理論である。この理論の特徴として，消費は，その都度の所得に応じて行われるのではなく，消費者の生涯にわたる長期的計画に基づいて行われ

るとした点があげられる。つまり，生涯に稼ぐ生涯所得に関連して各期の消費が決められる。この点に関するライフ・サイクル仮説の仮定は，消費者が，生涯所得を生涯にわたって平準化して消費にまわすというものである。換言すれば，生涯所得を，各期の消費に均等に配分するというものである。こうした考えに基づいて，消費者の労働所得のみを考慮するケースと，消費者の全資産を考慮するケースの2つのケースにおける消費関数を示す。

＜消費者の労働所得のみを考慮に入れるケース＞

この場合，第一に死亡時には生涯所得をすべて使い果たし，遺産を残さないこと，第二に就業中に蓄積した資産からの収益はゼロであること，そして第三に生まれながらの資産をもたないことを仮定する。この仮定から生涯所得と生涯消費が等しいことが言える。ある個人についてその関数を式に表せば，

$$(l-k)c=(n-k)y \qquad (A2-24)$$

となる。ここで，

c：1年当たりの消費

y：1年当たりの所得

l：寿命

n：退職年齢

k：就業時の年齢

である。(A2−24) 式の左辺は生涯消費，そして右辺は生涯所得である。このことを**図A2−7**を用いて説明する。まず，(A2−24) 式の右辺の生涯所得は図中のEの面積とFの面積を加えたものに等しくなっている。そして，(A2−24) 式の左辺の生涯消費はFの面積とGの面積を加えたものに等しい。(A2−24) 式はその両者が一致することを示している。すなわち，E，F，Gを各面積とすれば，

$$E+F=F+G \qquad (A2-25)$$

が成り立っていることを示す。このことから，

$$E=G \qquad (A2-26)$$

である。Fが就業中の消費総額を表すので，全所得からそのFを差し引いたEは，当然，生涯の貯蓄を意味する。(A2−26) 式は，就業中にEだけの貯蓄

図A2－7　ライフ・サイクル仮説

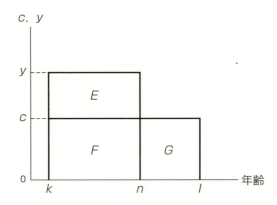

を行い，退職後にその貯蓄分を消費として使い果たすことを意味する。

再び（A2－24）式に立ち戻って，それを消費 c について整理すれば，

$$c = \frac{n-k}{l-k} y \tag{A2－27}$$

を得る。この（A2－27）式が個々の消費者について成立する。これらを社会的に集計すれば，マクロ的消費関数を得る。すなわち，

$$C = aY \tag{A2－28}$$

である。ここで，C，Y は c，y の集計値である。

＜消費者の全資産を考慮に入れるケース＞

ここまでは，消費者に労働所得しかないケースを考えてきた。次に労働所得からの蓄積資産を含めた全資産を考慮に入れるケースを考える。ある消費者が，年齢 t において，全資産 w を保有していたとする。この人の残りの就業期間は $n-t$ であり，また残りの寿命は $l-t$ でである。したがって，この人の t 歳以後の総消費額は $c(l-t)$ であり，この人の t 歳以後の総所得は，t 歳時の全資産 w を含めて $w+(n-t)y$ である。ここでも，消費者が，死亡時に遺産を残さないと仮定すれば，総消費額と，当初の資産を含めた総所得が等しい。すなわち，

$$(l-t)c = w + (n-t)y$$

が成り立つ。もしこの人が就業中であれば（$t \leq n$），

$$c = \frac{1}{l-t}w + \frac{n-t}{l-t}y$$

であり，もしこの人が退職後であれば（$t > n$），

$$c = \frac{1}{l-t}w$$

である。いずれの場合も含めて，社会全体の消費者について消費関数を集計すれば，

$$C = aY + \beta W \qquad\qquad (\text{A}2-29)$$

を得る。これがマクロ的消費関数である。この関数は，右辺に集計的な資産Wが加わっているのが大きな特徴である。

2 投資関数

ここまで投資関数は利子率が決定要因となるケインズの投資関数のみを説明した。しかし，現実には投資水準の決定に影響を与えるものは利子率の水準だけではない。そこで，いくつかの投資の理論を紹介する。

(1) ケインズの投資理論

第1章の第2節4，26ページを参照せよ。

付録2の第2節3，252ページを参照せよ。

(2) 加速度原理

設備投資の大きさは景気の状態に左右される。景気が良く需要が伸びていればそれに応じて生産を拡大しなければならないし，景気が悪くて需要が減少していれば今度はそれに応じて生産を縮小しなければならない。生産を拡大するためには生産設備を増やす，つまりプラスの設備投資を行うし，生産を縮小するためには生産設備を減らす，つまりマイナスの設備投資を行う。

したがって投資水準は需要の伸び，ひいては国民所得の伸びで決定されると考えられる。その式は

$$\varDelta I = v \varDelta Y \qquad\qquad (\text{A}2-30)$$

で表される。国民所得の伸び$\varDelta Y$の一定割合vで投資が行われるという考え方

である。投資を行うのにタイムラグがあると考えて通常

$$I_t = v(Y_{t-1} - Y_{t-2}) \tag{A2-31}$$

というように，今年の投資は前年の需要の伸びに応じて決まると考えられている。

しかし，この加速度原理には大きな問題が含まれている。それは設備が過剰な状態であるところに需要が伸びても，企業はすぐ設備投資を行わず機械等の稼働率を引きあげれば済んでしまう。つまり，必ずしも需要の増加に応じて設備投資が行われるとは限らない。

(3) 資本ストック調整原理

資本ストック調整原理は，企業がもっている資本ストック（工場や機械等）の状況および景気の状況が投資の量を左右するという考え方である。

この考え方を説明するために，まず記号として，今年の需要量に応じた最適な資本ストックの大きさを K_t^* とする。今年の需要に見合った生産を行える資本ストックの量である。1年前の資本ストックの量を K_{t-1} とおけば，K_t^* から K_{t-1} を引いたものが今年投資すべき額ということになる。

$$投資すべき額 = K_t^* - K_{t-1} \tag{A2-32}$$

現実にはこれが全部投資されるのではなく，このうちの一部のみが投資される。今年の実際の投資額を I_t とおけば，

$$I_t = \alpha(K_t^* - K_{t-1}) \tag{A2-33}$$

というように，(A2-32) 式の α 倍だけしか投資されない。α が1であればすべて「投資すべき額」が投資されたことになるし，α が0.6であればそのうちの6割だけが投資されたことになる。

上式のうち今年の需要に見合った資本ストック K_t^* は今年の需要がはっきりすればわかるが，いま進行中のことである。したがって K_t^* は予想需要量に応じて決められなければならない。今年の予想生産量を Y_t^* としてこれが予想需要量に等しいものとする。そのとき，

$$K_t^* = vY_t^* \tag{A2-34}$$

が成り立つとする。すなわち，必要な資本ストックは予想生産量の v 倍だと考える。この式を上の (A2-33) 式に代入すれば，

$$I_t = \alpha(vY_t^* - K_{t-1}) \qquad (A2-35)$$

を得る。また今期の予想生産量 Y_t^* は前期の生産量 Y_{t-1} に比例するものと仮定する。つまり，

$$Y_t^* = \beta Y_{t-1} \qquad (A2-36)$$

という関係が成り立っているとする。これを（A2 − 35）式に代入すると

$$I_t = \alpha v \beta Y_{t-1} - \alpha K_{t-1}$$

を得る。ここで，

$$a = \alpha v \beta$$
$$b = \alpha$$

とおけば，

$$I_t = aY_{t-1} - bK_{t-1} \qquad (A2-37)$$

を得る。これが資本ストック調整原理の投資関数である。投資の大きさ I_t を独立変数 Y_{t-1} と K_{t-1} とが説明している線形式である。ただし b はプラスのパラメータなので K_{t-1} の係数の符号はマイナスとなる。

第4節　IS − LM 理論

$IS-LM$ 理論は，財市場と貨幣市場を別々に分析し，最後に両者の均衡を決定するという考え方で，ケインズの理論をまとめたものである。

1　IS 曲線

まず財市場における IS 曲線の導出からみていく。財市場では，

$$Y = C + I$$

が成り立っている。この式を変形すると，

$$Y - C = I$$

となり左辺は所得から消費を差し引いた貯蓄 S である。つまり，上式は，

$$S = I \qquad (A2-38)$$

である。

ところで貯蓄関数に第1章第1節4で示した（8ページ）消費関数（1 − 8）式を代入すると，

$$S = Y - C = Y - a - bY = -a + (1-b)Y \tag{A2-39}$$

となる。b が限界消費性向なので，1 からそれを引いた，

$$s = 1 - b$$

は限界貯蓄性向である。つまり，上式は，

$$S = -a + sY \tag{A2-40}$$

となり，これを (A2-38) 式に代入すると，

$$-a + sY = I \tag{A2-41}$$

となる。ところで投資 I は利子率 r の関数であるので（投資(I) ←利子率(r)），

$$I = I(r)$$

これを (A2-41) 式に代入すると，

$$-a + sY = I(r)$$

が求まる。ここで，

$$I = 5 - 100r$$
$$a = 10$$
$$s = 0.2$$

とすれば，

$$-10 + 0.2Y = 5 - 100r$$

図 A2-8 *IS* 曲線

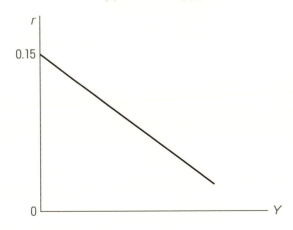

なので,

$$r = 0.15 - \frac{1}{500}Y$$

となる。これをグラフに描くと**図A2－8**のようになる。これを IS 曲線と呼ぶ。

2　*LM* 曲線

　財市場において IS 曲線を導出したが,ここでは貨幣市場における LM 曲線の導出をみる。

　付録2第2節4において貨幣市場を分析したが,そこで示した数値例を用いて,利子率 r と国民所得 Y の大きさをまとめてみよう。

r	Y
0.04	5
0.05	10
0.06	15

このように利子率と国民所得は一方が増えれば他方は上昇する,また一方が減れば他方は下落するという関係にある。縦軸に利子率 r,横軸に国民所得 Y をとれば,グラフとしては**図A2－9**のように右上がりの曲線となる。この曲線

図A2－9　*LM* 曲線

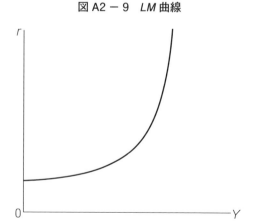

図 A2 − 10　*IS* 曲線と *LM* 曲線の均衡

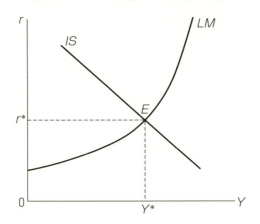

は貨幣市場の分析から導いたもので *LM* 曲線と呼ばれる。

3　国民所得と利子率の同時決定

ここまでに *IS* 曲線と *LM* 曲線を別々にみてきたが, 財市場の *IS* 曲線, 貨幣市場の *LM* 曲線とも縦軸に利子率 r, 横軸に国民所得 Y をとってあるので2つの曲線を同じ図に描くことができる。それらを同時に描いたものが**図 A2 − 10** である。

右下がりの *IS* 曲線と右上がりの *LM* 曲線とが点 E で交わっている。この点で国民所得 Y と利子率 r とが同時決定される。この点において財市場, 貨幣市場とも均衡しているのでこのときの国民所得を均衡国民所得 Y^*, 利子率を均衡利子率 r^* と呼ぶ。

【例】

マクロ経済モデルが以下のように与えられているとき,

$Y = C + I + G$　　　$L = M/P$

$C = 50 + 0.7Y$　　$L = 20 - 5r + 0.4Y$

$I = 100 - 5r$　　　$M = 360$

$G=140 \qquad P=1$

(1) IS 曲線と LM 曲線をそれぞれ求めよ。

(2) 財市場と貨幣市場とを同時に均衡する国民所得と利子率をそれぞれ求めよ。

<解答>

(1) IS 曲線は財市場の分析から導出されるので,

$$Y=C+I+G$$

上式に各変数を代入して r について解くと

$$Y=C+I+G$$
$$=50+0.7Y+100-5r+140$$

$r=58-0.06Y$ （IS 曲線）

また, LM 曲線は貨幣市場の分析から導出されるので,

$$L=M/P$$

上式に各変数を代入して r について解くと

$$20-5r+0.4Y=360$$

$r=-68+0.08Y$ （LM 曲線）

(2) 財市場と貨幣市場を同時に均衡する国民所得と利子率は, IS 曲線と LM 曲線との交点

を求めることである。

$r=58-0.06Y$ （IS 曲線）

$r=-68+0.08Y$ （LM 曲線）

上式を連立して求めると,

$Y^*=900$ （均衡国民所得）

$r^*=4$ （均衡利子率）

を得る。

4 経済政策の効果

公共投資などを行う財政政策, 貨幣供給量を増加させる金融政策を政府がと

図 A2 − 11　財政政策の効果

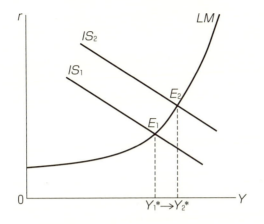

図 A2 − 12　金融政策の効果

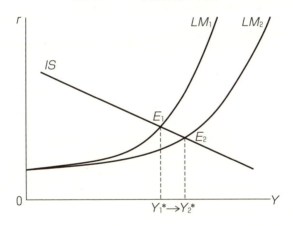

った場合の理論分析を $IS-LM$ 理論を用いて行うことができる。ここでは政府が国民所得を増加させるための政策をとることを考える。

　まず財政的な政策をとることを考える。減税で投資を促進すること，公共事業で景気を刺激すること等がこれにあたる。この財政政策の効果は，IS 曲線の右方へのシフトの形で表される（政府支出の増加も同様に IS 曲線を右方にシフトする）。

図A2 − 13 不況期における金融政策の効果

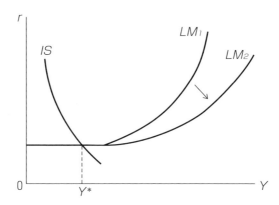

その結果，図 A2 − 11 にあるように，当初の均衡点 E_1 の均衡国民所得 Y_1^* が，財政政策の IS 曲線の右方へのシフトによる均衡点 E_2 上，すなわち均衡国民所得 Y_2^* へ移動する。このように，財政政策は国民所得を増加させる効果がある。付言すると，このとき市場の利子率は上昇する。

次に金融政策の効果をみてみる。図 A2 − 12 にて LM 曲線 LM_1 と IS 曲線の交点 E_1 に経済の状態があったとする。そのとき政府が貨幣供給量を増加させる金融政策をとったとする。貨幣供給量の増加により LM 曲線は LM_1 から LM_2 にシフトする。その結果，均衡点は E_1 から E_2 へ，均衡国民所得は Y_1^* から Y_2^* へ移動する。このように，金融政策によっても国民所得を増加させることができる。付言すると，このとき貨幣供給量の増加に応じて利子率は低下する。

ただし財政政策と金融政策の効果が疑問視されるときがある。図 A2 − 13 において不況期にあり，LM 曲線の左方で均衡しているとする（そこでは LM 曲線は水平となり**流動性のわな**と呼ばれる状態である）。このとき政府が貨幣供給量を増加させる金融政策を行って LM 曲線を LM_1 から LM_2 へシフトさせたとしても国民所得は Y^* のまま変わらない。不況期には金融政策はあまり有効ではなく，財政政策により IS 曲線を右方にシフトさせることが有効である（図 A2 − 14）。

これに対して好況期では図 A2 − 15 のように，財政政策によって IS 曲線を

図A2－14　不況期における財政政策の効果

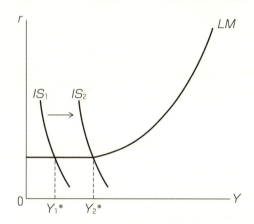

図A2－15　好況期における財政政策の効果

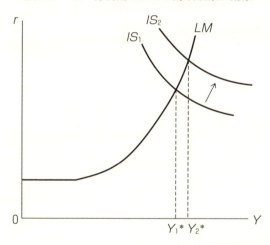

図A2 − 16 好況期における金融政策の効果

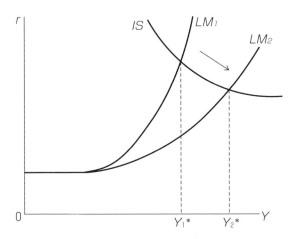

IS_1 から IS_2 へシフトさせてもほとんど国民所得は増加しない（$Y_1^* \rightarrow Y_2^*$）。この場合財政政策ではなく金融政策により LM 曲線を右方にシフトさせれば国民所得は増大する。好況期には財政政策よりも金融政策の方が有効である（図A2 − 16）。

第5節　AD − AS 理論

いま $IS - LM$ 理論をみたが，そこでは物価水準の変化が無視されていた。物価水準の変化を考慮に入れて経済分析を行う必要がある。これに役立つのが $AD - AS$ 理論である。

1　AD 曲線

物価水準を考慮に入れての分析も需要面と供給面での分析がある。ここではまず需要面の分析から総需要曲線すなわち AD 曲線を導出する。

$IS - LM$ モデルにおいては貨幣市場の物価水準 P は一定として与えられていた。ここでは変動する物価水準 P と国民所得 Y の関係を明らかにしてみる。

$IS - LM$ モデルに物価水準の変化を考慮に入れたモデルを考える。財市場のモデルは，

$$Y=C(Y)+L(r)+G \tag{A2-42}$$

で表されるとする。また貨幣市場は，

$$\frac{M}{P}=L(r, Y) \tag{A2-43}$$

で均衡しているとする。Mは名目貨幣供給量，Pは物価水準である。(A2-42) 式と (A2-43) 式とは利子率 r が共通している。そこでそれを消去すると，

$$Y=Y(P) \tag{A2-44}$$

という関係式を得る。国民所得と物価水準の関係を表した式が得られる。このことを例でみてみる。

財市場は，

$$C=10+0.75Y$$
$$I=10-0.1r$$
$$G=5$$

として整理すると，

$$Y=10+0.75Y+10-0.1r+5$$

つまり，

$$0.25Y=25-0.1r \tag{A2-45}$$

である。また $M=10$ として貨幣市場は，

$$\frac{10}{P}=0.5Y-0.2r$$

であるとする。つまり，

$$0.5Y=\frac{10}{P}+0.2r \tag{A2-46}$$

ここで (A2-45) 式と (A2-46) 式との連立方程式を解くと，

$$Y=50+\frac{10}{P} \tag{A2-47}$$

を得る。これが (A2-44) にあたる。P について書き直すと次のようになる。

$$P=\frac{10}{Y-50} \tag{A2-47}'$$

図 A2 − 17　総需要曲線（AD 曲線）

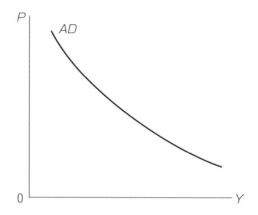

　（A2 − 47）′式を縦軸に P，横軸に Y をとって描くと**図 A2 − 17**のようになる。この曲線は需要側から描かれたことから総需要曲線（AD 曲線）と呼ぶ。この AD 曲線は図にあるように右下がりとなる。

2　AS 曲線

　次に，物価水準を考慮に入れた供給面からの分析をみる。供給面の分析から総供給曲線すなわち AS 曲線を導出する。AS 曲線は労働市場の需要関数と短期の生産関数から導出する。
まず労働の需要関数が，

$$L = L\left(\frac{W}{P}\right) \qquad (A2 - 48)$$

で与えられたとする。ここで W は名目賃金率，P は物価水準である。したがって企業が雇いたいという労働者の数は，

$$\frac{W}{P}：実質賃金率$$

によって決まる。実質賃金率が高ければ雇いたい数は少なくなるし，それが低ければ雇いたい数は多くなる。
　一方，資本の量を一定と考えた短期の生産関数は労働 L の関数，すなわち，

図 A2 − 18　総供給曲線（AS 曲線）

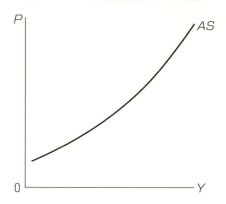

$$Y = f(L) \tag{A2 − 49}$$

で表される。ここに（A2 − 48）式を代入すれば生産量 Y は実質賃金率によって決まるという関係，すなわち，

$$Y = Y\left(\frac{W}{P}\right) \tag{A2 − 50}$$

という関係を得る。
（A2 − 50）式においては，

物価水準 P		生産額 Y
大	→	大
小	→	小

という関係が成立する。なぜならば，物価水準 P が高いと実質賃金率 W/P は小さくなり，企業からの労働需要 L は高まり，生産関数（A2 − 49）の関係から生産量も大きくなるからである。物価水準 P が低いとその逆になり生産量 Y は小さくなる。

　縦軸に物価水準 P，そして横軸に生産量 Y をとってこの関係を図示したものが**図 A2 − 18** である。この右上がりの曲線を総供給曲線（AS 曲線）と呼ぶ。

図 A2 − 19　古典派の総供給曲線

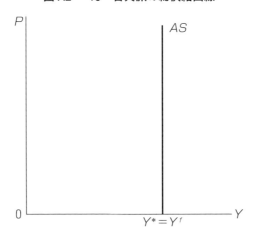

＜古典派の総供給曲線＞

　市場原理を前提とする古典派の総供給曲線はこれとは異なる。物価水準 P が上昇したとしても，それに応じて市場メカニズムから名目賃金率も上昇すると考える。つまり，

$$\frac{W}{P} \begin{array}{l} \longrightarrow P と同じ率だけ上昇 \\ \longrightarrow 上昇 \end{array}$$

であるとすれば率 W/P は一定である。そのとき（A2 − 48）式の L も変化しないので（A2 − 49）式も変化しない。つまり物価水準が変化しても生産量は一定になる。このとき総供給曲線は図 A2 − 19 のように垂直に描かれる。

＜ケインズ派の総供給曲線＞

　市場メカニズムがうまく機能し失業も発生していない社会を考える古典派に対して，失業が発生していることを前提に考えるケインズ派の経済学にとっては図 A2 − 20 の総供給曲線が想定される。
　ケインズの考えに従うと，失業が発生している状況では名目賃金率 W は変化しない。なぜならば，失業が発生している状況では賃金 W 以上を要求する労働者はいないし，賃金引き下げについては労働組合が反対するからである。

図 A2 − 20　ケインズ派の総供給曲線

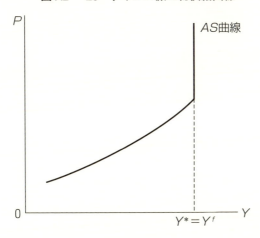

$\dfrac{W}{P}$ → 一定 → 上昇

ならば W/P は小さくなり、結局 Y も小さくなる。

　ただし、これは失業が発生している状況での話であり、ケインズ派も完全雇用の状態にいたっては古典派の総供給曲線と同じ考え方である。したがって、

図 A2 − 21　AD − AS 分析

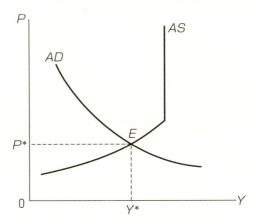

図 A2－22　*AD* 曲線のシフト

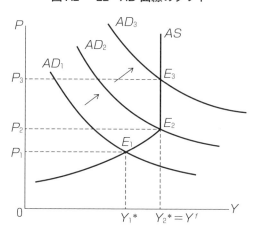

ケインズ派の総供給曲線は図 A2－20 のように完全雇用 $Y^*=Y^f$ までは図 A2－18 の総供給曲線，そして完全雇用 $Y^*=Y^f$ にいたっては図 A2－19 として描かれる。

3　*AD* 曲線と *AS* 曲線

前出した *AD* 曲線も，縦軸に物価水準 P，横軸に国民所得 Y をとったものであった。需要側から得た *AD* 曲線と，供給側から得た *AS* 曲線を同時に描いたのが図 A2－21 である。

このとき *AD* 曲線と *AS* 曲線とが交わる点を E とすれば，この点 E で均衡国民所得 Y^* と均衡物価水準 P^* とが決定される。*AD*－*AS* モデルは国民所得と物価水準の同時決定モデルである。

ここで政府が公共事業などの財政政策か貨幣供給量を増やす金融政策をとったとする。図 A2－22 において最初の *AD* 曲線が AD_1 だとすれば，政府のこのような政策によって AD_1 曲線は右方にシフトする。当初 Y_1^* であった国民所得であるが，AD_1 曲線を AD_2 にまでシフトさせることにより完全雇用 $Y_2^*=Y^f$ に移すことができる。ただし，この場合，物価水準 P も P_1 から P_2 に上昇してしまうという副作用がある。

しかし，一度完全雇用を達成してしまうと，財政政策，金融政策をとって AD 曲線を AD_3 のようにシフトさせても国民所得は Y_2^* と変わらず，物価だけが P_2 から P_3 へと上昇してしまう。完全雇用水準を達成すると需要政策をいくらとっても物価水準のみ上昇してしまい，実質的効果を得られないことがわかる。

4　$IS-LM$ 理論との関係

ここまでの説明では前述の $IS-LM$ 理論とここでの $AD-AS$ 理論とが独立した異なった形になってしまう。当然のことながら両者は密接な関係がある。それを財政政策，金融政策でみてみることにする。

まず財政政策を考えてみよう。**図 A2－23** の一番上の図のように財政政策で IS 曲線を IS_1 から IS_2 へシフトさせたとする[2]。このとき国民所得は Y_1 から Y_2' まで増加するはずであるが，中段の図の AD 曲線をみるとそれは Y_2' までではなく Y_2 までしかシフトしていない。それは一番下の図にあるように，財政政策の結果物価上昇が起こり，LM 曲線が LM_1 から LM_2 へと左方にシフトしてしまったからである。IS_1 から IS_2 へのシフト，そして LM_1 から LM_2 へのシフトを総合したものが中段の図の AD 曲線のシフト $AD_1 \rightarrow AD_2$ である。物価上昇が伴うために国民所得は Y_1 から Y_2 までしか増加しない。

金融政策でも物価上昇があり，前述の $IS-LM$ 理論での LM 曲線ほど効果がない。**図 A2－24** をみてみよう。一番上の図では金融政策で LM 曲線が LM_1 から LM_2 へと右方にシフトしている。本来なら国民所得は Y_1 から Y_2' まで増加するはずであるが，中段の図のように AD 曲線のシフトは（AD_1 から）AD_2 でとどまり，国民所得は Y_2 に増加しただけである。これは一番下の図にあるように，一度 LM 曲線が LM_2 までシフトしても物価上昇によって LM_3 まで押しもどされてしまうことが原因である。このため国民所得は Y_2 までしか増加しない。

---

[2] 図 A2－23 と図 A2－24 は下記より引用。
水野勝之『マクロ経済分析入門』創成社，1997年，230－231ページ。

図A2－23 財政政策と物価水準

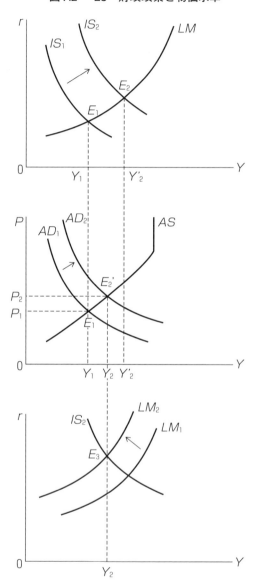

付録2 マクロ経済学 283

図A2-24 金融政策と物価水準

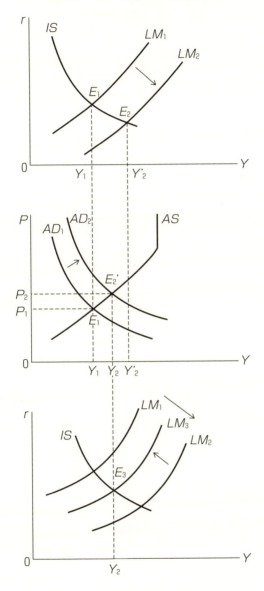

第6節　開放体系

1　開放体系モデル

（A2 − 5）式で表された経済モデルは外国の存在を無視して構成されたものであった。これを閉鎖モデルと呼ぶのに対して外国の存在も入れて構成したモデルを開放モデルと呼ぶ。

経済のしくみ図1−1，図1−2（第1章）において外国が関わっているのは総支出の項目のうちの貿易収支部分である。

貿易収支＝輸出 E −輸入 IM

このうち輸出は外国への売り上げなので外国の事情に左右される．したがってこの輸出額の E は外国によって与えられる数字として考える。所与の数については前述と同様に上にバーをつけて，

$E = \overline{E}$

と考える。

また日本の輸入額についてはこれは国内の景気がよければその額は大きくなるし，景気が悪ければその額は小さくなる．よって，輸入 IM は国内の景気の度合を表す国民所得 Y の大きさで決まる。これを式で表せば，

$IM = c + mY$

と表される。

これらを使って経済モデルを書くと次のようになる。

$Y = C + I + G + E − IM$

$C = a + bY$

$I = \overline{I}$

$G = \overline{G}$

$E = \overline{E}$

$IM = c + mY$

この経済モデルを国民所得 Y について解くと，

$$Y = \frac{a}{1-b+m} - \frac{c}{1-b+m} +$$

$$\frac{1}{1-b+m}\overline{I}+\frac{1}{1-b+m}\overline{G}+\frac{1}{1-b+m}\overline{E} \qquad (A2-51)$$

と書くことができる。(A2 - 51) 式の Y がここでの均衡国民所得であり、その Y は有効需要 $\overline{I}$, $\overline{G}$, $\overline{E}$ の大きさで決まる。

2　為替レートの変動と経済分析

　外国の存在を考えるとき、新聞上で「為替レート」、「貿易収支・経常収支」、「資本収支」等欠かすことのできない言葉がある。為替レートは少しでも変動するとその影響が日本の経済を直撃する。円高になると輸出が落ち込む。円安になると輸出が伸びるが貿易黒字が大きくなって海外との摩擦を生じさせる。

　このような国際経済の中での経済の動きを把握するためにはいまあげたいくつかの言葉の関係を明らかにする必要がある。そこで国際収支（国の間でのお金の移動）を次のようにおく。

　　　　国際収支＝経常収支＋資本収支

　ここで経常収支は経済の状況と為替レートによって変化する。経済の状況がよければ日本の輸入は多くなるし、それが悪ければ輸入は少なくなる。またドル建てで取引されるので円をドルに換算すると為替レートの上昇、下落は商品の価格を左右する。つまり経常収支は国民所得の大きさと為替レートに影響される。

　また、資本収支は、日本と外国との金利の差でその大きさが決まってくる。例えば証券投資では日本よりも外国の方が利子が高ければそれが大きくなるし、逆に利子が低ければそれは小さくなる。

　これらをまとめると、

　　　　国際収支＝　　経常収支　　　＋　　　資本収支
　　　　　　　　　　　　↑　　　　　　　　　　　↑
　　　　　　　　　国民所得，為替レート　　日本と外国との金利の差

という図式が得られる。ここで、

　　　　国際収支　IB
　　　　経常収支　f
　　　　資本収支　g

為替レート　e

日本の利子率　r

外国の利子率　r_f

とおけば上式は,

$$IB=f(Y, e)+g(r-r_f) \qquad (A2-52)$$

で表される。

経済社会では国際収支を均衡させる, つまりゼロにするような力が働く。それは為替レートによって調整される。為替レートの変動は国際収支をゼロにする働きをするのである。

国際収支が均衡したとき, つまりゼロになったとき ($IB=0$)

経常収支+資本収支=0

つまり,

$$f(Y, e)+g(r-r_f)=0 \qquad (A2-53)$$

が成立する。この式の国民所得 Y と利子率 r の関係を表すと**図A2-25**のようになる。国際収支の均衡 ($IB=0$) を表すこの曲線を BP 曲線と呼ぶ。この曲線上の点の Y と r の組合わせ (Y, r) をとるとき IB がゼロとなる。

しかし BP 曲線よりも上方の (1) の領域での (Y, r) では国際収支は黒字 (国際収支>0) となる。また, BP 曲線よりも下方の (2) の領域では国際収支は赤字 (国際収支<0) となる。

ここで, 為替レートが高くなった (例えば円高) となったとする。国際収支を構成する経常収支が国際収支ゼロを維持するために変化してはいけないので,

図A2-25　BP曲線

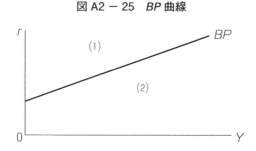

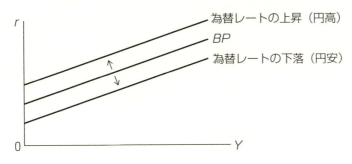

図 A2 − 26 為替レートの変動と BP 曲線のシフト

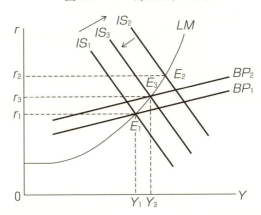

図 A2 − 27 財政政策の効果

そこに影響を与える Y の値が為替レートの上昇を補う（国際収支をゼロにする）動きをする。つまり Y が減少するような動きをする。**図 A2 − 26** でいえば、為替レートの上昇は BP 曲線を左上にシフトさせる。

他方、為替レートが安くなった（例えば円安）となったとする。この場合は逆に Y の値が増加して国際収支ゼロが保たれる。**図 A2 − 26** でいえば、為替レートの下落は BP 曲線を右下にシフトさせる。

＜財政政策＞

財市場（IS）、貨幣市場（LM）、国際収支（BP）が均衡している状態を考える（**図 A2 − 27** 中、点 E_1。ここであれば財市場、貨幣市場、とも需要と供給

図A2 − 28　金融政策の効果

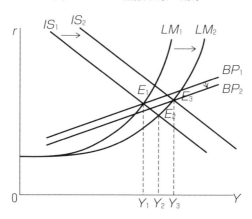

が等しくなっている）。公共投資が行われてIS曲線がIS_1からIS_2へとシフトしたとする。その結果，均衡は点E_2に移るが，前述のように，そこはBP曲線より上方であり，国際収支は黒字になっている。そのため，為替レートがこの黒字がなくなるように変化し，BP曲線は上方にシフトする（$BP_1 \to BP_2$）。

その結果，経常収支の赤字が拡大してしまい，IS曲線はIS_2からIS_3へシフトする。そこで新しい均衡点E_3が決定し，国民所得はY_1からY_3に増加したことになる。このように外国の存在を考えると，財政政策の効果はE_1からE_2へという力が発揮しきれず，Y_3までしか国民所得を増加させないことになる。

＜金融政策＞

次に貨幣供給量を増やす金融政策の効果をみてみよう。**図A2 − 28**において当初の三者の均衡点がE_1であるとする。貨幣供給量を増加させる金融政策によってLM曲線がLM_1からLM_2へとシフトしたとする。まず均衡点はE_1からE_2へ移る。しかし，E_2の状態では，

　国際収支：国民所得が増加し経常赤字発生，利子率低下で資本収支赤字発生，
　　　　　　よってトータルの国際収支が赤字

となる。したがって，国際収支の赤字を解消するように為替レートが下落する（円安となる）。**図A2 − 28**ではBP曲線がBP_1からBP_2へと下にシフトする。

また，為替レートの下落により輸出が促進されるので IS 曲線が IS_1 から IS_2 へと右にシフトする。その結果，外国の存在を考えない金融政策のみの効果（LM 曲線のシフトのみ）では均衡点が E_1 から E_2 へ移動し，国民所得が Y_1 から Y_2 へ移動しただけだったが，外国の存在を考えた場合為替レートの変化（下落）によって BP 曲線，IS 曲線もシフトし，新たな均衡点は E_3 になり，国民所得は Y_3 にまで増加することになる。

＜金融自由化が起きると＞

金融自由化になると BP 曲線の傾きがより緩やかになる。いま財政政策と金融政策の効果を説明した図で BP 曲線がより緩やかになったとすれば，

　　　財政政策　→　効果が落ちる
　　　金融政策　→　効果があがる

ということがいえる。

第7節　ケインズに対する経済学

1　ケインズに対する経済学

ケインズ経済学に基づいた理論を紹介してきたが，1970年代に入って不況

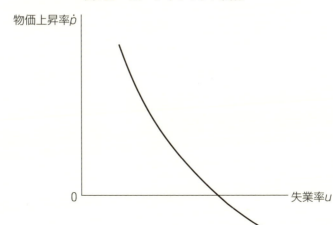

図 A2 － 29　フィリップス曲線

図 A2 − 30 期待物価上昇率を入れたフィリップス曲線

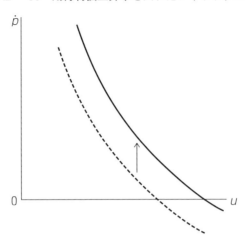

なのにインフレという，ケインズ経済学では想定しなかったスタグフレーションという現象が起こり，ケインズ経済学の限界が唱えられるようになった。政府が介入するような裁量的経済理論に代わっていくつかの経済理論が登場した。マネタリズム，合理的期待学派，サプライサイド経済学がこれにあたる。1970年代から80年代にかけてこれらの経済理論が花を咲かせたが，アメリカで政策に取り入れられ実行されたものの効果の程は，それほど目ざましいものはなく，財政赤字という負の遺産を残して終わった。

しかしながら，本節ではケインズに対する経済学の参考として，マネタリズムの自然失業仮説，サプライサイド経済学のラッファー曲線を紹介する。

2 マネタリズム―自然失業率仮説

縦軸に物価上昇率，横軸に失業率をとったとき，その両者の関係は，図A2 − 29のように右下がりの曲線で表される。これをフィリップス曲線と呼ぶ。

これに対して予想インフレ率を考慮に入れた場合，フィリップス曲線は上にシフトする。なぜならばフィリップス曲線の

$$\dot{p}=f(u) \tag{A2 − 54}$$

図 A2 – 31　長期フィリップス曲線

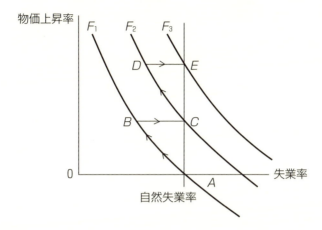

という式に予想インフレ率である期待物価上昇率を考慮に入れると，

$$\dot{p}=f(u)+a\times\pi \tag{A2-55}$$

となるからである。それは**図 A2 – 30**のように表される。ただし，$\dot{p}$ は物価上昇率，u は失業率，π は期待物価上昇率，a は定数である。

　ここで，職探し中の人，希望の職を探している最中の人など，どうしても発生してしまう失業を自然失業と呼び，その率を自然失業率と呼ぶことにする。**図 A2 – 31**に，期待物価上昇率を考慮に入れたフィリップス曲線を描き，それを F_1 とする。実際の物価上昇率と期待物価上昇率がいずれもゼロで等しいとする。両者が等しいときが自然失業率となるので，両者がゼロの場合点 A が自然失業率となる。ここで貨幣供給量が増加したとする。その結果，短期的には期待物価上昇率はゼロなので物価はフィリップス曲線 F_1 に沿って上昇する。これは点 A から点 B への動きとなる。人々は当初は購買力が高まったかのように錯覚するが（貨幣錯覚），ともに物価が上がっているので購買力が高まっていないことに気づき，期待物価上昇率を修正（上昇）する。これはフィリップス曲線 F_1 を上方にシフトさせる。その結果，失業率は再び点 C まで増加する（以下 $C \to D \to E$ も同様）。

　このような動きを長期的にみれば，

$A \to B \to C \to D \to E \to \cdots$

というように自然失業率での垂線を上方に移動しているのがわかる。したがって，図中の垂線を長期のフィリップス曲線と呼ぶ。貨幣供給量の増加（金融政策）は失業率を改善せず，効果がないことがわかる。

3　サプライサイド経済学

ケインズの需要サイドの理論に対して供給を重視するサプライサイド経済学がある。アメリカを中心としたこの考え方の代表的なものとしてラッファー曲線の理論がある。これは，税率を引き上げると逆に租税収入を減少させてしまうという考え方であり，減税政策の重要性を訴えた理論である。

ラッファー曲線は縦軸に政府の租税収入，横軸に税率をとって**図 A2 − 32**で描かれる。税率はゼロだと税収はゼロ，そして100パーセントでも労働意欲がわかず誰も働かなくなるため税収はゼロとなる。途中，税率がゼロから上昇するに従って税収が増えていくが，ある程度の税率になると人々が働く意欲を失って次第に税収が落ちてくるため，図中のような山型のカーブが描ける。

この頂点より右の部分では税率を引き上げると税収が減少してしまう。したがってここでは減税政策をとれば税収が増加する。減税政策が有効だという根拠はここにある。

図 A2 − 32　ラッファー曲線

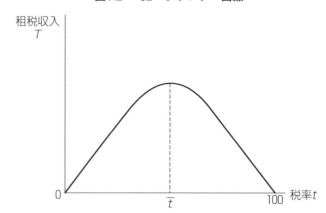

索　引

欧文

- AD-AS 理論 …………………… 274
- AD 曲線 ………………………… 274
- AS 曲線 ………………………… 276
- BP 曲線 ………………………… 286
- CES 型効用関数 ………………… 13
- CES 型生産関数 …………… 16, 19
- GDP（国内総生産）…………… 1
- IS-LM 理論 …………………… 266
- IS 曲線 ……………… 266, 281, 288
- LM 曲線 …………… 268, 281, 288

あ

- 鞍点 ……………………………… 100
- 1 次関数 …………………………… 5
- 1 次従属 …………………… 178, 183
- 1 次同次 ………………………… 107
- 1 次同次関数 ……………… 18, 139
- 1 次独立 …………………… 178, 183
- 市場の失敗 …………………… 239
- 1 階の偏導関数 ………………… 98
- インフレーション …………… 255
- インフレ・ギャップ ………… 255
- エッジワース・ボックス … 119, 145
- エンゲル曲線 ………………… 212
- 縁付ヘッセ行列 ……………… 202
- オイラーの定理 ……………… 139

か

- 外部経済 ………………………… 242
- 外部効果 ………………………… 242
- 外部不経済 ……………………… 242
- 開放体系モデル ………………… 284
- 開放モデル ……………………… 284
- 価格-消費曲線 ………………… 215
- 価格弾力性 ………………… 48, 75
- 下級財 ……………………… 213, 217
- 拡張経路 ………………………… 137
- 加減の法則 ……………………… 64
- 寡占 ………………………… 81, 234
- 加速度原理 ……………………… 264
- 傾き ………………………………… 7
- 貨幣錯覚 ………………………… 291
- 可変費用 ………………………… 221
- 可変費用曲線 ………………… 221
- 為替レート ……………………… 285
- 関数 ………………………………… 5
- 完全競争 … 56, 61, 117,136, 191, 205, 220
- 完全競争市場 ……………… 56, 221
- 完全雇用 …………………… 247, 255
- 機会費用 ………………………… 243
- 技術進歩率 ……………………… 164
- 技術的限界代替率 ………… 133, 145
- 基数的効用 ………………… 11, 22
- 基礎消費 ………………… 2, 8, 10, 163
- ギッフェン財 …………………… 218
- 規模に関して収穫逓減 ………… 19
- 規模に関して収穫逓増 ………… 19
- 規模に関して収穫不変（一定）… 19
- 逆関数 …………………………… 72

逆行列	185
供給曲線	62, 191, 206
行列	167, 188
行列式	175, 200
行列の積	172
極限	33, 41, 77, 78, 130
極限値	77, 78
極大・極小	48, 91
極値	92, 100
均衡価格	208
均衡国民所得	251, 269, 285
均衡数量	208
均衡点	208
均衡利子率	269
クールノー均衡	233
クールノーの仮定	233
クールノーの点	75
屈折需要曲線	81
クラーメルの公式	192
経済変数	1, 91
経済モデル	250, 284
経常収支	285
係数行列	188, 196
契約曲線	119, 145
ケインズ派	247, 278
限界概念	46, 54, 90
限界効用	12, 101, 102, 124, 132, 210, 238
限界効用均等の法則	117
限界効用逓減の法則	12
限界収入	73
限界収入曲線	73, 81, 235
限界消費性向	9, 10, 34, 54, 163, 267
限界生産物	15
限界生産力説	101, 107
限界生産力	15, 16, 101, 104, 135, 145, 220, 238
限界代替率	52, 124, 132, 210
限界代替率逓減の法則	53
限界貯蓄性向	267
限界費用	57, 220
限界費用価格形成原理	241
限界費用曲線	58, 74
限界変形率	147
項	31, 77
公共財	240, 243
交差偏導関数	99
恒常消費	257
恒常所得	257
恒常所得仮説	257
合成関数	68, 96, 123, 139, 161
合成関数の微分の法則	68
公比	32, 35
効用	11, 12, 131, 210, 237
効用関数	11, 12, 13, 22, 101, 110, 125, 131, 198, 210, 237
効用最大化	110, 115, 132, 195
国際収支	285
国民所得	3, 250, 284
固定費用	57, 221
固定費用曲線	221
古典派	247, 278
コブ・ダグラス型効用関数	13
コブ・ダグラス型生産関数	16, 17, 106, 141, 164

――さ――

サプライサイド経済学	292
サプライサイド経済学	290
死荷重	245
シグマ	20
市場均衡	191, 208
指数	149
指数関数	154
自然失業仮説	290

自然対数	160	生産要素	14, 117, 136, 144, 232, 237
私的限界費用曲線	243	正常財	213
資本収支	285	正方行列	169, 185, 200
資本ストック調整原理	265	制約条件	111
資本の限界生産力	16, 104	積の法則	65, 70, 71, 93, 139
社会的限界費用曲線	243	絶対所得仮説	257
社会的余剰	226	0次同次関数	19
奢侈品	50	線形関係	5
収束する	77	線形関数	5, 8, 39
従属変数	5, 87	線形式	5
従量税	244	全微分	129, 131, 195
首座小行列式	200	全要素生産性	164
需要曲線	72, 81, 191, 206	総供給曲線	277
需要の価格弾力性	49, 207, 240	操業停止点	62, 221, 224
正値定符号	202, 203	総効果	197
条件付最大・最小化	90, 110	相似拡大的	137
条件付最大・最小化問題	92	総支出	2, 250
乗数	36	総需要曲線	276
乗数効果	36, 251	総生産	3, 250
乗数理論	33	相対所得仮説	258
商の法則	66, 94	総費用関数	136
消費関数	8, 163, 256	総費用曲線	56, 220
消費者余剰	219, 245	損益分岐点	221
常用対数	160		
初項	31, 35	——た——	
序数的効用	11, 22		
所得効果	197, 217	対数	155
所得―消費曲線	211	対数関数	161
新規参入	235	代替効果	197, 216
真数	155	大量生産の経済	57
信用創造	36	大量生産の不経済	57
スカラー	175	多変数関数	85
スタグフレーション	290	単位行列	170, 184
スルツキー方程式	195, 199, 217	短期費用曲線	229
生産可能曲線	146	短期分析	57
生産関数	11, 14, 16, 18, 104, 117, 133, 144, 220, 238, 276	弾性値	50
		弾力性	163
生産者余剰	225, 245	長期限界費用曲線	230

長期費用曲線‥‥‥‥‥‥‥‥‥‥‥ 229
長期平均費用曲線‥‥‥‥‥‥‥‥‥ 230
貯蓄関数‥‥‥‥‥‥‥‥‥‥‥‥‥ 266
底‥‥‥‥‥‥‥‥‥‥‥‥‥‥‥‥ 155
定数‥‥‥‥‥‥‥‥‥‥‥‥‥‥‥‥ 2
定数項ベクトル‥‥‥‥‥‥‥ 188, 196
デフレーション‥‥‥‥‥‥‥‥‥‥ 256
デフレ・ギャップ‥‥‥‥‥‥‥‥‥ 255
転置行列‥‥‥‥‥‥‥‥‥‥‥‥‥ 169
導関数‥‥‥‥‥‥‥‥‥‥‥‥ 43, 161
投機的動機‥‥‥‥‥‥‥‥‥‥‥‥ 253
等差数列‥‥‥‥‥‥‥‥‥‥‥‥‥‥ 31
等産出量曲線‥‥‥‥‥‥‥ 134, 145, 232
投資関数‥‥‥‥‥‥‥‥ 26, 252, 256, 264
投資の限界効率‥‥‥‥‥‥‥‥‥‥‥ 28
投資の限界効率表‥‥‥‥‥‥‥‥‥‥ 29
同次関数‥‥‥‥‥‥‥‥‥‥‥‥ 17, 18
等比数列‥‥‥‥‥‥‥‥‥‥‥‥‥‥ 31
特異行列‥‥‥‥‥‥‥‥‥ 177, 183, 188
独占‥‥‥‥‥‥‥‥‥‥‥‥‥ 72, 233
独占企業‥‥‥‥‥‥‥‥‥‥‥‥‥‥ 71
独占的競争‥‥‥‥‥‥‥‥‥‥‥‥ 234
独立変数‥‥‥‥‥‥‥‥‥‥ 5, 87, 266
取引動機‥‥‥‥‥‥‥‥‥‥‥‥‥ 253

―――な―――

2階の導関数‥‥‥‥‥‥‥‥‥‥‥‥ 47
2階の偏導関数‥‥‥‥‥‥‥ 92, 98, 201

―――は―――

歯止め効果‥‥‥‥‥‥‥‥‥‥‥‥ 260
パラメータ‥‥‥‥‥‥‥‥‥‥‥‥‥ 5
パレート最適‥‥‥‥‥‥‥ 119, 144, 236
パレート最適点‥‥‥‥‥‥‥‥ 119, 145
反応関数‥‥‥‥‥‥‥‥‥‥‥‥‥ 234
非競合性‥‥‥‥‥‥‥‥‥‥‥‥‥ 244

非線形関数‥‥‥‥‥‥‥‥‥‥‥‥‥ 11
必需品‥‥‥‥‥‥‥‥‥‥‥‥‥‥‥ 49
非特異行列‥‥‥‥‥‥‥‥ 177, 183, 188
非排除性‥‥‥‥‥‥‥‥‥‥‥‥‥ 244
微分‥‥‥‥‥‥‥‥‥‥‥‥‥ 39, 43
微分係数‥‥‥‥‥‥‥‥‥‥ 41, 80, 81
費用最小化‥‥‥‥‥‥‥‥‥‥ 136, 232
費用逓減産業‥‥‥‥‥‥‥‥‥ 240, 241
フィリップス曲線‥‥‥‥‥‥‥‥‥ 290
不完全競争‥‥‥‥‥‥‥‥‥‥ 205, 232
不完全競争市場‥‥‥‥‥‥‥‥ 205, 240
複占‥‥‥‥‥‥‥‥‥‥‥‥‥‥‥ 233
負値定符号‥‥‥‥‥‥‥‥‥‥ 202, 204
フリーライダー‥‥‥‥‥‥‥‥‥‥ 243
平均概念‥‥‥‥‥‥‥‥‥‥‥‥‥‥ 54
平均可変費用‥‥‥‥‥‥‥‥‥‥‥ 221
平均可変費用曲線‥‥‥‥‥‥‥‥‥ 221
平均消費性向‥‥‥‥‥‥‥‥ 10, 54, 258
平均費用‥‥‥‥‥‥‥‥‥‥‥ 57, 220
平均費用曲線‥‥‥‥‥‥‥‥‥ 59, 74
平均変化率‥‥‥‥‥‥‥‥‥‥‥‥‥ 40
閉鎖モデル‥‥‥‥‥‥‥‥‥‥‥‥ 284
べき関数‥‥‥‥‥‥‥‥‥‥‥‥‥ 154
ベクトル‥‥‥‥‥‥‥‥‥‥ 167, 188
ヘッセ行列‥‥‥‥‥‥‥‥‥‥‥‥ 201
ヘッセ行列式‥‥‥‥‥‥‥‥‥‥‥ 201
ベルヌイ・ラプラス型効用関数‥‥‥ 13
変曲点‥‥‥‥‥‥‥‥‥‥‥‥ 58, 100
変数‥‥‥‥‥‥‥‥‥‥‥‥‥‥‥‥ 1
変数ベクトル‥‥‥‥‥‥‥‥‥‥‥ 188
偏導関数‥‥‥‥‥‥‥‥‥‥‥ 89, 144
偏微分‥‥‥‥‥‥‥‥‥‥‥ 85, 88, 130
貿易収支‥‥‥‥‥‥‥‥‥‥ 2, 3, 284
法定準備金‥‥‥‥‥‥‥‥‥‥‥‥‥ 37
法定準備率‥‥‥‥‥‥‥‥‥‥‥‥‥ 37
包絡線‥‥‥‥‥‥‥‥‥‥‥‥‥‥ 229

―ま―

末項……………………………………31
マネタリズム………………………290
無限数列………………………31, 77
無限等比級数………………31, 32
無差別曲線
　……22, 23, 52, 119, 124, 131, 198, 210
目的関数………………………………111

―や―

ヤングの定理………………………99
有限数列………………………………31
有効需要……………………251, 285
有効需要の原理……………………251
余因子…………………………………180
余因子行列…………………………186
要素……………………………168, 200
予算式………………………………21, 22
予算線……………………25, 132, 210
予備的動機…………………………253

―ら―

ラーナーの独占度………………75, 240
ライフ・サイクル仮説………………261
ラグランジュ関数……111, 143, 203, 237
ラグランジュ未定乗数…………………111
ラグランジュ未定乗数法…92, 110, 143
ラチェット効果………………………260
ラッファー曲線…………………290, 292
ラプラス展開……………………178, 183
利潤関数……………………………63, 108
利潤最大化……60, 73, 101, 109, 221, 230
利子率……………………………3, 26, 252
流動性選好説…………………………252
流動性のわな…………………………272
連続関数………………………………77, 78
労働の限界生産力……………………16, 105

［著者紹介］

水野勝之（みずの　かつし）
1985 年、早稲田大学大学院経済学研究科博士後期課程単位取得退学。
北九州大学商学部講師、同助教授、明治大学商学部助教授を経て、現在、明治大学商学部教授。
博士（商学）。専門分野は計量経済学。

南部和香（なんぶ　かずか）
2006 年、明治大学大学院商学研究科博士後期課程修了。
明治大学商学部兼任講師、青山学院大学社会情報学部助教を経て、現在、福島大学共生システム理工学類准教授。
博士（商学）。専門分野は環境経済学、計量経済学。

安藤詩緒（あんどう　しお）
2011 年、明治大学大学院商学研究科博士後期課程修了。
明治大学商学部兼任講師を経て、現在、明治大学商学部助教。
博士（商学）。専門分野は応用経済学、計量経済学。

井草　剛（いぐさ　ごう）
2012 年、早稲田大学大学院人間科学研究科博士後期課程修了。
桜美林大学リベラルアーツ学群非常勤講師、松山大学経済学部講師を経て、現在、松山大学経済学部准教授。
博士（人間科学）。専門分野は経済統計論、計量社会学。

新テキスト経済数学
――数学と経済理論の体系を同時に学ぶ

2017年3月1日　第1版第1刷発行
2019年5月30日　第1版第2刷発行

著者　水野勝之香緒
　　　南部和詩
　　　安藤草
　　　井藤剛継

発行者　山本　継
発行所　㈱中央経済社
発売元　㈱中央経済グループ
　　　　パブリッシング

〒101-0051　東京都千代田区神田神保町1-31-2
電話　03（3293）3371（編集代表）
　　　03（3293）3381（営業代表）
http://www.chuokeizai.co.jp/
印刷／文唱堂印刷㈱
製本／誠製本㈱

©2017
Printed in Japan

＊頁の「欠落」や「順序違い」などがありましたらお取り替えいたしますので発売元までご送付ください。（送料小社負担）
ISBN978-4-502-20291-9　C3033

JCOPY〈出版者著作権管理機構委託出版物〉本書を無断で複写複製（コピー）することは、著作権法上の例外を除き、禁じられています。本書をコピーされる場合は事前に出版者著作権管理機構（JCOPY）の許諾を受けてください。
JCOPY〈http://www.jcopy.or.jp　eメール：info@jcopy.or.jp〉

ベーシック＋ プラス
Basic Plus

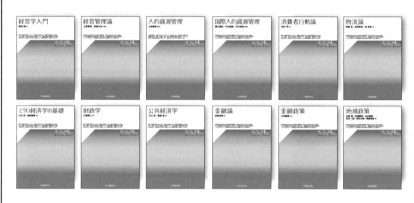

経営学入門	人的資源管理	経済学入門	金融論	法学入門
経営戦略論	組織行動論	ミクロ経済学	国際金融論	憲法
経営組織論	ファイナンス	マクロ経済学	労働経済学	民法
経営管理論	マーケティング	財政学	計量経済学	会社法
企業統治論	流通論	公共経済学	統計学	他

いま新しい時代を切り開く基礎力と応用力を
兼ね備えた人材が求められています。
このシリーズは，各学問分野の基本的な知識や
標準的な考え方を学ぶことにプラスして，
一人ひとりが主体的に思考し，行動できるような
「学び」をサポートしています。

中央経済社